Unterrichtspraxis:
Grundschule

Herausgegeben von Hildegard Kasper und Erich H. Müller

Rechtschreiben-lernen von Anfang an

Kinder schreiben ihre ersten Lesetexte selbst

von Marion Bergk

Verlag Moritz Diesterweg
Frankfurt am Main

Gedruckt auf Papier aus chlorfrei gebleichtem Zellstoff

ISBN 3-425-01487-0

3. Auflage 1992

Satz: Fotosatz Otto Gutfreund, Darmstadt
Druck und Bindung: Wiesbadener Graphische Betriebe GmbH, Wiesbaden

Inhaltsübersicht

Einleitung

Die Schreibdidaktik ist in den letzten Jahren in Bewegung gekommen. In Freinetklassen und Schreibseminaren haben sich Formen freien, kommunikativen, kreativen Schreibens entwickelt, die selbst die größte Schreibunlust in Begeisterung umzuwandeln vermögen. Auf den alltäglichen Deutschunterricht greift diese Bewegung aber nur sehr zögernd über. Die überkommenen schulischen Schreibrituale scheinen ihr zu widerstehen.

Ein wichtiger Grund dafür ist wohl die Tatsache, daß in der Schule nach wie vor auch rechtschreiben gelernt wird: korrekt (Fehler ist Fehler), ohne mildernde Rechtschreibreform und unter wachsendem Auslesedruck. Enge Führung scheint da geboten. Je weniger die Kinder selbständig schreiben, desto weniger Fehler können sie machen. Also gibt man soviel wie möglich vor: Auswahlantworten, Lückentexte, Verdrehsätze, Diktattexte. Das Abschreiben ist, fürchte ich, noch immer die häufigste Form des Schreibens in der Grundschule.

So gut hat aber diese enge Führung das Rechtschreibenlernen anscheinend doch nicht gefördert. Die Klagen über den Rechtschreibverfall der Jugendlichen, bis hinein in die Hochschulen, sind allgemein. Nicht wenige sprechen von einer Katastrophe. Und es gibt, meine ich, noch weit Schlimmeres zu beklagen: eine große Hilflosigkeit, ohne Formblatt oder Muster selbst einen Text aufzusetzen, die Angst, sich schriftlich zu artikulieren, ein heimlicher Analphabetismus inmitten einer Flut von Gedrucktem.

Dagegen möchte ich eine Didaktik des selbstverantwortlichen Schreibens setzen. Schreibmündig werden die Kinder, so meine ich, durch das selbständige Verfassen und Korrigieren ihrer Texte. Und damit können sie in den ersten Schulwochen beginnen. Schon aus einzelnen Wörtern und Sätzen können wichtige Botschaften, Schilder, Notizen, Stellungnahmen, Anzeigen, Pläne und ganz eigenständige persönliche Aussagen werden. Noch bevor die Kinder die Schreibbewegungen erlernen, können sie sich ein Wort zusammenbauen oder -kleben und es gebrauchen: um sich bemerkbar zu machen, zu verständigen, sich ihrer selbst bewußt zu werden.

Das Handeln mit den Schriftwörtern und Texten ist der Kern des selbstverantwortlichen Schreibens, das hier in seinen Entwicklungsmöglichkeiten bis zum Ende des zweiten Schuljahres dargestellt werden soll. Wenn die Kinder mit ihrem Schreiben einen konkreten Zweck verfolgen, interessiert es sie auch, ob sie diesen Zweck erreichen. Dazu gehört u.a., daß der verfaßte Text gut lesbar ist. Je mehr die

Kinder selbst lesen lernen, desto mehr merken sie, wie schnell sie vertraute Wortstrukturen wiedererkennen. Aus dem Wunsch, das lautierende Lesen und Schreiben zu überwinden, entsteht früh ein Interesse an Regelmäßigkeiten in der Schriftsprache. Wie alles, was sie sich aneignen, möchten die Kinder auch das Lesen und Schreiben automatisieren, vereinfachen.

Diese Ansatzpunkte für ein Rechtschreibenlernen von Anfang an sollen in dem vorliegenden Buch entfaltet werden. Es ist ein Lernen, das von der Neugier und den Wünschen der Kinder ausgeht. Der Schriftspracherwerb wird nicht in Lesen, Schreiben, Rechtschreiben und Aufsatzschreiben zergliedert. Er wird auf grundlegende Lernverfahren zurückgeführt, die die Kinder sich so zu eigen machen können, daß sie ihre Texte zunehmend selbständig schreiben bzw. entziffern können. Leitbilder helfen ihnen, sich das Handwerkszeug ihres Lernens gegenwärtig zu halten. Statt Schritt für Schritt einer Fibelmethode zu folgen, werden die Kinder allmählich selbst Meister ihrer Methode.

Was die Fibel an Texten, Bildern, Schreibanregungen bietet, wird dadurch nicht unwichtig. Dieses erste Lesebuch kann eine Quelle wachsender Lesefreude werden, wenn die Kinder darin selbständig auf Entdeckungsreise gehen dürfen. Es gibt kein unerlaubtes Vorauslesen oder schmähliches Zurückbleiben, wenn die Fibel nicht im Gleichschritt von vorn nach hinten durchgearbeitet wird. Besonders wichtige und schöne Texte und Schreibaufgaben können trotzdem Sammelpunkte gemeinsamen Lernens werden, ebenso aber Texte, die die Kinder dem Lehrer diktieren oder die die Lehrerin eingibt. (Um kein Geschlecht zu benachteiligen, schreibe ich abwechselnd »Lehrerin« und »Lehrer«.) Lernen ohne Streß und Langeweile kann dennoch ruhig und planvoll verlaufen. Es sollen viele Möglichkeiten gezeigt werden, von gemeinsamen Vorhaben auf einfache Weise zum individuellen Lernen zu kommen und von diesem zu neuen gemeinsamen Vorhaben.

Wichtige Sammelpunkte gemeinsamen Lernens sind neben der Fibel die Eigenfibel und der Grundwortschatz. In die Eigenfibel kommen zum einen die Texte, die alle Kinder miteinander verfaßt bzw. gelesen haben, zum anderen die Texte jedes Kindes. Im Grundwortschatz sammelt die Klasse ihre Schreibwörter (zuerst auch die Lesewörter), und jedes Kind kann noch weitere »eigene Wörter« in seinen Karteikasten tun.

Bei einigen Kindern wächst der individuelle Teil der Eigenfibel und des Grundwortschatzes schnell, bei anderen langsam. Keine Begabung, kein Lernimpuls muß ungenutzt und kein Kind unterfordert bleiben. Auf der anderen Seite wird manches Schulversagen vermieden, wenn jedes Kind Zeit genug hat, die Geheimnisse des Lesens und Schreibens an einem Schriftbestand nach seinem Maß zu erforschen. Nichts lernt ein Kind so leicht zu lesen wie den selbstverfaßten Text; Wörter, die ihm wichtig sind, prägt es sich, selbst wenn sie schwierig sind, leichter ein als einfache aber ihm gleichgültige. Die Arbeit an der Eigenfibel läßt dem einen Kind Zeit zum Nacharbeiten, dem anderen zum Ausarbeiten, der Lehrerin zum Beraten und Helfen. Das türkische Kind kommt darin ebenso zu Wort wie das deutsche. Und jedes hat Chancen, sich seiner Herkunftssprache, seiner Fähigkeiten, Ängste, Wünsche bewußter zu werden.

Dieses Buch ist das Ergebnis langer Entwicklungsarbeit. Viele Jahre habe ich als Lehrerin selbst nach Möglichkeiten gesucht, mir und den Kindern den Erstunterricht einfacher und erfreulicher zu machen. Was ich davon in der Universität den Studierenden und in den Schulen den Mentoren und Lehrerinnen weitergab, kam neu durchdacht, erprobt, erweitert zurück. Allen, die an dieser Arbeit mitwirkten, sei sehr herzlich gedankt. Besonders danken möchte ich zudem meinem Kollegen Dr. Franz Dotter für wertvolle sprachwissenschaftliche Hinweise und Ute Pichler und Prof. Dr. Gunthilde Schmölzer für ihre kritischen Fragen und Lösungsvorschläge. Unsere wichtigste Frage war stets: »Ist das auch in der Normalschule möglich?« Was dieser Frage nicht standhielt, wurde fallengelassen. So ist ein Konzept entstanden, das die Sorgen und Zwänge der Alltagsschule immer mitdenkt. Kleine Schritte sind es, die ich vorschlage. Nur wenig gänzlich Neues ist dabei. Die meisten Dinge sind so ähnlich schon anderswo erprobt worden; manches wird in Fibeln empfohlen, manches in Berichten zum differenzierenden, offenen, projektorientierten Unterricht.

Ganz besonders liegt mir daran zu zeigen, daß Veränderungen nicht immer Mehrarbeit bedeuten. Mit ganz geringem Aufwand sind die meisten Vorschläge zu realisieren. Und je selbständiger die Kinder werden, desto weniger muß der Lehrer mit Arbeitsblättern und Folien ihr Lernen vorstrukturieren. Aus eigener Erfahrung weiß ich, daß die ersten Schritte in eine neue Richtung die schwierigsten sind. Darum nimmt ihre Beschreibung den größten Raum in dem Buch ein.

Die theoretische Begründung des Konzepts in den ersten beiden Kapiteln ist demgegenüber kurz. Wer sich für die lerntheoretischen, linguistischen und sprachdidaktischen Grundgedanken interessiert, sei auf eine frühere Arbeit verwiesen, in der ich das Konzept entwikkelt habe (1980, s. auch 1983a) und c)). Wer gleich zur Praxis kommen möchte, kann die Kapitel 1 und 2 auch fortlassen. Verständlich ist die Praxis auch ohne sie.

Die Kapitel 3 und 4 stellen eine Auswahl von Anfangswörtern vor, mit denen die Kinder sinnvoll handeln können und die sie ähnlich bald selbst vorschlagen. Im dritten Teil sind die Verfahren im einzelnen dargestellt, die die Kinder instand setzen, sich ihre Wörter und Texte selbst zu erarbeiten. Es gibt dabei keinen Bruch zwischen dem ersten und dem zweiten Schuljahr. Was die Kinder am Anfang erlernen, müssen sie nicht – wie etwa das Prinzip der »lautgetreuen« Schreibung – später wieder verlernen. Mögliche Wörter, Inhalte und Schreibanlässe sind jeweils als Beispiele der Realisierung angeführt.

Großen Raum nehmen Einzelheiten der Planung und Lernorganisation ein, denn wichtige Lernanfänge erfordern Zeit, Ruhe und einfache, geordnete Abläufe. Das Buch soll helfen, sich allmählich von der Hast und den Zwängen des Lehrgangsunterrichts zu befreien. Keine neuen didaktischen Normen sollen an seine Stelle treten, sondern ich möchte meinen Kolleginnen und Kollegen Mut machen zu einem mehr von ihnen selbst gestalteten Anfangsunterricht. Die niedrigen Schülerzahlen in den Anfängerklassen helfen dabei. In den sechziger Jahren kämpften wir vergeblich um so kleine Klassen. Nun hat der Geburtenrückgang sie uns von allein beschert. Versäumen wir nicht, diese große Chance zu nutzen.

Lernen ohne Streß und Langeweile

Ursprünglich begann dieses Buch mit der Praxis, mit den vielen möglichen Anfängen selbstverantwortlichen Schreibens. Wenn ich nun doch die Theorie voranschicke, so vor allem um Rechtfertigungshilfen zu geben. Wer den Erstunterricht anders anfängt, muß Eltern und Kolleginnen sagen können warum. Das erste Kapitel nennt die lerntheoretischen und linguistischen Gründe, warum das Rechtschreibenlernen einfacher ist, wenn es in die Zusammenhänge sprachlichen Handelns eingebettet bleibt. Es soll deutlich werden, daß Kinder, die Freude am Verfassen, Lesen, Austauschen von Texten haben, einen besseren Zugang zur Schriftsprache finden: zu ihren Ausdrucksmöglichkeiten wie zu ihren Regelmäßigkeiten.

Streß und Langeweile im Erstunterricht zu vermeiden ist nicht nur im Hinblick auf die Kinder, sondern auch auf den Lehrer wichtig. Wie kann er die Schwierigkeiten des Anfangsunterrichts am besten bewältigen? Dieser Frage ist das Kapitel 2 gewidmet. Hier geht es um die didaktische Umsetzung des vorgestellten Lernkonzepts: um den sicheren Weg, der allen Kindern gerecht wird – und auch dem Bedürfnis der Lehrerin nach einer ruhigen und erfüllten Arbeit.

1 Handelnder Schriftspracherwerb

1.1 Der Zusammenhang von Lesen und (Recht)schreiben

Rechtschreibenlernen von Anfang an – das entspricht nicht dem Brauch an unseren Schulen. Zuerst lernen die Kinder gewöhnlich lesen. Das Schreiben kommt später. Es muß durch Übungen der Feinmotorik vorbereitet werden. Mit dem Rechtschreiben hat es noch länger Zeit. Zuvor müssen die Kinder die einzelnen Buchstabenformen beherrschen. Dann erst können sie lernen, die Buchstaben richtig aneinanderzureihen. Noch später, irgendwann im zweiten Schuljahr, sind sie dann so weit, daß sie eigene Sätzchen und Aufsätzchen bauen dürfen.
So weit die vertraute Reihenfolge: Lesenlernen – Schreibenlernen – Rechtschreibenlernen – Aufsatzschreiben. Am Anfang steht das Aufnehmen und Einüben von Vorgegebenem. Am Ende steht – als Krönung – das Selbstproduzieren, Muß das so sein? Gehören nicht alle diese Handlungen von Anfang an zusammen (vgl. M. Dehn 1983b, 31)? Und wenn eine die beherrschende ist – warum dann das Aufnehmen und nicht das Selbstproduzieren, also das Lesen und nicht das Schreiben?

1.1.1 Frühe Schreibmotivation

Das Sprechen lernen die Kinder, indem sie die Laute, Wörter und Satzkonstruktionen, die sie hören, selbständig gebrauchen. Es ist bezeichnend, daß wir beim Primärspracherwerb vom Sprechenlernen reden, nicht vom Zuhörenlernen, dagegen beim Schriftspracherwerb vom Lesenlernen, nicht vom Schreibenlernen.

Tatsächlich hatte in der abendländischen Geschichte das Lesenlernen fast immer Vorrang vor dem Schreibenlernen (vgl. U. Maas 1985, 4f.). Für die jeweils Herrschenden war es wichtig, die überlieferten Texte entschlüsseln zu können. Was sie selbst verfaßten, diktierten sie ihren Schreibern. Das Schreiben war auf die untergeordnete Technik des Aufschreibens reduziert. Diese Arbeitsteilung hat sich in der Wirtschaft bis heute erhalten. In der Freizeit sorgt die Flut des Gedruckten für ein wachsendes Übergewicht des Lesens gegenüber dem Schreiben. Der schulische Gleichschritt ist ein weiterer Grund dafür, daß auch hier die Rezeption von Geschriebenem die Produktion überwiegt.

Wenn aber Kinder vor der Schule, aus eigenem Antrieb, die Schriftsprache erwerben, erlernen sie sie eher schreibend als lesend (vgl. J.

Gibson u. H. Lewin 1980, 49ff.). Balouette z.B. interessierte sich, wie ihr Vater C. Freinet berichtet (in H. Boehncke u. J. Humburg 1980, 48f.), für die Buchstaben vor allem, weil sie sie in ihre Briefe einbauen konnte. Sie gefielen ihr, weil sie damit ihren Namen schreiben konnte. Den brauchte sie als Absender und Unterschrift. Und sie schrieb ihn, sobald sie alle Buchstaben zusammen hatte, richtig.
Wo ein Zweck ist, besteht auch ein Motiv, so zu handeln, daß der Zweck erreicht wird (vgl. schon J. Langermann 1963, 5f.). Wer sich verständigen will, versucht sich verständlich auszudrücken. Wer will, daß der verfaßte Text gelesen – und gern gelesen wird, versucht lesbar zu schreiben. Den Text selbst zu lesen, ist dafür schon eine erste Probe. Sie reicht aus, wenn der Text nur zum Selbstlesen geschrieben wurde. Ist er für weitere Leser/innen bestimmt, so muß er auch ihre Lese-Erwartungen berücksichtigen. Das sind u.a. Erwartungen hinsichtlich der Rechtschreibung.

1.1.2 Leserfreundlich schreiben und schreiberfreundliche Rechtschreibnormen

In der Diskussion über Sinn und Unsinn des Rechtschreibenlernens wird leicht vergessen, wie leserfreundlich ein richtig geschriebener Text ist. Was das Schreibenlernen kompliziert, vereinfacht andererseits das flüssige Lesen. Z.B. heben Großschreibung, Umlautung, Konstanthaltung des Wortstamms bekannte Wortteile besser heraus: »Hand-Hände« statt »hant-hende«. Das Auge kann besser von Fixpunkt zu Fixpunkt springend den Text entschlüsseln.

Würde jeder seine gesprochene Sprache verschriften wie er sie gerade hört, so müßte die Leserin oder der Leser das Geschriebene erst in die gesprochene Sprache zurückübersetzen, um es zu verstehen. Bei jedem ungewohnten Dialekt gäbe es zudem Verständnisschwierigkeiten. Dies war ja der Grund für das Aufstellen der Rechtschreibnormen über die Dialektgrenzen hinweg. Sie förderten wiederum die Verbreitung der Hochsprache und der landesweiten Verständigung.

Durch den übermäßig hohen gesellschaftlichen Stellenwert der Rechtschreibung ist aber die schriftliche Verständigung wieder behindert. Denn wer nicht sicher rechtschreiben kann, wagt kaum, sich schriftlich zu äußern. Darum ist eine Rechtschreibreform überfällig: Fortfall des »ph, th, rh, ß«, Freigabe der Kommasetzung, gemäßigte Kleinschreibung (vgl. W. Eichler 1978, 30f.). Diese Änderungen verringern das Lesetempo noch nicht sehr, erleichtern aber das Rechtschreiben lernen erheblich.

Man sollte zudem den Spielraum möglicher Schreibungen erweitern. Bei allen Sonder- und Zweifelsfällen der Orthographie sollte mehr als eine Schreibung zugelassen sein, z.B. »Schlegel« wie »Schlägel«, »Roheit« wie »Rohheit«, »gar nicht« wie »garnicht«. Gut schiene mir auch, die Silbentrennung freizugeben: »Kas-ten« wie »Ka-sten«. Die Mühsal mit diesen Spitzfindigkeiten nimmt den Lernenden die Freude am Entdecken der augenfälligen Regelmäßigkeiten unserer Schriftsprache (vgl. U. Maas 1985, 14f. und 25).

Beim Erarbeiten der grundlegenden Rechtschreibnormen wiederum brauchen wir kein schlechtes Gewissen zu haben. Sie sind nicht schwer zu erkennen, und sie sind nicht unnütz. Beim Schreiben und Empfangen von Briefen, Einladungen usw. erleben die Kinder die Vorteile leserfreundlichen Schreibens. Sie können die Mitteilungen besser entziffern und werden selbst als Schreibende eher ernstgenommen und verstanden.

1.1.3 Die Wechselwirkung zwischen Schreiben und Lesen in der Selbstkontrolle

Bei einem zweckvollen Schriftsprachgebrauch greifen Lesen und Schreiben ineinander und unterstützen sich gegenseitig. Sie stören sich nicht, sondern fördern sich, denn das eine kontrolliert das andere. Durch Schreiben, Stempeln, Legen eines Wortes kann das Kind mit seinen Händen prüfen, ob es dies Wort in allen Teilen erfaßt, also richtig (durchgliedernd) gelesen hat. Ebenso prüft es lesend, alle Teile wie das Ganze betrachtend, ob es richtig geschrieben hat. Ein solches Miteinander von Schreiben und Lesen ist wiederum die beste Basis für das Rechtschreibenlernen von Anfang an.
Didaktiker des Schreibenlernens (z.B. Grünewald 1981a) wie des Lesenlernens (z.B. J. Bethlehem 1984) bringen darum beide Handlungen immer enger in Verbindung. Damit wird langsam die Tendenz überwunden, das schriftliche Sprachhandeln in kleinste Teilhandlungen zu zerstückeln und häppchenweise einzuüben: einmal das Buchstabenunterscheiden, einmal das Anlaut-Heraushören, einmal das Schriftformenmalen. Ohne Einsicht in den größeren Zusammenhang des Sprachhandelns, zu dem auch das Verfassen und Gebrauchen von Texten gehört, können die Kinder die Teilhandlungen nicht sinnvoll einordnen und nutzen (vgl. H. Giese 1983).

Das erwies sich bereits zu den Zeiten des Methodenstreits. Das Buchstabenschreiben der einzelheitlich-synthetischen Methode bewährte sich so wenig wie das Wortbilderkennen der ganzheitlich-analytischen Methode. B. Bosch zeigte schon 1937, daß Analyse und Synthese sich wechselseitig bedingen und unterstützen (1961, 23), also in jedem Fall zusammengehören. Neuere Leselehrwerke bemühen sich um Integration beider Vorgänge. Doch erst bei der vollständigen Durchgliederung des Wortes ist diese Integration wirklich geleistet. Die konsequent analytisch-synthetische Methode beginnt darum mit »Schlüsselwörtern«, an denen die Kinder das Durchgliedern von Anfang an erlernen (vgl. z.B. lesen lesen lesen von S. Buck). Durch das Bauen und Zerlegen von Wörtern gewinnen die Kinder handelnd Zugang zur Schriftsprache. Dieses Prinzip wird auch in dem vorliegenden Band vertreten (s. Kap. 6). Allerdings gehe ich noch einen Schritt weiter als die meisten analytisch-synthetischen Lehrgänge, wenn ich meine: Auch an der Auswahl der Schlüsselwörter können die Kinder sich bald aktiv beteiligen. Ihre wichtigen Wörter haben Vorrang vor den wichtigen Buchstaben, nach denen die Schlüsselwörter meist ausgewählt werden.

In der langen Geschichte des Lesenlernens hatte manchmal die Integration, manchmal die Isolation des Schreibens und Lesens und der Analyse und Synthese Vorrang. In Zeiten der Reform wollten die Pädagogen die Lernenden durch den Schriftsprachgebrauch handlungsfähig und mündig machen (V. Ickelsamer, die Reformpädagogen, C. Freinet, P. Freire). In Zeiten der Restauration dagegen wurden nur Teilfertigkeiten wie Bibellesen und Unterschriftleisten an das Volk weitergegeben, nicht aber die befreiende Kraft des Schriftsprachgebrauchs.
In dem einen Fall wird das Kind möglichst bald zum selbständigen Schriftgebrauch hingeführt und lernt ihn darum entsprechend bündig und einsichtig als Sprachhandlung kennen. In dem anderen Fall wird es durch getrennte Lehrgänge in Lesen und Schreiben länger in der Unmündigkeit festgehalten. Denn lernt es nicht, das Schreiben lesend und das Lesen schreibend zu überprüfen, so fehlt ihm ein wichtiges Mittel zur Selbstkontrolle. Es bleibt auf den Lehrer angewiesen, der sagt, ob es richtig gelesen oder geschrieben hat.

1.2 Sprachhandlungskonzept und Aneignungstheorie

1.2.1 Lesen und Schreiben als Elemente des Sprachhandelns

Am Lesen und Schreiben ist für das Kind nur weniges gänzlich neu – selbst wenn es noch keinen Buchstaben kennt. Die meisten Elemente des Schriftsprachgebrauchs hat es in der Regel bereits kennengelernt: Sprechbewegungen, Hörgewohnheiten, Wortbedeutungen, Satzbaumuster, Textstrukturen (z. B. Märchen, Werbespots, Reime), das Austauschen von Mitteilungen, das Setzen und Deuten von Zeichen (z. B. lächeln, aufstampfen, drohen), das Kritzeln und Kringelmalen. Der Schriftsprachgebrauch läßt sich als zusammengesetzte Handlung beschreiben (vgl. M. Bergk 1980, 153 ff., Abb. S. 155). Er baut auf früher erworbenen Handlungen auf und erweitert sie.

Das beherrschende Merkmal der genannten Handlungen ist der Austausch mit anderen Menschen. Das ist, eng gefaßt, die wechselseitige Verständigung: die Kommunikation, insbesondere die sprachliche Kommunikation. Im weiteren Sinne umfaßt der Austausch zudem das Umgehen der Menschen miteinander, das soziale Handeln mit dem Ziel, die menschlichen Beziehungen zu verändern: die Interaktion. Ganz verständlich werden die Vorgänge der Kommunikation und Interaktion aber erst im Zusammenhang gegenständlichen Handelns. Denn ohne den Austausch mit der Umwelt, mit den Dingen und Körpern bleibt der Austausch der Menschen untereinander buchstäblich gegenstandslos.

In diesem großen Zusammenhang wird das Sprechen, Schreiben, Lesen als »Sprachhandeln« bezeichnet. Das Sprachhandlungskonzept erfaßt gegenüber dem sog. »kommunikativen Ansatz« besser den Zweck des Sprachgebrauchs. Die verändernde, das Handeln beeinflussende Wirkung des Sprechens, Lesens und Schreibens wird deutlicher und damit auch die inhaltliche Dimension.

Niemand schreibt z. B. einen Brief, nur um die Form des Briefschreibens zu üben. Er nimmt dadurch Kontakt auf, äußert eine Bitte, einen Vorwurf o. a. Diese Äußerungen haben wiederum einen Inhalt. Irgend etwas ist geschehen oder soll geschehen. Der Schreiber oder die Schreiberin will, daß der Adressat etwas tut, denkt oder weiß. Das Sprachhandlungskonzept läßt hinter dem Sprachgebrauch die Person des Handelnden mit seiner Absicht und Eigenständigkeit hervortreten. Schon das Sprechenlernen ist kein einfaches Nachmachen und Übernehmen. Das kleine Kind erwirbt die Sprache im Austausch mit den Menschen seiner Umgebung und mit der umgebenden Welt (vgl. E. Oksaar 1977, 65ff.). Dabei ist es bereits ein aktiver Partner: Es horcht auf, hört weg, plappert den einen Ausspruch sofort mehrmals nach, den anderen wiederholt es nicht, sooft man es auch bittet. Dies sind die Anfänge selbstbestimmten Sprachhandelns, wenn auch noch auf einer wenig bewußten Ebene. Das Lesen und Schreiben ist demgegenüber ein bewußter Akt (vgl. L.S. Wygotski 1974, 224ff.). Wenn das Kind z.B. einen Brief schreibt, überlegt es sich genauer als beim Sprechen, wie es die Worte setzt und was es bewirken will. Liest und schreibt es allerdings nur das, was in der Fibel und im Schreibkurs vorgegeben ist, so kann es diese Erfahrung kaum machen. Das Kind erlebt sich eher als nachvollziehende denn als selbständig handelnde Person. Die Schriftsprache lernt es mehr als Vor-schrift kennen, weniger als Werkzeug für eigene Schreibvorhaben. Dadurch gewinnt es aber sowohl von sich selbst als auch vom Lesen und Schreiben ein falsches Bild.

1.2.2 Die Aneignung – ein aktiv zugreifendes und wertendes Lernen

Nach langen behavioristischen Irrfahrten wissen wir, daß Lernende nicht nur auf einen Stimulus reagieren. Sie bilden den Lernstoff auch nicht einfach ab, sondern schaffen ihn neu, aufbauend auf ihren schon erworbenen Wahrnehmungs-, Handlungs- und Denkstrukturen. Lernen ist ein aktiver Zugriff auf den Lerngegenstand, buchstäblich eine Aneignung – wenn wir es zur Entfaltung kommen lassen. In der Schule gibt es leider auch alle möglichen anderen Formen des Lernens. Doch das Lernen im Sinn der Aneignungstheorie – so wie ich sie verstehe – halte ich für das menschlichere und fruchtbringendere. Ich habe dieses Lernkonzept an anderer Stelle entfaltet (1980, Teil I, 21–117). Hier kann ich nur die Grundgedanken skizzieren.

Das Lernen im Sinne der Aneignung folgt nicht nur den Strukturen des Lernstoffes, sondern auch den Strukturen, die das Kind bereits gebildet hat. Die deutsche Grammatik, die Klasse der Säugetiere, das Einmaleins, das Radfahren – dies sind systematisch gegliederte Lerninhalte, für alle Lernenden die gleichen. Aber jedes Kind baut sich diese Systeme in seinem Geist in eigener Weise auf, jedes auf ein anderes Fundament, mit anderen Anknüpfungspunkten, in einer anderen Reihenfolge.

Das schulische Lernen dagegen wird oft einseitig von der Systematik des Lernstoffes beherrscht. Da sie nur dem Lehrer bekannt ist, muß er allein die Führung übernehmen. Die Lernstrukturen des einzelnen Kindes kommen zu kurz. Es könnte aber Partner beim Steuern des Lernprozesses werden. Denn an welche Erfahrungen, Fragen, Bedürfnisse es den neuen Lernstoff anknüpfen kann, erfährt die Lehrerin am besten von dem Kind selbst. Natürlich muß sie erst lernen zu fragen, das Kind muß zu antworten lernen. Beide brauchen Zeit, um diesen individuellen Lernstrukturen auf die Spur zu kommen.

Neue Lernmöglichkeiten eröffnen sich dadurch auch dem Lehrer. Wie er sich einerseits in die Lernstrukturen der einzelnen Kinder hineinfragt, -fühlt, -denkt, schafft er sich andererseits ein immer differenzierteres Bild von der Vielfalt kindlicher Lernmöglichkeiten überhaupt. Er wird von Planungsschritt zu Planungsschritt kompetenter für kindgemäßes Unterrichten. Die Zeit, die er dafür braucht, bekommt er eben dadurch, daß er die Kinder als Subjekte ihres Lernens ansieht und behandelt. Die Organisation, d. h. die Planung, Steuerung und Kontrolle erster Lernschritte, kann er schon in den ersten Schulwochen mit den Kindern zu teilen beginnen und sie ihnen schrittweise übertragen.

Die Hinführung zum selbstverantwortlichen Lernen ist einer der Grundgedanken der Aneignungstheorie (s. M. Bergk 1980, 58–93). Ein anderer ist, zumindest nach meinem Verständnis, die emotionale Seite allen Lernens. Die Gehirnforschung lehrt uns, daß jeder Nervenimpuls, der unser Hirn erreicht, dort nicht nur rational, sondern auch emotional verarbeitet wird (vgl. F. Vester 1984, 18). Was immer unser Auge sieht oder unsere Hand tut – es bekommt stets auch einen Gefühlswert. Wir können diese affektive Seite des Lernens ignorieren, verdrängen, aber nicht abschalten. Besser ist es, wir nehmen sie ernst. Die Stelle im Zwischenhirn (der »Thalamus«, s. V. Vester ebenda, 21), die alle »Eingänge« mit der Frage überprüft: »Was bedeutet das für mich?« ist lebenswichtig. Rein kognitive Lerntheorien und Didaktiken, die diese emotionale Kontrolle vernachlässigen, abstrahieren von der Lebensbedeutung der Lerninhalte. Mit ihnen kann man die Pflege des Waldes ebensogut lehren wie das Abschießen einer Atomrakete.

Wir sollten aber einer Lerntheorie folgen, die die Aneignung von

Unmenschlichem ausschließt. Von Anfang an können die Kinder bei allem, was sie sich aneignen, zu fragen lernen: »Was bedeutet das für mich?« Schon Schulanfänger können lernen, in sich hineinzuhorchen:

- »Woran erinnert mich das?«
- »Macht mir das Spaß?«
- »Macht mir das Angst?«
- »Wer hat mir davon schon etwas erzählt, gezeigt, vorgemacht?«
- »Was will ich darüber wissen?«
- »Wofür kann ich das brauchen?«

Kinder bauen diese emotionale Kontrolle bald aus. In ihren spontanen Äußerungen zu einem neuen Thema schwingt oft schon die Frage mit:

- »Was bedeutet das für meinen Freund?«
- »Was würde meine Mutter dazu sagen?«
- »Kann ich das bei uns auf der Straße erzählen?«

Soziales Lernen findet immer statt, nicht nur in Unterrichtseinheiten, die speziell den sog. »affektiven Lernzielen« gewidmet sind. Jedes Wort, das die Kinder schreiben lernen – und damit wären wir wieder beim Schriftspracherwerb –, birgt kognitive, affektive und psychomotorische Lernmöglichkeiten gleichermaßen. Man braucht diese Schätze nur zu heben. Sie liegen z. B. in der Wortbedeutung, von der im nächsten Abschnitt die Rede sein soll.

1.3 Entdeckendes Schreibenlernen statt Rechtschreiblehrgang

1.3.1 Wortbedeutungen und begriffliches Lernen

Nicht nur die Lernorganisation, sondern auch die Auswahl der Lerninhalte kann der Lehrer bei der Hinführung zum selbstverantwortlichen Lernen bald mit den Kindern zu teilen beginnen. Ein kleiner Anfang in dieser Richtung ist schon das bekannte Erzählen im »Morgenkreis«. Stößt ein Kind mit dem, was es erzählt, auf allgemeines Interesse, so kommt schnell die Frage: »Kann ich die Schildkröte mal mitbringen?« oder: »Können wir zu dem Kanal mal hingehen?« Statt einfach zuzustimmen, kann die Lehrerin ihrerseits fragen, was die Kinder dabei lernen wollen. Insbesondere ist immer zu fragen, ob es dabei Anlaß zum Schreiben und Lesen gibt.

Dies ist die Frage nach bedeutsamen Wörtern und ein Anstoß zu einfachen Formen begrifflichen Lernens (vgl. M. Bergk 1983a). Indem z.B. ein Kind begründet, warum es das Wort »Feuer« schreiben möchte, kommt es auf die Bedeutung des Wortes zu sprechen. Es sagt, was für einen Begriff es vom Feuer hat: ob es an ein Lagerfeuer denkt, an ein Haus in Flammen, einen warmen Ofen oder ein angesengtes Bilderbuch. Andere Kinder stellen sich unter »Feuer« etwas anderes vor. Im Zuhören und Vergleichen kommt der Begriff bei allen in Bewegung. Er erhält verschiedene Spezifizierungen (Abb. 1, Achse 1). Ebenso bekommen die Kinder eine allgemeinere Vorstellung davon, was alles in Brand geraten oder gesteckt werden kann (Achse 1: Verallgemeinerung). Im Hin- und Herpendeln zwischen Verallgemeinerung und Spezifizierung differenziert der Begriff vom Feuer sich weiter aus.

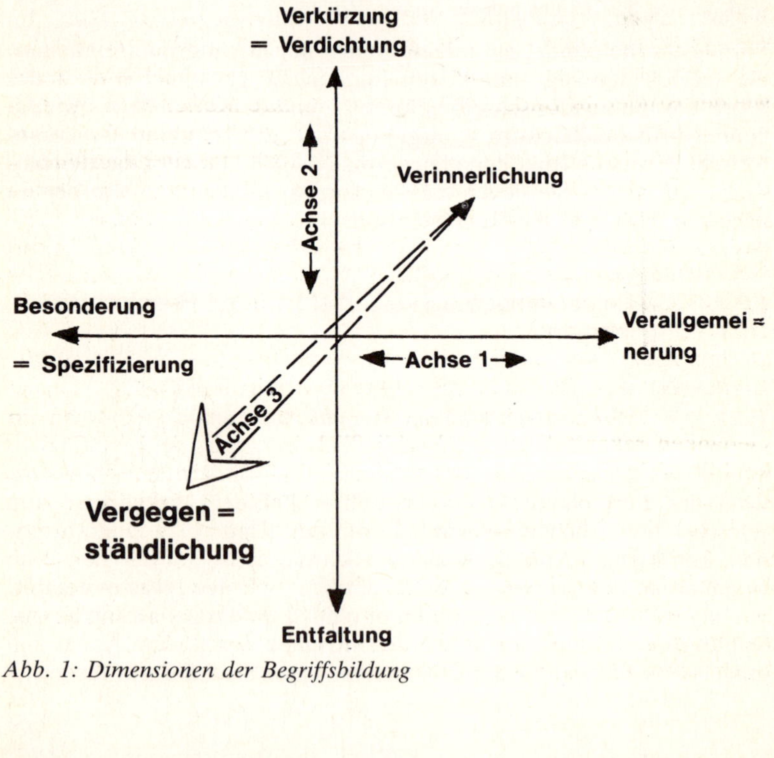

Abb. 1: Dimensionen der Begriffsbildung

Mit dieser eher rationalen Ebene begrifflichen Denkens sind andere, mehr aktionale und emotionale Ebenen verschränkt:
Alles Begreifen ist notwendig mit Handeln verknüpft. Anders können wir unsere Person nicht mit den Menschen und Erscheinungen unserer Umgebung in Verbindung bringen. Selbst das bloße Sehen ist eine Handlung. Es erfordert Kopf- und Augenbewegungen. Gehen wir aber um den Baum herum, den wir betrachten, befühlen seine Rinde, essen seine Früchte usw., so wird er uns ganz anders zum Begriff als wenn wir ihn im Fernsehen sehen, wo andere für uns die Kamera schwenken und den Geschmack der Früchte beschreiben. Mit dem Handeln wird auch unsere emotionale Beteiligung eingeschränkt bzw. entfaltet. Im Fernsehen lassen wir kekskauend Abend für Abend Verhungernde und Mordende an uns vorüberziehen. Wir machen uns von dem, was dort geschieht, keinen rechten Begriff mehr. Eine wichtige Dimension fehlt: die Dimension eigenen – menschlichen – Handelns.
Kinder zeigen noch deutlich, daß sie handelnd begreifen wollen. Im Gespräch über das Feuer z. B. kommen Einzelheiten kaum in Form einer bloßen Schilderung zur Sprache. Die Kinder erzählen vielmehr, wie der Bruder ihr Bilderbuch angezündet, ihre Mutter das Lagerfeuer gemacht, der Brandstifter das Benzin ausgeschüttet hat. Vor allem kommt sehr bald die Frage: »Machen wir auch mal ein Lagerfeuer?« o. ä. Es ist eine didaktische Binsenweisheit, daß Kinder Einzelheiten dann am besten behalten, wenn sie sie selbst ausgeführt haben, z. B. das Aufschichten der Hölzer beim Lagerfeuermachen. Der Begriff vom Feuer kann am besten entfaltet werden (Achse 2), wenn er in gegenständliches Handeln umgesetzt wird (Achse 3, räumlich vorstellbar als 3. Dimension).
Dadurch prägt sich der Begriff zugleich viel besser ein, als wenn die Kinder nur über das Feuer reden (Achse 3: Verinnerlichung). Was sie mit eigenen Händen getan haben, können sie gut beschreiben, in Gedanken rekapitulieren und schließlich in einem einzigen Gedankenblitz sich wieder vergegenwärtigen. Mit der Verinnerlichung geht die Verkürzung der entfalteten Handlung (Achse 2) einher. Ich würde sie lieber »Verdichtung« nennen. Denn nichts Unwichtiges geht verloren. Vielmehr tritt das Bedeutende der Handlung immer deutlicher hervor. Ein Begriff, der in dieser Weise erarbeitet wurde, ist eine starke emotionale Stütze für alles weitere Lernen in seinem Zusammenhang, z. B. für das Schreiben des betreffenden Wortes.
Nach unseren Erfahrungen prägen die Kinder sich Wörter wie »But-

ter« und »Zucker« im Zusammenhang mit dem Keksbacken und Rezeptschreiben gut ein, selbst wenn sie sie nicht besonders oft schreiben. Dagegen bereiten manchmal Wörtchen wie »mit« und »da« Schwierigkeiten, wenn es nicht gelingt, ihre Funktion deutlich erfahrbar zu machen. (Das ist natürlich möglich, z. B. wenn die Kinder für eine Gymnastikübung Paare bilden. Eine große Wortkarte »mit« kann das Verbindungsglied zwischen den Partnern werden, das selbst beim gemeinsamen Laufen und Hüpfen nicht zerreißen soll.) Begriffe, die wir ganz durchdrungen haben, von denen wir gleichermaßen »ganz durchdrungen« sind, regen uns stärker als andere zu weiterem Lernen an. Wo wir etwas begriffen haben, interessiert uns alles weitere mehr als dort, wo uns alles noch unklar ist. So entstehen Interessengebiete, Hobbies, »Begabungen« und schließlich Berufswünsche. So entsteht auch die Lust am Schreiben.

1.3.2 Grundwortschatz und Eigenfibel als Basis entdeckenden Rechtschreibenlernens

Die Wortbedeutung ist nur eine Stütze des Rechtschreibenlernens. Die andere emotionale Stütze schaffen die Kinder sich durch das Handeln mit den Schriftwörtern selbst. Wichtig ist, daß sie mit den Wörtern, die sie sich einprägen wollen, tatsächlich etwas anfangen können. Das tun sie, indem sie mit ihnen z. B. Bilder beschriften, Collagen bauen, erste Sätze bilden, erste kleine Texte verfassen. In der Eigenfibel können sie ihre gemeinsamen – und zunehmend auch ihre individuellen – Schreibprodukte sammeln, neben der Fibel oder statt dessen.

Der Lesestoff, den die Kinder sich auf diese Weise selbst schaffen, ist gewiß die einfachste Erstlektüre, die man sich denken kann. Das merken die Kinder und erleben so, daß ihr Schreiben noch einen besonderen Sinn hat. Es ist zugleich eine Hilfe beim Lesenlernen. Dabei merken die Kinder auch, daß es gut ist, richtig zu schreiben, weil sie dann besser in ihren Eigenfibeln lesen können.

Eine Hilfe zum richtigen Schreiben ist wiederum das »Wörterbuch«, das die Kinder sich selbst herstellen. Mit dem Grundwortschatz schaffen sie sich ein Nachschlagwerk für das Produzieren von Eigenfibel-Blättern und allen möglichen anderen Texten. Umgekehrt prägen sie sich bei jedem Schreibvorhaben die verwendeten Grundwortschatz-Wörter besser ein. So potenzieren sich die verschiedenen Handlungen mit den Schriftwörtern gegenseitig.

In dem Maße wie die Schriftstrukturen sich den Kindern einprägen, haben sie sie bald nicht nur im Karteikasten und der Eigenfibel, sondern auch im Kopf gegenwärtig. Die Kinder gewinnen allmählich einen Überblick. Schreibungen, die sich häufig wiederholen, fallen ihnen auf. Rascher, als man es erwartet, haben die Kinder die meisten wichtigen Regelmäßigkeiten unserer Schriftsprache entdeckt. Allerdings ist dieses Entdecken kein einmaliges Ereignis, das dann zum Erarbeiten des jeweiligen Rechtschreibfalles mit der ganzen Klasse genutzt werden könnte. Hier ist Geduld nötig. Jedes Kind muß mit dem Entdecken erst Erfahrungen sammeln. Wie das Finden häufiger Schreibungen eine Konsequenz häufigen Schreibens ist, müssen sich die Entdeckungen erst durch häufigere Wiederholungen zu dem Bewußtsein verdichten, daß es da Regelmäßigkeiten gibt, denen nachzuspüren sich lohnt.

1.3.3 Durchgliedern statt Lautieren

»Rechtschreibenlernen von Anfang an« bedeutet nicht, Rechtschreibregeln einzuführen, sobald die Kinder schreiben und lesen lernen. Es bedeutet, Fragen der Rechtschreibung nicht künstlich aus dem Erstunterricht auszuklammern. Lese- und Schreiblehrgänge tun das allzu oft, indem sie zunächst nur sog. »lautgetreue« Wörter einführen. Die Kinder gewinnen den Eindruck, daß sie ein Wort nur deutlich zu sprechen und Laut für Laut in Buchstaben umzusetzen brauchen. Ohne es zu merken, werden sie auf eine Schreibregel festgelegt, die nur selten uneingeschränkt gilt: auf die Regel »Schreib wie du sprichst!«
Bestimmen die Kinder aber mit, was sie lesen und schreiben wollen, so finden sie in dem Wortbestand, der zusammenkommt, alle möglichen Schreibungen vor. Ihr Eindruck von der Schriftsprache wird differenzierter: Sie erfahren, daß es auch noch von dem jeweiligen Wort abhängt, wie ein Buchstabe klingt oder ein Laut geschrieben wird.

Dagegen werden die Wörter beim »lautierenden« Schreiben scheinbar schlüssig Zeichen für Zeichen von der Lautform in die Schriftform übertragen. Die angeblich »lautgetreue« Übertragung erfolgt im Verhältnis 1:1; bei der regelgeleiteten Übertragung müssen noch weitere Laute beachtet werden, insbesondere die »langen« und »kurzen« Vokale bei der »Dehnung« und »Schärfung«. Die Kinder erwerben eine verfälschte Vorstellung von der Schriftsprache. Sie erscheint ihnen als Abbild der Lautsprache, ohne Rest aus dieser herleitbar. Tatsächlich ist sie aber eine eigenständige Ausprägung der Sprache. Mit der Abgrenzung der Wörter gegeneinander, der Zeichensetzung, der Großschreibung, der Konstanthaltung der Wortstämme u. a. macht sie grammatische und semantische Zusammenhänge sichtbar, die in der gesprochenen Sprache nicht bzw. nicht so deutlich in Erscheinung treten (vgl. U. Maas 1985, 8).

Die Phonologie hat einiges dazu beigetragen, die Zusammenhänge zwischen Laut- und Schriftstruktur zu klären. Aber es wäre falsch, nun zu glauben, daß die Schriftsprache, wenn schon nicht die Laute, so doch die Phoneme der Lautsprache abbilde (ebenda). Die Korrespondenzen zwischen Phonemen und Graphemen sind komplizierter. Auch auf der Ebene der kleinsten bedeutungsunterscheidenden Einheiten ist es nicht ohne weiteres möglich, die Lautsprache in die Schriftsprache zu übertragen und umgekehrt. (Für manche Grapheme gibt es kein entsprechendes Phonem und umgekehrt.) Die Rede von den GPK-Regeln (Graphem-Phonem-Korrespondenz-Regeln) täuscht da eine Stimmigkeit vor, die nicht existiert. Vor allem sind längst nicht alle phonologischen Erscheinungen für das Lesen- und Schreibenlernen wichtig. (Darum enthalte ich mich in diesem Band der phonologischen Terminologie.)

Die Beziehungen zwischen Laut und Buchstabe im Wortzusammenhang zu betrachten, bedeutet keine Rückkehr zur Ganzheitsmethode. Bekanntlich verkennt die Ganzheitsmethode die Fähigkeit der Kinder, zugleich das Ganze und die Teile der ersten Wörter zu beachten. Sie läßt die Kinder Wortbilder lesen und schreiben und vernachlässigt die Einzelheiten der Anfangswörter. Diese können die Kinder aber sehr gut untersuchen, indem sie sie durchgliedern, d. h. in Buchstaben bzw. Buchstabengruppen (ch, ll, ie usw.) zerlegen und wieder zusammenbauen. Mit dem Spiegel in der Hand entdecken sie auch schnell, daß manche Buchstaben im gesprochenen Wort gut zu finden sind, andere schlecht oder gar nicht, z. B. bei »wir«, »Schule« und »Mutter«.

So lernen die Kinder früh, daß es zwar Beziehungen zwischen dem gesprochenen und dem geschriebenen Wort gibt, daß man aber nicht von den Lauten, die man hört, auf die Buchstaben, die man schreibt, schließen kann. Das ist besonders wichtig für die Kinder, die nicht »Hochdeutsch« sprechen, sondern einen Dialekt (bzw. Soziolekt) und für Ausländerkinder. Statt mit der Lautstruktur verknüpfen sie das Schriftwort enger mit der Wortbedeutung. Das ist für das Rechtschreibenlernen äußerst hilfreich. Viele Schreibweisen, z. B. die Konstanthaltung der Wortstämme: »Wälder – Wald, grob – gröber«, erschließen sich aus dem Bedeutungszusammenhang und sind darum nicht schwieriger als die sog. »lautgetreuen« Schreibungen »halten – halt, Lump – Lumpen«.

1.3.4 Lernen aus Schreibversuchen und -irrtümern

Nicht ohne Grund gilt das entdeckende Lernen als besonders motivierend. Es läßt das Kind Subjekt seines Lernens sein. Eine Form des Entdeckens ist das »tastende Versuchen« (C. Freinet 1980, 54ff.), »trial and error«, Versuch und Irrtum.
Dieses Lernen bleibt aber konfus, wenn das Kind nicht aus den Irrtümern allmählich eine Vorstellung der richtigen Lösung gewinnt. Bezogen auf das Schreiben heißt das: Ein Wort probeweise zu schreiben und dann zu prüfen, ob es richtig geworden ist – das ist nur der erste Schritt zum Entdecken von Regelmäßigkeiten der Rechtschreibung. Der zweite Schritt ist das Lernen aus dem gelungenen Versuch oder dem Irrtum. Es ist eine bekannte didaktische Forderung, Fehler als intelligente Rechtschreibleistungen anzusehen. Besonders fruchtbar ist diese Einstellung, wenn das Kind sie selbst gewinnt und über die Analyse seiner Fehler seinem eigenen Rechtschreiblernen auf die Spur kommt. Indem das Kind sich fragt, warum es »vertig« statt »fertig« geschrieben hat, sucht es nach der Vorstellung, die sein Schreiben leitete.

Intelligentes Handeln wird oft als Rückkopplung mit handlungsleitenden Vorstellungen beschrieben. Danach ist jede Handlung eine Folge vieler Rückkopplungskreise (TOTE-Einheiten = »Test-Operate-Test Exit« oder VVR-Einheiten = »Vergleich-Veränderung-Rückkopplung«, vgl. M. Bergk 1980, 67ff.). Jeder Handlungsschritt wird mit dem inneren Bild der Handlung verglichen. Dabei verändert bzw. festigt sich dieses Bild. Gewonnene Begriffe werden umstrukturiert bzw. ausgebaut; die Aufgabe wird im Verlauf der Lösung umformuliert bzw. ausformuliert (ebenda). Das gewonnene Schema wird verbessert, »optimiert« (D.E. Rumelhart u. D.A. Norman 1981, 143f.).

Beim Nachdenken über seine Fehler wird also das Kind aufmerksam auf die Begriffe, die es beim Schreiben bildet. Es hat sich an ähnliche Schriftstrukturen erinnert: »verliert, verliebt...« und die gefundene Ähnlichkeit verallgemeinert (Achse 1 der Abb. 1), bei »vertig« auf einen nicht zutreffenden Fall. Didaktiker sprechen vom „Übergeneralisieren". Doch daß die Analogbildung falsch war, heißt nicht, daß sie umsonst war. Der Begriff von der Schreibung und Bedeutung der Wörter mit »ver« kann sich durch den Irrtum weiter entfalten (Achse 2 der Abb. 1). Das Besondere der Vorsilbe tritt deutlicher hervor, z.B. die Unbetontheit oder die Bedeutungsveränderung »liebt-verliebt«.

Das Nachdenken über Fehler erfordert Zeit: für Einzel- und Gruppengespräche in Phasen selbstgestalteter Arbeit, für Klassengespräche in Phasen gemeinsamen Schreibens. Diese Gespräche sind sehr wichtig, auch wenn der Lehrer nicht am Ende der Stunde sagen kann, daß er nun einen Rechtschreibfall »behandelt« hat. Ein Stück Selbstreflexion hat sich ereignet. Das ist ein Wert an sich, ohne jede Lernzielerreichung gültig. Eine Technik selbstverantwortlichen Rechtschreibenlernens wurde erneut praktiziert und dadurch gefestigt. Das Rechtschreibwissen um die Vorsilbe »ver« wurde ein wenig verdichtet, mit einer Wortbedeutung verknüpft, in den grammatischen Zusammenhang der Wortbildung eingebunden. Die Zeit war also nicht vergeudet. In drei Tagen wiederholt sich womöglich derselbe Irrtum, dasselbe Nachdenken. Auch die Wiederholung ist wichtig. Das Interesse der Kinder an der Sache ist selten geringer als das Interesse des Lehrers an ihren Gedanken zu der Sache. Rechtschreibfehler werden ihnen hauptsächlich dadurch so schnell langweilig, daß der Lehrer sie einfach anstreicht und korrigiert.

2 Gemeinsame Anfänge individuellen Lesens und Schreibens

Kaum ein Unterrichtsgebiet hat so viel didaktisches Kopfzerbrechen bereitet wie die Einführung in das Lesen, Schreiben und Rechtschreiben. Wer hierzu neue Vorschläge hat, muß sich fragen lassen, ob sie wirklich noch etwas verbessern können. Wenn z. B. das Lernen so stark, wie im ersten Kapitel dargestellt, von den Aktivitäten der Kinder ausgeht, fragt es sich, ob nicht das, was das Lernen erleichtert, das Lehren gerade erschwert. Hat nicht die Lehrerin um so mehr Arbeit, je produktiver und individueller sie den Lernprozeß der Kinder gestaltet? Gibt es nicht gute Gründe, an der festen Struktur der Lehrgänge festzuhalten? Wiederum – und dies ist die Hauptfrage des folgenden Kapitels – ist nicht jener Erstunterricht der sicherste, der die besten Möglichkeiten bietet, auf die Lernvoraussetzungen der Kinder einzugehen und Schulversagen zu vermeiden?

2.1 Lernvoraussetzungen, -bedürfnisse, -schwierigkeiten

2.1.1 Lernvoraussetzungen, die sich am besten beim Lernen selbst entwickeln

Das Problem der ersten Schulwochen sind die großen Unterschiede in den Lernvoraussetzungen der Kinder (vgl. P. Rathenow u. J. Vöge 1982, 50ff.). Die einen können schon vieles lesen und ihren vollen Namen schreiben; die anderen können noch kein /k/ sprechen und zeichnen einen Menschen nur mit Kopf und Füßen. Erstere wissen schon zu viel, letztere noch zu wenig, um genau auf Seite 1 der Fibel anfangen zu können oder zu mögen.
Das Problem derer, die für den Fibelanfang zu wenig wissen, wurde in der Legasthenieforschung gründlich bearbeitet. Das Ergebnis waren Vorschläge zur Förderung einzelner Lernvoraussetzungen: Alle Kinder sollten befähigt werden, die Anforderungen des Leselehrgangs zu erfüllen. Fortschrittliche Lehrpläne, wie der von Schleswig-Holstein, griffen diese Vorschläge auf und forderten: Die Schule soll nicht nur die Schriftsprache, sondern auch die Voraussetzungen zu ihrem Erwerb vermitteln (Kultusministerium des Landes Schleswig-Holstein 1975, 109). Genau besehen ist beides gar nicht zu trennen. Die meisten sog. »Lernvoraussetzungen« sind so, wie sie gewöhnlich formuliert werden, zugleich Lern*ziele* des Schriftspracherwerbs:

- *Sprachliche Kommunikationsfähigkeit:* Das Kind soll sich treffend und grammatisch richtig ausdrücken können. Sein Wortschatz und grammatisches Verständnis sollen ausreichen, um den Sinn geschriebener Mitteilungen zu erfassen.
- *Vergegenständlichung der Sprache:* Das Kind soll die sprachliche Bezeichnung vom bezeichneten Gegenstand lösen und selbst zum Gegenstand der Betrachtung machen können. Es soll z. B. erkennen, daß das Wort »Stecknadelkopf« größer ist als das Wort »Haus«.
- *Artikulation und akustische Differenzierung:* Das Kind soll lautrichtig und deutlich sprechen und Klänge und Rhythmen so genau unterscheiden können, daß es aus einem Wort einzelne Laute heraushört.
- *Symbolverständnis:* Das Kind soll die Zeichenfunktion graphischer Zeichen verstehen: Ein Blatt z. B. ist, was es ist: ein Blatt. Ein Blatt Papier dagegen, etwa ein Einkaufszettel, steht für vieles, das es nicht ist.
- *Optische Differenzierung:* Das Kind soll kleine Formunterschiede als entscheidend für die Bedeutung graphischer Zeichen erkennen: Papa bleibt Papa, ob er den Kopf schief hält oder gerade. Aber das t wird ein f, wenn es »den Kopf schief hält«.
- *Raumlageverständnis und Leserichtung:* Das Kind soll die Raumlage von Schriftzeichen als unterscheidendes Merkmal erkennen: Die Tasse bleibt eine Tasse, ob ihr Henkel nach rechts oder nach links steht (vgl. zu diesem Beispiel H. Breuninger u. D. Betz 1982, 22ff.). Aber das d wird ein b oder ein p oder ein q, wenn man es umdreht. Ebenso kann man »Beate« nicht »etaeB«, "ɘɈɒɘᙠ", "Beate" oder "ᗺɘɒɈɘ" schreiben.
- *Feinmotorik, Auge-Hand-Koordination und Schreibrichtung:* Das Kind soll mit ruhiger Hand auf einer Linie entlang von links nach rechts und zeilenweise von oben nach unten gleichmäßige und gleich große Figuren zeichnen können.
- *Gedächtnis:* Das Kind soll graphische Zeichen über längere Zeit speichern und wiedererkennen können.
- *Konzentration und Lernmotivation:* Das Kind soll ruhig und ausdauernd an seinem Platz sitzen und kontinuierlich ein Zeichen nach dem anderen ansehen oder zeichnen können.

Es ist eigentlich ganz offensichtlich, daß diese Fähigkeiten sich am besten in Verbindung mit dem Lesen- und Schreibenlernen entwikkeln. Trotzdem bieten einige Unterrichtswerke mehr oder weniger ausführliche Vorkurse an, um die einzelnen Fähigkeiten unabhängig von der Schriftsprache zu schulen. Es fragt sich, wie vielen Kindern solche Funktionsübungen »auf Vorrat« nützen. Denen, die die Funktionen bereits beherrschen, werden die Übungen bald langweilig. Denen, die sie nicht beherrschen, ist noch nicht klar, wozu sie gut sein sollen. Zum zweiten ist erwiesen, daß ein unspezifisches Training der Konzentration, Raumorientierung, optischen und akustischen Diffe-

renzierung einen ebenso unspezifischen Effekt hat (G. Scheerer-Neumann 1979, 59ff.). Es fördert das Lesen und Schreiben nicht besser als das Rechnen, Malen und Singen. Zum dritten klafft der Lernstand der Schulanfänger z.T. um Jahre auseinander. Wie soll ein Vorkurs von wenigen Wochen diesen Unterschied ausgleichen? (vgl. H. Brügelmann 1983, 201)
Besser scheint es mir darum, die genannten Fähigkeiten dann zu üben, wenn die Kinder selbst merken, daß sie sie brauchen. Von der ersten Woche an brauchen sie dafür an jedem Tag Zeit. Sie ist, solange die einzelnen Übungsformen eingeführt werden, gemeinsame Arbeitszeit. Danach wird sie individuelle Arbeitszeit, zunächst vielleicht eine Viertelstunde, später, wenn die Möglichkeiten selbstgesteuerter und freier Arbeit zunehmen, mehr.

2.1.2 Anknüpfen am spielenden Lernen

Die Kinder ihren Bedürfnissen gemäß selbständig lernen zu lassen, ist in Kindergärten und Vorschulklassen eine Selbstverständlichkeit. Nur wird das Lernen dort Spielen genannt. Formen spielenden Lernens aufzugreifen ist ein altes Gebot des Erstunterrichts. Fibeln werden darum zunehmend durch Bilderrätsel, Anregungen zum Puppenbasteln, Spielvorlagen oder -anleitungen u.a. aufgelockert.
Je länger ich Kinder beim Spielen beobachte, desto mehr scheint es mir, daß gerade die lernträchtigen Momente eines Spiels sie besonders reizen. Schulisches Lernen wird ihnen, meine ich, dann am besten gefallen und gelingen, wenn es dieselben Momente enthält, wenn es also an die Art, wie sie beim Spielen lernen, anknüpft. Mit »spielendem Lernen« meine ich darum weniger Lernsequenzen, die durch Spiele aufgelockert oder in Spielformen eingekleidet sind. Ich denke durchaus an ernsthaftes, planvolles Lernen, das aber an den Lernweisen und -impulsen ansetzt, die die Kinder meist schon jahrelang im Spiel erprobt haben.
Einige wichtige Anknüpfungspunkte für die in diesem Band vorgestellte Art des Schriftspracherwerbs seien im folgenden aufgeführt:

- Kindern gefällt es, sich und andere zu verzaubern. Sie lernen Menschen, Tiere, Dinge dadurch kennen, daß sie sich in ihre Rolle versetzen und sie nachahmen. Wenn sie sich nun die Rolle, die sie jeweils spielen wollen, aufschreiben und an die Brust heften, können sie besser in der Rolle verharren und sich mehr in sie vertiefen (Kap. 4.3).

- Kinder wollen sich bemerkbar machen. Sie malen gern überall hin ihre Botschaften. In der Schule können sie Aufkleber mit ihren Namen, mit Wörtern und Mitteilungen herstellen, die sie in der Klasse, auf ihren Sachen und ihrem Körper verteilen. So erwerben sie neue Möglichkeiten, sich und ihre Wünsche zur Geltung zu bringen (Kap. 3 u. 4).
- Kaum ein Kind läßt es sich nehmen, Dinge, die zerlegbar erscheinen, auseinanderzunehmen und wieder zusammenzubauen. Auch Schriftwörter können sie untersuchen, indem sie sie in ihre Bestandteile zerlegen und wieder zusammenfügen (Kap. 6).
- Sprachspiele sind ein weiterer Kinderspaß. Wörter werden verdreht, verleiert, endlos wiederholt. Geschriebene Wörter sind ein schöner Anlaß für solche Späße. So können die Kinder lernen, analog zur Schriftstruktur die Lautstruktur des Wortes zu durchgliedern (Kap. 7).
- Kinder wollen sammeln, was sie erworben haben. Sie wollen überschauen, was sie schon können, und ihre Umgebung damit überraschen. Die Wörter, die sie sich erarbeitet haben, sammeln sie nun systematischer in einem Karteikasten, die verfaßten Texte in einem Ordner (Kap. 9).
- Uns erstaunt es häufig, wie oft ein Kind eine Handlung wiederholt, scheinbar in immer derselben Weise, fast mechanisch. Und doch lernt es dabei, wird sicherer, automatisiert die Handlung. Für dieses Wiederholen aus eigenem Antrieb geben viele Schreibvorhaben Raum (Kap. 8.3 u. 10.3). Bei der Arbeit mit dem Grundwortschatz können sich systematischere Formen selbständigen Wiederholens entwickeln (Kap. 9).
- Kinder verstecken und suchen gern. Bei der Arbeit mit dem Klassen-Wortschatz können sie Wörter verstecken, vertauschen und die anderen Kinder suchen lassen (Kap. 9.3).
- Zum Verstecken und Suchen gehört das Raten, auch beim Wörtersuchen. Ehe die Kinder das Wort wieder hervorholen, raten sie, wie es aussieht, und schreiben es probeweise: in den Kopf, auf die Bank, auf das Papier (Kap. 10).

In allen diesen Lernansätzen spielt die Neugier, die Freude am Entdecken und Selbsttun eine wichtige Rolle. In der Schule wird aus dem spielenden Lernen etwas Neues: ein Lernverfahren mit bestimmten Regeln. Es wird gemeinsam erarbeitet und mit einfachen Symbolen aufgezeichnet, als »Leitbild« für das weitere Handeln. Im Laufe des ersten Schuljahres sammeln sich 10 solcher Leitbilder zu einer ganzen Leitkarte. Mit ihr können die Kinder zunehmend selbständig weiterlernen. Das bedeutet, daß sie auch ihr Lernmaterial zu großen Teilen selbst herstellen bzw. zusammentragen. Darin liegt zugleich die Chance, ihre individuellen Themen in der Schule weiterzubearbeiten. Das, was sie täglich sagen, können sie nun aufschreiben. Das, was sie

so oft umsonst sagen, können sie auf einem Plakat groß und dauerhaft zur Schau stellen.
In dem Maße, wie die Kinder frei von der ständigen Leitung und Hilfe der Lehrerin werden, wird sie frei von aufwendigen Stundenplanungen mit differenzierten Arbeitsblättern, Lückentexten u.ä. Arbeitsmitteln, die das Lernen Schritt für Schritt steuern. Sie wird frei für die teilnehmende Beobachtung der Lernprozesse, die sich um sie herum vollziehen, und kann dort helfen und anregen, wo es nötig ist.

2.1.3 Lernschwierigkeiten bemerken, verstehen und auffangen

Lehrerinnen, die mit mir den Unterrichtsversuchen von Studierenden in ihrer Klasse zusahen, freuten sich meistens sehr, ihre Kinder einmal in Ruhe beobachten zu können. In der Eile des Unterrichts bleibt vieles unbemerkt, das dem Lehrer helfen könnte, dem Kind zu helfen. Vieles, das den Gang des Unterrichts stört, bleibt unverstanden. Der Lehrer hat nicht Zeit nachzufragen, warum Inge ihr letztes Wort so verkritzelt hat und nun das ganze Blatt zerreißt und warum Ramon seinem Nachbarn den Bleistift in den Arm piekt.
Zeit zum Aufspüren von Lernschwierigkeiten ist aber gerade im Erstunterricht nötig. Oft sind die Probleme klein und schnell behoben. Bleiben sie unerkannt, so wachsen sie sich aus. Mißerfolg – Enttäuschung – Verunsicherung – Schwierigkeiten beim nächsten Lernschritt – neuer Mißerfolg pendeln sich hoch. Der »Teufelskreis des Schulversagens« kommt schnell in Gang und schwer wieder zum Stehen (s. H. Breuninger u. D. Betz 1982, 37ff.). »Legasthenie«, »Lernbehinderung«, »Verhaltensstörung«, »Schulangst« – das sind Erscheinungen, die erst in der Schule auftreten. Zwar besteht bei einigen Kindern aufgrund ungünstiger Lernvoraussetzungen größere Gefahr als bei anderen, daß sie Lernschwierigkeiten bekommen. Aber die genannten Erscheinungen selbst bringen sie nicht mit. Ob tatsächlich Schwierigkeiten auftreten, hängt nicht nur von ihnen ab, sondern auch – und mehr noch – von den Lernmöglichkeiten, die die Schule ihnen bietet.
Bei einem Erstunterricht, wie er in diesem Buch beschrieben wird, entstehen Lernschwierigkeiten nicht so leicht wie sonst. Sowohl das Anregungsmilieu als auch der Lernspielraum ist größer als üblich. Zudem ist an jedem Tag in der Phase selbstgesteuerten Lernens Gelegenheit, entstandene Probleme sofort zu beheben. Besonders

Kinder mit großen Entwicklungsrückständen bekommen dadurch Lernchancen und machen oft ganz erstaunliche Fortschritte. Hier ist auch Zeit für den Einsatz guten Fördermaterials (s. G. Schmölzer 1981).

Auch in schwierigen Lernsituationen kommt das Kind desto besser weiter, je mehr es Subjekt seines Lernprozesses wird. Das bedeutet, daß es sich beim Lernen beobachtet, daß es auf seine Gefühle achtet und Ärger, Anstrengung, Langeweile zu äußern lernt. »Störungen haben Vorrang« ist eine wichtige Regel gemeinsamen Arbeitens (vgl. R. Cohn 1983, 122ff.). Aber die Lehrerin muß in Ruhe auf die Störungen eingehen können. Dafür ist wieder die Fähigkeit der Klasse zum selbständigen Lernen die Voraussetzung. Nicht nur Schulversagen, auch Schulerfolg kann sich hochpendeln: mehr Selbständigkeit – mehr Lehrerzeit – mehr Aufmerksamkeit für individuelle Lernprozesse – mehr Selbstbewußtsein der Kinder – mehr Selbständigkeit.

Die Schriftsprache kann diese Entwicklung fördern: Mit Schildern wie »fad«, »halt« (oder »langsamer«), »?« (das verstehe ich nicht), »Hilfe« gibt jedes Kind seine »Störung« bekannt. Auch wer etwas fertig hat oder zeigen will, kann das bekanntgeben: »fertig:, »guckt mal«. Produktive, ideenreiche Kinder brauchen Beachtung, Bestätigung und neue Anregung, sonst bekommen sie ebenfalls Lernschwierigkeiten. Sie fühlen sich verkannt und langweilen sich.

Der Lehrer ist nicht der einzige, der auf die Schilder reagiert. Kinder, die noch nicht vom schulischen Konkurrenzkampf erfaßt sind oder sich aus anderen Gründen voreinander fürchten, sind neugierig, wie ihre Nachbarn »es machen«. Sie helfen sich, fast ohne es zu merken. Meist nützt ja ihr Helfen ihnen selbst ebensoviel wie dem anderen Kind. Z.B. wird ihnen klar, wie sie sich das betreffende Wort gemerkt haben, und sie können sich weitere Wörter noch besser merken.

Natürlich gibt es auch gängelnde Formen des Helfens. Manches selbst Erlittene hat sich da eingeprägt und wird nun in der Schule reproduziert. Aber das Helfen läßt sich lernen. Kinder, die Anspannung und Leistungsdruck mitbringen und weitergeben, gewinnen unendlich viel, wenn sie erleben, daß Helfen nicht nur Kränkung, sondern auch Freude und Freunde bringen kann.

Hat also ein Kind Lernschwierigkeiten, so sollte das nicht seine Sache oder die der Lehrerin bleiben, sondern Sache der Lerngruppe werden. Besonders wenn das Problem nicht ohne weiteres zu beheben ist, braucht das Kind die Unterstützung der anderen. Kann es schlecht sehen, hören oder laufen, so finden die Mitschüler schnell Möglichkeiten zu helfen. (Die meisten sog. »Behinderten« sind gar nicht so schwer zu integrieren.) Kann das Kind sich schlecht mitteilen oder freundlich auf andere einlassen, so sind viele Gespräche nötig, um das gegenseitige Verstehen zu fördern (vgl. M. Imhoff 1978). Jede gemeinsam überwundene Schwierigkeit bringt nicht nur dem betroffenen Kind, sondern allen Entlastung: Entlastung von der Angst, zu versagen und dann allein dazustehen.

2.2 Sicherheit und Verunsicherung durch den lehrgangsmäßigen Erstunterricht

Der Schriftspracherwerb hat für die schulische Entwicklung des Kindes besondere Bedeutung. Denn mit dem Lesen und Schreiben lernt es zugleich das planmäßige Lernen. Die ersten Lernerfahrungen sollen das Vertrauen des Kindes zu seinen Fähigkeiten stärken und ihm Mut zu weiterem Lernen machen. Nun tendieren Lehrgänge dazu, den Lernstoff in seine Elemente zu zerlegen. So können sie ihn am besten schrittweise vermitteln. Je kleiner aber die Schritte sind, desto schlechter kann das Kind diesen Gang der Lehre überschauen. Je stärker der Lehrgang den Lernprozeß vorstrukturiert, desto schlechter kann das Kind ihn selbst strukturieren. Diese Arbeit ist ihm abgenommen. Es muß sich führen lassen.
Geführt zu werden kann Sicherheit vermitteln, doch es macht auch abhängig. Indem das Kind sich dem Schutz und der Führung der Lehrerin anvertraut, unterstellt es sich ihrem Urteil. Sie kennt den Weg. Also weiß sie am besten, ob das Kind richtig auf dem Weg ist, wo es steht, ob es schneller vorankommen muß oder schon weit voran ist. Verlernt das Kind dadurch, sich selbst ein Urteil über seinen Lernerfolg zu bilden, so wird es durch ein negatives Lehrurteil mehr als sonst verunsichert. Es sucht folglich um so mehr die sichere Führung.
Der Lehrer kann diesen Teufelskreis durchbrechen, indem er die Kinder zunehmend an der Steuerung, Kontrolle und Beurteilung ihres Lernens beteiligt. Das erfordert Beweglichkeit und Autonomie gegenüber dem Lehrgang. Oft genug erfordert es vor allem Mut gegenüber besonders besorgten Eltern. Der Kampf um Arbeitsplatz, gesellschaftliche Anerkennung und Lebensqualität greift, je heftiger er draußen entbrennt, desto weiter in die Schule hinein. Immer wichtiger wird schon das erste Schuljahr für die weitere Schullaufbahn. Immer

stärker wird der Druck von seiten der Eltern, mit ihrem Kind nur nichts falsch zu machen. So sehr Schicksalsfigur im Leben anderer Menschen zu sein, ist für Lehrer eine erhebliche Belastung.
Wir sehen uns daher meist gründlich nach einem Unterrichtswerk um, das Unterstützung und Absicherung verspricht. Die Entwicklung auf dem Schulbuchmarkt zeigt an, daß Erstlesewerke bevorzugt werden, die den Lernweg detailliert vorzeichnen. Ein solches straff führendes Unterrichtswerk erweckt Vertrauen. Es scheint, als könne es uns die Last der Verantwortung ein wenig abnehmen. Gleichzeitig hält es uns aber in der Rolle der Schicksalsfigur fest. Je genauer es die Unterrichtsschritte vorgibt, desto straffer müssen wir den Unterricht lenken, um die Schrittfolge einzuhalten. Um so weniger Freiheit haben wir, bei Störungen den Gang der Lehre anders zu lenken als vorgesehen. In dem Maße, wie wir die Planung aus der Hand geben, werden uns die Hände gebunden, wo es gälte, vor Ort der veränderten Lernsituation gemäß umzudisponieren.
Darum glaube ich nicht, daß Lehrgänge, die den Unterricht so genau vorstrukturieren, die Arbeit erleichtern. Sie täten es wohl in einer Klasse, deren Kinder alle gleichmäßig voranschreiten. Aber das ist heute seltener denn je. In unserer mobilen Gesellschaft wird der kulturelle Hintergrund der Kinder einer Klasse immer unterschiedlicher. Entsprechend vielfältiger wird ihr sprachlicher, intellektueller und sozialer Erfahrungsschatz und Entwicklungsstand. Die einen sind mit dem Lesetext oder der Schreibaufgabe immer zu schnell, die anderen immer zu langsam fertig. Einige wissen damit gar nichts anzufangen. Die Lehrerin hat gegen Ende der Stunde zunehmend Mühe, die einen sinnvoll zu beschäftigen, die anderen anzutreiben.

2.3 Sanfte Differenzierung durch die Kinder

2.3.1 Erste Schreibanlässe zum Selbstdifferenzieren

Um selbstverantwortliches Lernen zu ermöglichen, muß der Lehrer nicht jede Aufgabe differenzieren. Nicht nur in Phasen der »Freien Arbeit«, im »offenen Unterricht«, mit seinen Lese-, Rechen-, Malecken usw. können die Kinder Subjekte ihres Lernens werden. Es gibt viele gemeinsame Lernanfänge, von denen ausgehend jedes Kind seinen individuellen Möglichkeiten gemäß weiterarbeiten kann. In Kap. 3 und 4 wird eine Auswahl solcher Lernanfänge für die ersten

Schulwochen vorgestellt. Es sind dies Vorschläge für den Anfang am »Punkt 0«, für die Zeit, in der die Lehrerin noch nichts als halbwegs gesichert voraussetzen kann. Doch schon jetzt läßt sich z.B. ein Blatt der Eigenfibel mit dem einen erarbeiteten Wort in ganz vielfältiger Weise ausgestalten. Das eine Kind hat genug damit zu tun, seine (vorgegebene) Wortkarte als Ganzes auf das Blatt zu kleben und auszumalen. Das andere zerschneidet sie und klebt die Teile auf, das dritte schreibt das Wort selbständig nach, in verschiedenen Größen und Farben, ein anderes malt ein Bild zu dem Wort usw.
Die Vorschläge sind einfach zu realisieren. Geordnetes Lernen kann beginnen, ohne daß die Kinder zu sehr eingeengt werden. Sie lernen abzuschätzen, wieviel sie sich vornehmen und mit wem sie gut zusammenarbeiten können. D.h. sie lernen sich selbst zu differenzieren.

2.3.2 *Wie Lehrer und wie Kinder differenzieren*

Differenzierung wird meist als eine Maßnahme des Lehrers verstanden. Er teilt die Gruppen ein und gibt ihnen unterschiedliche Aufgaben. Die häufigste Differenzierung ist noch immer die Einteilung nach drei Anspruchsniveaus: Es gibt Aufgaben für die »Guten«, die »Mittleren« und die »Schwachen«. Das ist eine Zuschreibung, die das einzelne Kind vielleicht erst auf das festlegt, was es nach Meinung der Lehrerin vermag oder nicht vermag.
Demgegenüber ist die Differenzierung, die von den Kindern ausgeht, flexibel. Was sie sich selbst zutrauen bzw. nicht zutrauen, ändert sich vielleicht schon während des Schreibens oder Lesens. Das eine Kind wollte über das Turnen am Klettergerüst schreiben, läßt es aber bei dem Satz »Wir haben geturnt«. Das Klettergerüst zeichnet es dazu. Ein anderes Kind hat noch Zeit und Lust, nach dem Satz über das Klettergerüst noch einen über das anschließende Kreisspiel zu schreiben. Beide haben die Aufgabe im Verlauf der Lösung umformuliert (s. Kap. 1.3.4 »Lernen aus Schreibversuchen und -irrtümern«) und in eigener Weise zu Ende geführt. Auch Kinder, die große Schwierigkeiten haben, eine angefangene Arbeit fertigzustellen, lernen so allmählich, ihre Ziele zurückzustecken und dadurch zu erreichen.

2.3.3 *Gemeinsame Themen individuell bearbeiten*

Wenn die Kinder sich selbst differenzieren, fällt auf, daß viele sich gern bald wieder der gemeinsamen Arbeit zuwenden. Sie trennen nicht so scharf zwischen beiden Arbeitsweisen, sondern verstehen es, sie zu verbinden. Diese Fähigkeit macht früh kleine Gemeinschaftsarbeiten möglich, zu denen jedes Kind nach seinem Vermögen Geschriebenes und Gemaltes beiträgt. Der Sachunterricht bietet viele Möglichkeiten, das erworbene Wissen auf einer Collage zusammenzutragen. Auch gemeinsame Erfahrungen in anderen Schulfächern geben Anlaß zu sanft ausdifferenzierten Schreibvorhaben. Den Deutschunterricht für diese Fächer zu öffnen, bedeutet keine Rückkehr zu dem Gesamtunterricht alter Prägung. Es bedeutet, alle Gelegenheiten zum Schreiben und Lesen zu nutzen. Dadurch wird nicht nur der Deutschunterricht besser. Auch in den anderen Fächern lernen die Kinder bewußter und selbständiger.

Ebenso sanft wie die Schreibvorhaben differenziert sich der Grundwortschatz aus, der das selbständige Schreiben stützt und jedesmal um das eine oder andere wichtige Schreibwort bereichert wird. Zuerst überwiegt bei weitem das Gemeinsame (das Fundamentum). Es sind immer nur wenige eigene Wörter (Additum), die bei diesem und jenem Kind dazukommen. Denn das Maß an Neuem, das ein Kind im Rahmen eines Schreibvorhabens bewältigen kann, ist gering. Kinder, die von Anfang an selbständig arbeiten, lernen auch, sich nicht zu viel vorzunehmen. Sie greifen gern auf die Wörter zurück, die sie schon beherrschen. Darum ist die Arbeit, den einzelnen Kindern mit einem neuen Wort bei ihren eigenen Sätzen weiterzuhelfen, ebenfalls nicht groß. Gerade wenn man ein differenziertes Arbeiten von Anfang an ermöglicht, kann es sich allmählich aufbauen. Es bricht nicht plötzlich über Lehrerin und Klasse herein wie der erste »Erlebnisaufsatz« in der zweiten Klasse mit den vielen Fragen »Wie schreibt man...«

Besondere Möglichkeiten ergeben sich in Klassen mit Kindern anderer ethnischer Gruppen. Sobald sie ihre Muttersprache schreiben und lesen lernen, können sie sie in die Gestaltung ihres Eigenfibel-Blattes einbeziehen. Vielleicht schreiben sie ein Wort oder einen Satz in beiden Sprachen. Kinder, die erst in der Schule Deutsch lernen, halten vielleicht die ersten Wörter, die sie sprechen können, schriftlich fest. So wird das Schreiben für sie zur Lernhilfe (vgl. Kap. 4.4). Deutschsprachige Kinder können aus dem Vergleich mit der fremden Schriftsprache außerordentlich viel über ihre eigene lernen.

Was uns aus dem Zeichenunterricht schon seit langem bekannt ist, gilt auch für den Deutschunterricht: Gelingt es uns, mit den Kindern ein gemeinsames Thema zu finden und zu erarbeiten, auf das jedes in seiner Weise reagieren kann, so regt die Vielfalt ihrer Gestaltungen sie gegenseitig zu immer schöneren Produktionen an.

3 Einladungen zum Handeln mit Wörtern

»Der erste Eindruck ist der beste.« Er gilt viel, wenn es darum geht, einen Menschen richtig einzuschätzen. Beim ersten Kennnelernen sind alle Sinne wach. Wir sind bemüht, das Wahrgenommene schnell zu einem stimmigen Bild zusammenzufügen. Darum strecken wir bei ersten Begegnungen sozusagen »alle Fühler aus«. Je mehr wir wahrnehmen, desto besser können wir abschätzen, was wir von dem Fremden zu erwarten haben. Wer irgendwo neu eingeführt wird, versucht einen entsprechend guten Eindruck zu machen. Einen schlechten im nachhinein zu korrigieren, ist schwierig.
Wenn die Schriftsprache neu eingeführt wird, sollte sie ebenfalls einen möglichst guten Eindruck machen. Hier ist einiger Aufwand an Zeit, Vorbereitung und Material angebracht. Denn auch die Schulanfänger haben alle Sinne angespannt, um sich schnell ein Bild machen zu können. Gut ist es, wenn viele Sinne viel Erfreuliches zu melden haben. Tasten, Hören, Sehen, Riechen, Schmecken und Bewegungsgefühl verstärken sich gegenseitig. Was ist der beste Waldfilm gegen einen Waldausflug, bei dem die Nase Tannenduft, die Haut Kühle, die Zunge Heidelbeeren und die Wade Laufen und Ausruhen melden kann! Immer wieder haben darum Grundschullehrer Buchstabenkekse gebacken. I. Mann läßt die Kinder barfuß über Buchstaben-Seile laufen (1977, 20). M. Montessori erfand die Sandpapier-Buchstaben zum Streicheln.
Doch Vielsinnigkeit genügt nicht. Wir können nur das er-leben, was etwas mit unserem Leben zu tun hat. Nur das bleibt uns gut im Gedächtnis, was dort an etwas anknüpft, z. B. eine Frage beantwortet, ein Problem zu klären oder ein Ziel zu erreichen hilft. Neuere Fibeln begonnen mit Wörtern, die Kindern viel bedeuten können: »Tor«, »lauf« u. ä. Meist werden sie aber nur gelesen oder geschrieben. Mit den Sandpapierbuchstaben kann man etwas tun, von den Buchstabenkeksen wird man sogar satt. Aber ist die Schriftsprache als Gebäck richtig eingeführt? Schöner wäre es, wenn das Kind sie als Mittel sprachlichen Handelns (s. Kap. 1.2), als Möglichkeit, sich zu artikulieren, kennenlernte.
Aber wie ist ein solcher Anfang zu realisieren, wenn noch nichts erarbeitet ist, worauf man aufbauen könnte? Ist nicht alles Schriftliche, das die Kinder wirklich gebrauchen könnten, für den Anfang zu schwierig? Das Was des Inhalts und das Wie der Vermittlung bedrän-

gen sich selten so sehr wie zu Beginn des Erstunterrichts. Der inhaltlich schönste Ansatz, von ganzen Sätzen auszugehen und sie zu durchgliedern, ist methodisch sehr anspruchsvoll. Leicht bleibt man dabei im ganzheitlichen Wortbildlesen stecken. Einen sachlich richtigen Eindruck von der Schriftsprache bekommen die Kinder aber erst, wenn sie ein Wort vollständig (analytisch-synthetisch) durchgliedern (Genaueres s. Kap. 6).
Darum schlage ich im folgenden einzelne Wörter vor, die als Aussage, als Ein-Wort-Satz, allein stehen können und die nur aus zwei oder drei, höchstens vier Elementen bestehen. (Eine Ausnahme bilden die Namen.) Sie sind selten nahtlos Laut für Laut in Buchstaben umsetzbar, geben also eine richtige Vorstellung von der Eigenständigkeit der Schriftsprache. (Buchstabengruppen wie »ei«, »au«, »ch«, »sch«, »uh«, »oo«, »tt« sind eine Einheit! S. Kap. 6.2.3.)

3.1 »Mein Name«

3.1.1 Namenkarten

In der Schulklasse wird das Selbstgefühl des Kindes auf eine harte Probe gestellt. Plötzlich sind so viele andere Kinder da. Wie soll es unter ihnen bestehen, d.h. seine Identität wahren? Wichtig ist besonders am Anfang, daß Carmen sich als Carmen, Mark sich als Mark zu erkennen geben kann und erkannt wird.
Kinder fragen spontan: »Wie heißt du?«, wenn sie sich kennenlernen wollen. Während des Unterrichts können sie das kaum tun, und die Kennenlernspiele und Pausen sind schnell vorbei. Aber den geschriebenen Namen können sie immerzu anschauen, wenn er schön groß jedem Kind an der Brust haftet (natürlich nur bei einer Sitzordnung im Kreis oder Hufeisen). Schon bevor alle richtig lesen können, helfen ihnen Namenkarten beim gegenseitigen Kennenlernen: Die Schriftstruktur verbindet sich mit dem gesprochenen Namen, dem Aussehen des Kindes und den eigenen Gefühlen ihm gegenüber. Von dem bekannten Spiel, die Namenkarten hochzuhalten und den jeweiligen Namen raten zu lassen, halte ich wenig. Daraus wird leicht ein Abfragen. Die vielen meist kompliziert geschriebenen Namen können zunächst nur Verlockung zum Lesenlernen sein, nicht Forderung. Umgekehrt kann aber in Phasen der individuellen Arbeit jedes Kind die Namenkarte zeigen, die es schon kennt.

3.1.2 *Die Klassenliste*

Sich zu erkennen zu geben und andere Kinder kennenzulernen, ist nur eine Funktion der geschriebenen Namen. Eine zweite, vielleicht noch bedeutsamere, haben die Namen in der Klassenliste. Ohne diese Liste kann man keine Klasse führen. Das erleben die Kinder unmittelbar, wenn wir sie am Führen der Klassenliste beteiligen. Meistens bleibt es Lehrersache einzutragen, welches Kind fehlt, welches sein Milchgeld bezahlt, seine Turnhose mitzubringen hat usw. Hängt die Namenliste aber ganz groß an der Klassenwand und hat sie genug Platz auf der rechten Seite, so können die Kinder dort selbst die Eintragungen vornehmen.
Man sollte dabei nicht die Kinder bevorzugen, die schon am meisten lesen und schreiben können. Auch auf die Bildsymbole des Kindergartens muß man nicht zurückgreifen. Die Schule hat etwas Neues zu bieten. Mit Wortkarten, die an die betreffenden Namen geheftet werden, lernen alle schnell umzugehen: Jedes Kind lernt seinen eigenen Namen und in der zweiten Woche das Wort »hier« oder die Worte »ist da« (vgl. H. Jörg u. P. Treitz 1985, 84) zu durchgliedern. So kann es schon bald den Teil der Liste, der es selbst betrifft, führen: Es heftet jeden Morgen die Karte »ist da« zu seinem Namen. In die Lücken kommen »ist nicht da«. Später können die Karten »Lineal«, »Milch«, »Kakao« (für die Schulmilchbestellung) usw. hinzukommen, je nach Bedarf.

3.1.3 *Das Wort selbst zusammenkleben und nachspuren*

Wie ist nun der Anfang mit den Namen methodisch zu gestalten? Als Material braucht man nur Matrizen oder Kopiervorlagen mit den Namen der Kinder und den einzutragenden Wörtern (s. Abb. 2).

Die Buchstabenlinien sind sehr dünn, damit die Kinder sehen, daß man sie nachmalen muß. Alle Wörter werden in Buchstaben bzw. Buchstabengruppen abgeteilt (s. Kap. 6.2), so daß sie gut auseinanderzuschneiden sind. Jedes Blatt wird mindestens sechsmal kopiert bzw. abgezogen und in die einzelnen Wortkarten zerschnitten (mit der Papierschneidemaschine).

Am ersten Unterrichtstag heften sich die Kinder – mit Lehrerhilfe – eine oder zwei Wäscheklammern mit Band und Sicherheitsnadel an die Brust. Nun können sie ihre Namenkarten leicht selbst dort fest-

Abb. 2: Matrize mit Kindernamen (DIN A4)

klammern und wieder abnehmen. Schon ihre Namenkarten für den Tisch sollten sie nach diesem Vorbild selbst herstellen. Sie ist zunächst noch etwas vorbereitet: Ein weiterer Abzug des Namens wird in zwei bis drei Teile zerschnitten und (in Briefumschlägen) an die Kinder verteilt. Nun kann jedes seinen Namen nach dem Vorbild an der Brust wieder zusammenfügen und auf einen geknickten Tischkarten-Karton kleben. Es hat sich mit der selbstgemachten Tischkarte seinen Platz reserviert: »Hier bin ich, Manuela!« Die Karte sichert den Platz auch, wenn Manuela gerade woanders steht. Damit man die Buchstaben von weitem erkennen kann, werden sie nachgespurt, schön bunt und vielleicht mit manchen Ausschmückungen.
Der nächste Akt des Platzgreifens ist das Zusammenstellen der Namenliste. Am nächsten Tag wird wieder ein Abzug des Namens in Teile zerschnitten vorgegeben, zusammengelegt, -geklebt und nachgespurt. Was bei den Tischkarten noch nicht geglückt war, gelingt vielleicht jetzt schon etwas besser. Die fertigen Namen (natürlich nur die Vornamen) werden alphabetisch untereinander auf die Liste an der Klassenwand geklebt (bei gleichem Vornamen mit dem ersten Buchstaben des Nachnamens).

3.1.4 Differenzierung

Der Anfang mit den eigenen Namen stellt an die Kinder einer Klasse sehr unterschiedlliche Anforderungen. Viele kommen mit dem ausdrücklichen Wunsch in die Schule, ihren Namen schreiben zu lernen. Viele können es schon vom Kindergarten her, allerdings meistens in Blockschrift (vgl. H. Jörg u. P. Treitz 1985, 75). Die Gemischtantiqua ist für einige auch nicht mehr unbekannt. Es gibt aber auch Kinder, die noch kein Wort gelesen und keinen Buchstaben geschrieben haben. Bis sie ihren Namen aus Teilen zusammengesetzt und nachgespurt haben, kann es lange dauern. Und womöglich ist gerade unter ihnen eines mit einem besonders langen und komplizierten Namen.
Die große Vielfalt der Lernvoraussetzungen macht Einzelarbeit in kleinen Gruppen erforderlich. Das Schreiben des eigenen Namens ist dafür ein schöner und plausibler Anlaß. Es riecht nicht gleich nach Förderstunde.
Wo eine solche äußere Differenzierung nicht möglich ist, kann man die Arbeit wie folgt individualisieren:

- Die Namenkarten werden unterschiedlich weit zerschnitten vorgegeben.
- Kinder, die mit dem Zusammensetzen keine Schwierigkeiten mehr haben, können mit dem Tischnachbarn ein gemeinsames Namenpuzzle machen.
- Kinder, die fertig sind, können mit weiteren Namenkarten ihren Malkasten, den Zeichenblock, den Eigenfibel-Hefter usw. beschriften.

Schön ist es auch, einige Namen auf gummierte Folie zu kleben und mit heinzunehmen, um an der Zimmertür, am Bettgestell, Stuhl usw. sichtbar zu machen: »Hier bin ich, Manuela!«
Auch die Klassenliste ist ein schöner Anlaß für kleine Lernvorhaben »auf eigene Faust«: »Wie heißt die neue Freundin, wo steht ihr Name? Ich versuche ihn abzumalen oder hole mir ihre Namenkarte von der Lehrerin.« Zum gemeinsamen Lesen- und Schreibenlernen dagegen eignet sich die Liste am Anfang nicht. Die Namen sind zu lang, zu schwierig, zu zahlreich. Aber sie halten den Kindern stets ein hohes Lernziel vor Augen, auf das sie zusteuern können. Immer, wenn sie in gemeinsamer Arbeit wieder einen ihrer Namen durchgliedert und in ihren Klassen-Grundwortschatz aufgenommen haben, ist das ein Grund zum Feiern, eine Art »Namenstag«. Ist der letzte Name erarbeitet, hat die ganze Klasse »Namenstag« (vermutlich in der zweiten Hälfte des ersten Schuljahres).

3.2 »Ja« und »nein« und andere Stellungnahmen

3.2.1 Die »Ja«-Karte als Hilfe zum Kennenlernen

Während der Anfang mit dem eigenen Namen einigen Zeit- und Materialaufwand und individualisierendes Arbeiten erfordert, ist der Anfang mit den Wörtern »ja« und »nein« sehr einfach. Ein Anlaß, diese Wörter schriftlich zu gebrauchen, ergibt sich gleich am ersten Schultag, wenn alle im Stuhlkreis Platz genommen haben. Da sind viele Kinder zusammengekommen, die sich nicht kennen und sich entsprechend fürchten. Die mutigen sind mindestens neugierig. Es gibt viel zu fragen: »Habt ihr auch einen Hund?« »Wart ihr schon in der neuen Badeanstalt?« Und es gibt so viel zu antworten. Aber im Unterricht können nicht alle durcheinanderreden, weil dann niemand genügend gehört und beachtet wird und alle Kopfschmerzen bekom-

men. Es müssen Zeichen her, die die Ohren schonen, das Nacheinander regeln und jedem Kind genügend Beachtung verschaffen.
Solche Zeichen können die Kinder selbst suchen. Gewiß kommen einige auf das schulübliche Melden. Das hilft aber nicht, wenn ein Kind wissen will: »Könnt ihr auch schon radfahren?« Und wenn nun alle Kinder »ja« und »nein« durcheinanderrufen, weiß auch keines Bescheid. Natürlich kann der Lehrer die Frage umformulieren: »Wer schon radfahren kann, meldet sich.« Aber das ist umständlich. Der Lehrer stört dadurch das schöne Fragespiel und stellt sich unnötig als Mittler zwischen die Kinder. Das Melden, das eine Antwort bedeutet, mischt sich zudem zwischen die Meldungen, die bedeuten: »Ich will auch etwas fragen.« Das verwirrt die Kinder. Leichter gewöhnen sie sich daran, wie der Lehrer zu fragen: »Wer kann auch radfahren?« Aber mit den vielen »ich«, »ich«, »ich nicht« können sie ebensowenig anfangen wie mit den »ja«, »ja«, »nein«-Rufen. Das »Wer kann...« ist zudem eine unpersönlichere Art zu fragen als das »Könnt ihr...«
Daß man lautlos »ja« und »nein« sagen kann, wissen die Kinder natürlich. Aber das Nicken und Kopfschütteln müssen sie erst rundum beobachten, ehe sie wissen, wo nun die Radfahrer sitzen. Und allzu lange mag niemand mit dem Kopf wackeln. Wenn nun die Lehrerin die Schilder mit dem »ja« hervorholt, werden die Kinder deren Nutzen zu schätzen wissen. Das Kennenlernspiel kommt richtig in Fahrt. Es wird noch schöner dadurch, daß die Lehrerin mitspielt und auch bei jeder Frage, die sie mit »ja« beantworten kann, ihr Schild hochhält. – Das Spiel läßt sich umkehren: Alle Kinder dürfen Fragen stellen, und eines hält sein »Ja« und »Nein« hoch (G. Schmölzer 1978, 0.2.1).
Die Schilder sind ein schönes Mitbringsel aus der ersten Schulstunde. Ben kann sich daheim manchen Spaß damit machen. Schon in der Tür, wenn die Mutter ihn fragt, ob es schön war, antwortet er nicht, sondern holt schweigend sein »ja«-Schild aus der Schultasche und hält es ihr hin.

3.2.2 Möglichkeiten, die Wörter handelnd zu erarbeiten

Viel Mühe hat die Lehrerin mit den Schildern nicht: Einfaches Kopierpapier, doppelt um einen Trinkhalm geklebt, genügt für den ersten Tag. Das Mitbringsel dürfen die Kinder daheim behalten. Es wird zwei Schulwege ohnehin kaum überstehen.

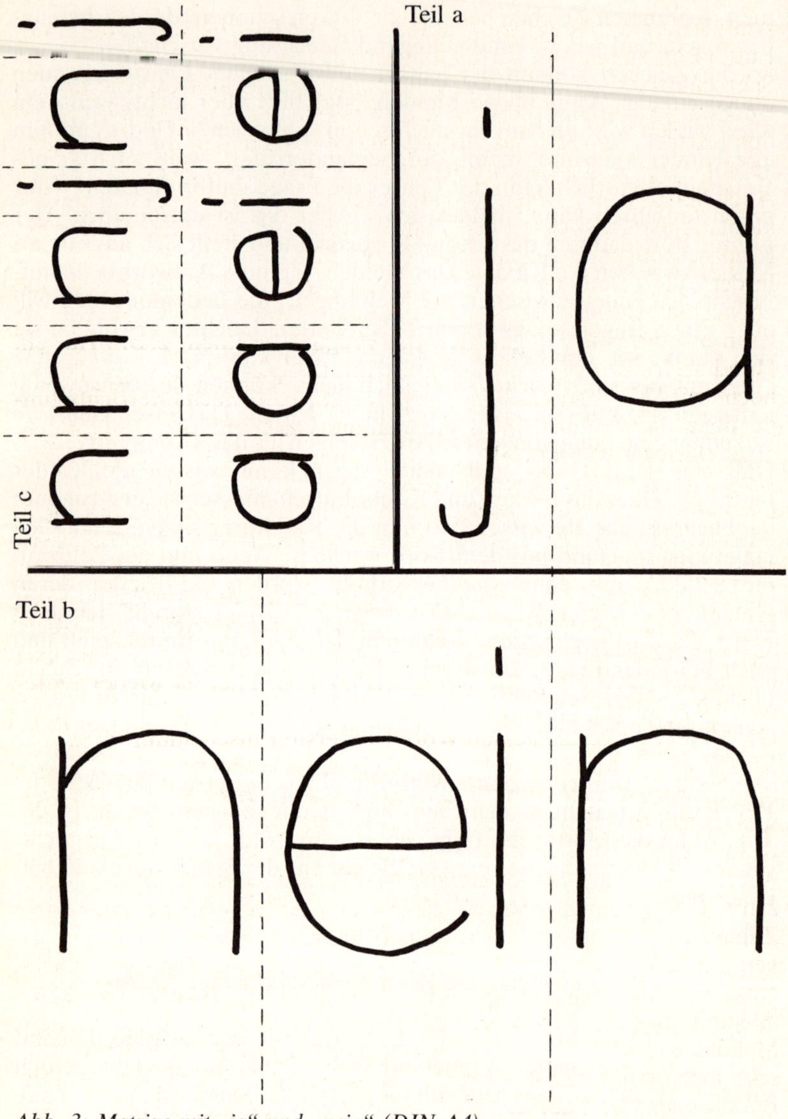

Abb. 3: Matrize mit „ja" und „nein" (DIN A4)

Am zweiten Schultag liegt darum ein Arbeitsvorhaben schon in der Luft. Ein stabileres »Ja«-Schild ist zu basteln: mit Karton und Schaschlik-Stäben. Natürlich bekommt jetzt jedes Kind die beiden Buchstaben getrennt (Abb. 3a). Es klebt sie in der richtigen Folge auf den Karton, nachdem das alle mit großen Demonstrationsbuchstaben an der Tafel geübt haben (Genaueres zum Wörterbauen in Kap. 6). Auch der Karton ist doppelt. Der Schaschlik-Stab wird dazwischengeklebt. Auf der Rückseite ist Platz für ein weiteres Wort. Kaum ein Kind wird nicht wissen, welches (Abb. 3b).
In der Fragerunde kann nun jedes Kind auch ausdrücklich mit »nein« antworten. Das ist ein Gewinn. Kommt die Reihe an den Lehrer, kann er eine neue Möglichkeit des Fragens eröffnen, z.B. »Hat ein Hund sechs Beine?« Das beliebte Anführ-Spiel »Alle Vögel fliegen hoch« wird hier beträchtlich erweitert. Eine erste Sachunterrichtsstunde über das Wohnen oder die Familie kann mit der Fragestunde abgeschlossen werden: »Ist der Vater mit der Tante verheiratet?« – »Backt man im Badezimmer Kuchen?« usw.
Die Gesprächsrunde ist nach spätestens einer Viertelstunde erschöpft. Aber das Spiel kann weitergehen. Alle möglichen Sach-, Geschichten-, Suchbilder lassen sich mit »ja« und »nein« beschriften (Abb. 4). Hierzu eignen sich die kleineren Buchstaben in der Abbildung (3c). Da zum Legen und Kleben der Buchstaben immer auch das farbige Nachspuren kommt, sind viele Kinder bald so weit, daß sie das »ja« und »nein« freihändig dazuschreiben können. Hier ist wieder Differenzierung angebracht.
Ganz wichtig sind die beiden Wörter für erste Entscheidungen, die die Klasse zu treffen hat, z.B. »Was spielen wir heute am Ende der Sportstunde?« Gezeichnet ist ein Taschentuch, daneben steht »Plumpsack« und im nächsten Bild ein Ball, daneben steht »Fangkreis«. Jedes Kind schreibt sein »ja« oder »nein« zu den Bildern. Anschließend werden die Blätter nebeneinandergelegt und die Ja-Stimmen ausgezählt. (Das ist eine schöne Gelegenheit, aus gegebenem Anlaß das Zählen zu üben.) Durch solche schriftlichen Stellungnahmen gewöhnen sich alle frühzeitig daran, sich unabhängig von der Mehrheit zu entscheiden und die Entscheidung anderer zu respektieren. Bei einer Abstimmung per Handzeichen hat es die Minderheit schwerer, dem Meinungsdruck der Mehrheit standzuhalten. – Die beiden Wörter zu schreiben lernen die Kinder, indem sie sie z.B. riesengroß auf den Boden malen und auf den Buchstabenlinien entlanglaufen.
Das »ja« und »nein« kann obendrein, wenn das Buchstabenspiel etwas

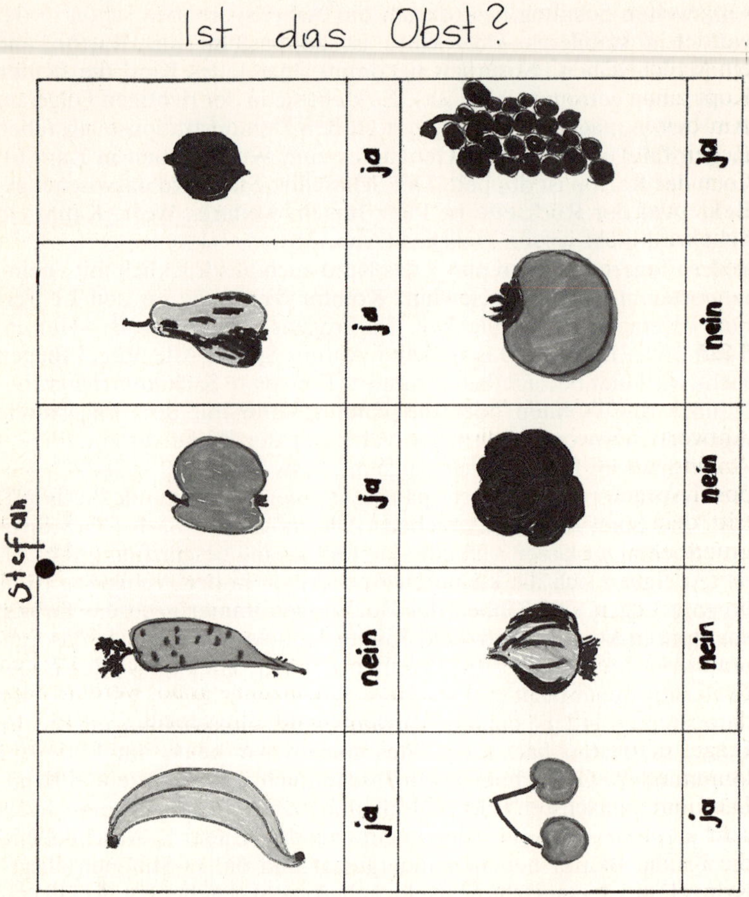

Abb. 4: Arbeitsblatt für Stellungnahmen (Klasse Ute Pichler)

»abgelaufen« ist, mit einem Kreis drumherum zum »Mal« verwandelt werden. Nun läßt sich das Fragespiel in Bewegung umsetzen: »Bist du ein Mädchen?« Alle Kinder laufen in »ihr« Mal. »Schläfst du mit dem Kopf zum Fenster?« – »Gehst du am Sportplatz vorbei zur Schule?« Am besten malt man die Wörter mit Kreide auf den Schulhof. Bei Regenwetter tun es Klebestreifen auf dem Boden der Klasse oder des Gymnastikraums. Verbietet der Schulwart jegliche Bemalung und Beklebung, so kann man die Wörter auf Schilder malen und an den Schulzaun, die Sprossenwand, die Tafel heften oder auf Tische legen und so die Male einrichten.

3.2.3 Andere Stellungnahmen

Nicht für jede Frage ist »ja« oder »nein« die richtige Antwort. Mancher Kollegin gefallen die Wörter vielleicht für den Anfang ohnehin nicht, weil sie ein bloßes Reagieren ausdrücken: positiv-negativ, plus-minus (wie beim Computer). In dem Wort »gut« tritt demgegenüber die persönliche Wertung mehr in den Vordergrund. Die negative Stellungnahme wäre z.B.- »nicht gut«. Mit nur drei Wörtern läßt sich schon eine ganze differenzierte Meinung formulieren: »sehr gut« – »gut« – »nicht sehr gut« – »nicht gut«. Wo diese Ausdrücke nicht gebräuchlich sind, ist vielleicht »toll«, »fein« oder »super« das richtige Anfangswort, »doof« (»öde«, »mies«) das Pendant, »ganz« die differenzierende Ergänzung. Bald werden Sätze daraus: »Das finde ich...« Entsprechend differenzierter kann die Fragestellung werden. Arbeitsblätter mit Sachfragen können hinzukommen: »leicht oder schwer?«, »warm oder kalt?« usw. (s. Abb. 5). Die Lehrerzeichnungen für solche Arbeitsblätter dürfen – ja sollen – sehr einfach sein. Je unvollkommener sie sind, desto mehr reizen sie die Kinder zu Verbesserungen. Es braucht auch nur ein rätselhafter Kringel, ein Winkel, ein Bogen zu sehen sein. Die Kinder deuten die Zeichen, indem sie sie ergänzen, und fügen jeweils ihre Stellungnahme hinzu. Ebenso können sie aus eigenen Zeichnungen selbst ein Arbeitsblatt zusammenstellen, für sich allein oder (kopiert) für die ganze Klasse.

Abb. 5: Arbeitsblatt mit Sachfragen (Klasse Ute Pichler)

3.3 »Wir« und »ich«

3.3.1 »Wir«: Lernen mit allen Sinnen

Ein Anfangswort zum Fühlen ist das »wir«. Man malt es ganz groß auf ein altes Bettuch (oder zwei zusammengenähte). Die Kinder reichen es im Stuhlkreis herum, und jedes darf einwickeln, wen es will: sich mit anderen oder andere miteinander. Wer gar nicht wickeln mag, darf das Laken »verschenken« (weitergeben, an wen er will). Viele werden sich mit der Lehrerin zusammenwickeln. Ist sie selbst an der Reihe, so wickelt sie alle Kinder hinein und macht ein paar Polaroid-Fotos von dem Bündel. Bald können die Kinder sich besichtigen: »Das sind wir.«
Die Fotos reichen nicht aus, um jedem Kind eines mit nach Hause zu geben. Sie sollen auch nicht ausreichen. Jedes macht anschließend sein eigenes »Foto« auf dem Zeichenblatt. Zuerst legt es die Buchstaben des »wir« hinauf, nachdem das wieder mit großen Demonstrationsbuchstaben an der Tafel geübt wurde (s. Kap. 6.3). Dann klebt es das »wir« in die Blattmitte und spurt es nach. Um das Wort zeichnet es das Bettuch und, hineingewickelt, nur mit Köpfen und Füßen sichtbar, die Kinder seiner Klasse (vgl. die Fibel »Leseschritte« von D. Mahlstedt: Die erste Seite ist leer – bis auf das Wort »wir«. Wer das ist, malen die Kinder).
Am zweiten Schultag ist das Tuch gewaschen oder die Farbe verwischt. Man kann das »wir« kaum noch erkennen. Nun haben die Kinder zu tun, auf dem dünnen Bleistiftstrich der Vorzeichnung entlangzumalen und das Wort wiedererstehen zu lassen. Vielleicht wird es noch schöner als am ersten Tag. Auf dem Schulhof kann die Klasse eine »Wir«-Schlange machen, eng umfaßt und das Tuch über den Köpfen. Sie kann auch Anschlagsäule werden oder Plakat. Indem sie das »wir« öffnet und schließt, kann sie Kinder (vielleicht auch aus anderen Klassen) hineinnehmen oder entlassen. Das Tuch ist außerdem ein schönes Mal für diverse Fangspiele.

3.2.2 Das »Ich« im »Wir«

Aus dem »wir« bildet sich bald das »ich« heraus: als Gegenstück oder als Sonderfall. Schon auf dem »Wir«-Foto, das es gemalt hat, möchte jedes Kind zeigen, wo es selbst steht. Es zeichnet also einen Pfeil dorthin und schreibt »ich« an den Pfeil, genauer: es legt, klebt und übermalt die Karten [i] und [ch]. Kinder, die gemerkt haben, daß in beiden Wörtern das [i] steckt, bauen vielleicht ein Wörterkreuz, wenn sie mit dem anderen fertig sind. (Das ist etwas für diejenigen, die sich durch die senkrechte Schreibung das »wir« nicht verwirren lassen.)

w
ich
r

Mit Gymnastikreifen können die Kinder schön symbolisieren, wie aus vielen »ich«s das »wir« entsteht: Jedes stellt sich in seinen Reifen und faßt rechts und links einen weiteren Reifen, bis der Kreis fertig ist. Dann hat jedes zu tun, in den Reifen richtig die »ich«-Buchstabenkarten zu legen (diesmal in Großformat) und nachzuspuren. Wer fertig ist, kann im Kreis am großen »wir« mitmalen (Buchstaben auf Tapete). – Schön ist auch der »Wir«-Kreis mit dem »Ich«-Reifen in der Mitte. Das Kind, das mit dem Ball-Zuwerfen, Erzählen, Abzählen o. ä. »dran« ist, kann hineingehen.

In die Eigenfibel kommt nach dem »Wir«-Blatt nun das »Ich«-Blatt: Wieder legt, klebt, übermalt zuerst jedes Kind das »ich«. Vielleicht sitzt es schon besser in der Mitte als das »wir«. Drumherum ist Platz für alles, was das Kind über sich aussagen möchte. Es zeichnet, was es gern spielt, ißt, anzieht usw. U. U. klebt es noch Zeitschriftenbildchen u. ä. dazu.

3.4 Mit Schildern Einfluß nehmen

Viele Kinder wissen schon, welche Wirkung Wörter haben können, die als Verbote, Hinweise, Aufforderungen auf Schildern stehen. Vor dem Stop-Schild hält Mutti immer an, ob ein anderes Auto kommt oder nicht; und eine Saftflasche, auf der »Gift« steht, setzt Vati nicht an den Mund.

3.4.1 »Stop« oder »halt«

Wenn die Schulanfänger auf dem Schulhof von den Größeren achtlos umgerannt werden, bitten sie meistens die Aufsicht, die Großen zu bremsen. Mit einem großen »Stop«-Schild können sie das selbst tun. Zwar werden sie die paar zwanghaften Quälgeister, die ihre Wut an den Kleinen abreagieren müssen, so nicht stoppen, wohl aber die vielen Unaufmerksamen. Besonders glückt ihnen das, wenn sie sich zusammentun und um ihr Kreisspiel, Hupfgummi oder Hinkebein-Kreuz mehrere Stopschild-Träger aufstellen. Das erste Papierschild, das jedes Kind sich zusammengeklebt hat, ist schnell zerrissen. So ist Anlaß, das zweite Mal die Buchstaben auf Sperrholz-Bretter zu kleben. Ein Besuch bei einem Stopschild lehrt, daß das Brett rot werden muß, die Buchstaben weiß. Ganz wehrhaft wird das Schild, wenn auf der Buchstabenlinie entlang in Gruppenarbeit noch Nägel geschlagen und an den Köpfen weiß angemalt sind. (Weniger beziehungsreich, aber einfacher zu durchgliedern ist das Wort »halt«.)

3.4.2 »Auf« und »zu«

Die vielen Möglichkeiten, das Schulhaus zu beschildern und dadurch den Weg zum Hof, Gymnastikraum usw. besser zu finden, wurden schon oft beschrieben. Ich möchte nur die Wörtchen »auf« und »zu« ergänzen. Sie helfen z. B., das Fenster an der richtigen Seite anzufassen, um es zu öffnen, Schranktüren, Flurtüren und Haustüren zu öffnen. Zudem kann jedes Kind sich ein eigenes Schild basteln, das auf der einen Seite »auf«, auf der anderen »zu« anzeigt. Damit gibt es in Phasen individuellen Arbeitens bekannt, ob es zu sprechen ist oder nicht: »Mein Ohr ist ›auf‹, ist ›zu‹.« Beim Rollenspiel ersetzt ein solches Schild den Vorhang.
Im Stuhl-Halbkreis kann man mit den Schildern »Wohnungstür« spielen: Ein Kind tritt in den Kreis und »klingelt«. Alle anderen sind »Wohnungstür« und fragen: »Wer bist du?« Das Kind stellt sich vor: als Bettler, Tante, Spinne, Pumuckl, entlaufener Bär oder was ihm einfällt. Die »Türen« fragen: »Was willst du?« Nun muß das Kind seinen Wunsch so äußern, daß mindestens eine Wohnungstür »auf« macht. Es sucht sich aus, wo es eintreten will, und das betreffende Kind kommt nach vorn. – »Wohnungstür« kann man auch von innen spielen. Zwei Kinder treten als »Mutter« und »Kind« vor den Halbkreis. Das Kind möchte hinaus und sagt warum. Die Mutter hat etwas dagegen. Die »Türen« entscheiden die Frage, indem sie »auf« oder »zu« machen. Der Spieler, für den sie sich entschieden haben, sucht die beiden nächsten Spieler aus. (Bei dem Spiel gilt, daß jede Aussage wahr ist. Wenn das »Kind« sagt: »Die Sonne scheint«, kann die »Mutter« nicht sagen: »Es regnet.« Sie muß sich ein anderes Argument einfallen lassen.)

3.4.3 »Warm« und »kalt«

Im Herbst herrscht in der Schule oft Uneinigkeit, wann geheizt werden soll. In einigen Klassen ist es schon recht kalt, andere sind noch warm. Auch in der Klasse selbst ist es unterschiedlich warm. Das können die Kinder mit Wortkarten sichtbar machen. Interessant sind z. B. die Fenster. Solange sie im Schatten liegen, sind sie kalt; scheint dann die Sonne drauf, werden sie warm. Viele Wortkarten sind herzustellen, zu kleben, nachzuspuren, um den Wärmezustand der Fenster, Tische, Wände, Bodenfliesen darzustellen. Da die Situation sich mit dem Sonnenstand fortwährend ändert, müssen die Wortkarten immer wieder ausgetauscht bzw. umgehängt werden.
Wenn der Hausmeister kommt, kann er auf einen Blick erkennen, wo es in der Klasse warm und wo es kalt ist. Die Farben erleichtern den Überblick. »Warm« ist mit Rottönen nachgespurt, »kalt« mit Blautönen. Wird dann endlich geheizt, so dokumentieren die Wortkarten, wo die Heizkörper noch kalt sind und wo sie schon warm werden. Die Lehrerin muß allerdings dafür sorgen, daß ausnahmsweise zwei Heizkörper erst zu Beginn des Unterrichts aufgedreht werden dürfen.

Noch schöner ist natürlich ein Kachelofen, wie ich hier in einer Dorfschule noch einen vorfand. Da wurde nicht nur der Wärmestand geprüft, sondern vorher eingeheizt. Ein Plakat stellte dar, wie das Papier und Holz geschichtet war. »Papier«-Wortkarten knüllten zuunterst, verschieden lange und dünne »Holz«-Wortkarten stapelten sich schräg darüber und übereinander. Rote »Feuer«-Wortkarten züngelten oben rundum heraus. Auch ein dünnes, kleines »Zündholz«-Kärtchen fehlte nicht (s. Abb. 6).

Abb. 6: Collage zum Thema „Feuer machen" (DIN A0) (Klasse Ute Pichler)

Mit den Karten »kalt«, »warm«, »heiß« läßt sich das alte »Topfschlagen« zu einem Schreibanlaß und Lesespiel ausgestalten. Irgend etwas Kleines, Süßes wird in der Klasse versteckt. Ein Kind sucht, die anderen zeigen mit ihren Karten an, wie nahe es dem Schatz schon ist.

Lustig wird es, wenn der kleine Schatz heimlich weitergereicht wird und jedes Kind aufpassen muß, ob es noch die richtige Karte hochhält.

3.4.4 Verständigung in der Klasse

Ausgesprochen praktisch sind Schilder für die Kommunikation im Unterricht. Wie in Kap. 2.1.3 angedeutet, kann jedes Kind, das sich durch irgend etwas im Lernen behindert fühlt, ein Schild aufstellen, das die Störung anzeigt:

- »fad« oder »doof« (je nach Sprachgebrauch), wenn ihm langweilig ist oder es sich ärgert,
- »wie?« oder »was?« oder einfach »?«, wenn es etwas nicht versteht,
- »Ruhe« oder »leise«, wenn es ihm zu laut ist,
- »halt« oder »stop«, wenn es ihm zu schnell geht (später besser »langsam«),
- »weiter« (w-ei-t-er), wenn es fertig ist (später besser »fertig«),
- »bitte«, später besser »Hilfe«, wenn es Hilfe braucht (als Anfangswörter sind »Hilfe« und »langsam« etwas lang; »bitte« dagegen wird nur in vier Teile gegliedert: »b-i-tt-e«).

Gut untergebracht sind alle Schilder in einem DIN-A5-Ringbuch, das im Querformat wie ein Tischkalender aufgestellt wird. darin haben auch die »ja«-»nein«-Schilder usw. Platz.
Der Lehrer kann während des Unterrichts sehen, wie die Kinder »mitkommen«; in Phasen selbstgesteuerten Lernens sieht er, wie sie vorankommen. Ein paar Schilder wird er selbst gut gebrauchen können:

- »schön«, wenn er zeigen will, daß er sich freut,
- »laut«, wenn ein Kind zu leise spricht,
- »leise«, wenn alle zu laut sprechen,
- »halt«, wenn er selbst sprechen will und darum jede Tätigkeit aufhören soll,
- »gut«, wenn er einem Kind Mut zusprechen will.

Mit diesen Schildern erspart die Lehrerin sich viel Stimmaufwand, und die Kinder werden ständig aufmerksamer auf Geschriebenes in der Klasse. Rundum zeigen bald Schilder an, wo die Sachen zum Malen, Rechnen, Kleben, Basteln, Werken, Lesen usw. stehen. Später werden Vereinbarungen schriftlich festgehalten: wie die Kinder miteinander, mit der Klassendruckerei, mit der Klassenbücherei usw. umgehen wollen, was man tun kann, wenn man »nichts zu tun« hat u. a.

3.4.5 *Klänge und Bewegungen hervorrufen*

Beim Musizieren werden Schilder zu Dirigentenstäben: Alle Kinder haben ein Instrument vor sich, aus dem Orff-Repertoire oder aus der Ideenkiste: Schlüssel, (wassergefüllte) Gläser, gummibandbespannte Kartons, erbsengefüllte Dosen usw. Ein Kind hat ein Schilderpaar vor sich, später zwei oder drei Paare:

- »laut« – »leise«,
- »hoch« – »tief«,
- »schnell« (oder »rasch«) – »ruhig« (später besser »langsam«).

Was das Kind hochzeigt, wird gelesen und gespielt. »hoch«-»tief« ist das anspruchsvollste Begriffspaar. Dabei ist zu lernen, daß Schlüssel nur bei »hoch« mitspielen können, Trommeln nur bei »tief« und daß undefiniert laute Rhythmusinstrumente besser ganz schweigen, damit man die Melodieinstrumente besser in die Höhe oder Tiefe steigen hören kann. Ganz spannend wird es, wenn zweierlei zugleich umzusetzen ist: »laut« und »tief«, »schnell« und »leise« usw. Zuletzt wird mit drei Schildern gespielt: »leise« und »hoch« und »langsam« usw.
Ein anderes Kind kann das dicke Klangknäuel entwirren, indem es immer nur zwei Kinder zugleich spielen läßt: Es legt an der Namenliste zwei Zeigestöcke auf die Namen der Kinder, die spielen sollen. (Wandert ein Stock, so hört ein Kind auf, ein anderes beginnt.)

Später können zwei Kinder »vierhändig« an der Namenliste jeweils vier Spieler anzeigen. Befestigt man seitlich Abdeck-Kartons an den Namen, so läßt sich durch Auf- und Zuklappen der Namen auf der Klassenliste wie auf einem Klavier spielen (weitere Möglichkeiten Kap. 7.1.4).

Mit denselben Schilderpaaren kann die Schriftsprache in die Turn- und Gymnastikstunden einziehen. Nun bewegen die Kinder ihre Körper »laut« oder »leise«, »schnell« oder »ruhig« (möglichst bald »langsam«), sie recken sich »hoch« oder bücken sich »tief«. Auch hier steigt die Spannung mit der Zahl gleichzeitig gezeigter Schilder. Die Kinder müssen sich schon einiges einfallen lassen, wenn sie sich zugleich »laut« und »hoch« oder »leise« und »tief« und »schnell« bewegen wollen.
Ohne es zu merken, leisten sie komplexe begriffliche Arbeit. Doch anders als beim Spiel mit den »logischen Blöcken« bewegen sich hier Körper und Geist gleichzeitig, und der Spaß am einen steigert die Freude am anderen. (Weitere Vorschläge zum Schriftgebrauch im Sportunterricht s. Kap. 10.4.)

4 Wörter, die von den Kindern kommen

Für die Einführung in die Schriftensprache habe ich zunächst Wörter genannt, die von der Lehrerin vorgegeben werden. Es sind Anfänge, die sich gut planen lassen und doch den Kindern schon viel Raum für eigenständiges Handeln geben. Durch Sprachhandlungen und begriffliches Denken entstehen neue Spracherfahrungen. Aber Wörter, die der Lehrer vorgibt, regen die Spracherfahrung eher an als daß sie von ihr ausgehen (zum Spracherfahrungsansatz vgl. R. Kretschmann 1985, 135 ff.). Schreibt der Lehrer dagegen das auf, was die Kinder gerade eben gesagt haben, so verbindet er die Schriftsprache unmittelbar mit der Spracherfahrung dieser Kinder.
Die beiden Ansätze schließen sich natürlich nicht aus. Alle Anfänge, die ich in Kap. 3 und 4 beschreibe, sind Wahlvorschläge. Man kann sie beliebig mischen, variieren, vor allem auch fortlassen. Vielleicht beginnt eine Lehrerin mit dem Wort »toll« und sammelt dann mit den Kindern, was sie »toll« finden. Aus dem, was sie aufschreibt, wählen alle miteinander aus, was sie als nächstes schreiben und lesen wollen.

Lehrerhilfe ist dabei schon nötig, um »Geyer Sturzflug« und die »Kiwi-Eisbombe mit Sahne« noch etwas zurückzuhalten. Daß es besser ist, mit einzelnen (auf der Tafel abgetrennt erkennbaren), nicht zu langen Wörtern anzufangen, leuchtet den meisten Kindern ein. (Wer auch den »Pumuckl« schon schafft, kann ihn als »eigenes Wort« aufschreiben.)

Welches Schriftwort auch das erste ist – die Kinder sollten reichlich Zeit und Platz haben, es zweckvoll zu gebrauchen und in diversen Materialien zu produzieren (s. Kap. 8). Eine Woche ist für ein Anfangswort nicht zuviel Zeit. Ist die Basis, die die Kinder sich schaffen, solide, so können sie darauf später um so zügiger aufbauen. Der Schriftspracherwerb schreitet nicht in gleichmäßiger Steigerung voran, sondern in einer aufsteigenden Kurve: zuerst langsam und umständlich, dann immer rascher und geradliniger.

4.1 Ausrufe der Kinder in der Klasse

Mit »i«, »u« und »a« beginnen schon seit Jahrhunderten die Fibeln. Aber das sind Ausrufe, die die Fibelmacher für passend halten. Ob sie in gleichem Maße den Kindern passen, weiß ich nicht. Nur dann aber scheinen sie mir als Anfangs-»Wörter« angebracht. Es ist ein Unterschied, ob ein Fibelkind mit »i« auf ein anderes zeigt, das sich schmutzig gemacht hat (R. Thiele u. U. Ricke 1970), oder ob in der Klasse eine Wespe, eine Spinne o. ä. die Kinder tatsächlich zum »i«-Rufen veranlaßt. Nur Ausrufe, die von den Kindern selbst kommen, sollte man aufgreifen. So geschickt z. B. I. Mann den Unterricht gestaltet, um die Kinder zu den Ausrufen »u«, »m« und »i« zu bringen (1983, 15ff.) – man merkt doch die Absicht: Es soll halt der Fibelname »Umi« erarbeitet werden.

Dagegen gibt es schon bei Schulhof-Spielen viele Anlässe für ganz spontane Ausrufe. Nur welche es sind, läßt sich schlecht voraussagen, vielleicht »Los! Nicht! Laß das! Du bist dran! Ja! Klasse! Spitze! Jetzt! He! Ich auch! Au! Warte! Hahaha! Hör auf! Hau ab! Super! Komm doch! Bäbäbä! Hurra!« oder »Blöd!«? Die meisten Ausrufe sind jedenfalls Wörter. Das ist gut so. Ein Erstunterricht, der wie die »Uli«-Fibel mit Sinnlauten beginnt, weckt den irrigen Glauben, daß der einzelne Buchstabe einen Sinn hat. Und er stützt – wieder einmal – die 1 : 1-Hypothese (immer ein Laut entspricht einem Buchstaben), die das Rechtschreibenlernen so erschwert.

Unter den zitierten Ausrufen sind einige, die sich gut als Anfangswörter eignen: los, nicht, ja, he, ich, au, hahaha, komm, super. Die meisten Ausrufe mit zwei Wörtern können bald folgen. Welchen man auch aufgreift, wichtig ist, daß die Kinder sich selbst erinnern, was sie da gerufen haben. So erfahren sie: Was ich immer rufe, wenn ich mich freue, ärgere, wenn ich gewonnen, verloren, mir weh getan habe usw., das kann ich aufschreiben (vgl. O. Jaumann 1985, 104). Sie können ihr Pausenspiel zeichnen, die Figuren mit Sprechblasen versehen und in die Sprechblasen den entsprechenden Ausruf legen, kleben, nachspuren. Die Sprechblasen müssen nur am Anfang recht groß sein. Dafür ist zuerst etwas Hilfestellung nötig.

Ganz schnell entwickelt sich aus diesem Anfang eine Möglichkeit, Pausenstreitigkeiten zu dokumentieren. Dadurch werden sie besser faßbar. Gleichzeitig können die Kinder sich von dem Ereignis distanzieren, indem sie es auf das Papier bannen. Auch Konflikte in der Klasse und mit der Lehrerin werden auf diese Weise bearbeitbar. Zu dem Bild, das den Streit darstellt, kommt bald ein weiteres, das die Ursachen beschreibt. Am nächsten Tag folgt vielleicht ein drittes, auf dem zu sehen ist, wie der Streit ausgeht. Natürlich können die Kinder noch nicht annähernd alles aufschreiben, was sie zu oder bei dem Streit gesagt haben. Aber dieser Mangel ist ein Anreiz, neue Wörter schreiben zu lernen, um genauer berichten zu können, was sich abgespielt hat.

4.2 »Magische« Wörter

Man muß nicht die Entwicklungspsychologie mit ihrer »magischen Phase« bemühen (vgl. R. Bergius 1959, 144f.), um zu verstehen, warum kleine Kinder noch nicht so scharf trennen zwischen Innen- und Außenwelt wie Erwachsene.

In einer Zeit, die das rationale Denken der abendländischen Zivilisation gründlich in Frage stellt, können wir wieder mehr Respekt vor Menschen haben, die sagen: »Ich bin der Wolf« oder die ein Foto von uns anknabbern und sagen: »Jetzt eß ich dich auf!« Die Symbole, die die Völker sich schufen, ob Bilder, Statuen, Worte oder Klänge, hatten immer magische Bedeutung. Die religiösen Symbole haben sie noch heute, christliche nicht ausgenommen (z.B. beim »Abendmahl«).

4.2.1 Mit dem Wort die Sache einfangen

Schulanfängern müssen wir nicht umständlich zugestehen, daß sie mit ihren ersten Schriftwörtern zaubern dürfen. »Eine Sache beim Namen nennen«, etwas »in Worte fassen« zu können, ist ein Versuch, die darin verborgenen Mächte zu bannen. Schon der primäre Spracherwerb des Kleinkindes war ein Besitzergreifen von der Welt. (Tatsächlich entwickelt sich das Benennen einer Sache aus dem Zeigen auf sie und das Zeigen aus dem Greifen nach ihr (vgl. J.S. Bruner 1977, 835ff.). Der Schriftspracherwerb bietet neue Möglichkeiten, sie »in den Griff zu bekommen«. »Die Sache in den Griffel bekommen« könnte man sagen, gäbe es noch Schiefertafeln.

Ingeborg Drewitz beschreibt eindrucksvoll, welche Faszination die ersten Wörter, die sie sich aufschrieb, auf sie ausübten: »Ich empfand eine ungeheure Lust dabei, ein Wort wie Wald oder Baum auf einem winzigen Zettel vor mir zu sehen, Zettel, die ich sammelte und geheim hielt, versteckte, wie andere Kinder Kieselsteine oder Muscheln versteckten« (in W. Gößmann 1976, 15). In einer Kindertherapie ergaben sich besondere Ansatzpunkte dadurch, daß das Kind gern Wörter, die ihm wichtig waren, aufschrieb und sie immer wieder las. Eines Tages warf es die Wörter »Mutter« und »Vater« weg, statt sie zu lesen. Das Gespräch ergab, daß es durchaus die Eltern selbst »weggeworfen« hatte, weil es ihnen böse war. Befreit von dem psychischen Druck konnte es sich ihnen in Gedanken wieder zuwenden, konnte in dem symbolischen Wegwerfen seinen Zorn erkennen und sich ihn von der Seele reden.

Ähnlich lernen die Maori-Kinder Ashton-Warners das Schreiben als Mittel kennen, ihre Wünsche und Ängste sichtbar zu machen, sie buchstäblich vor sich hinzustellen und dadurch vorstellbar zu machen. Ihre »sex words« und »fear words« machen aus der namenlosen Angst und der ungeheuren Sehnsucht faßbare und mit größerer Fassung zu tragende Zustände, besonders wenn sie klein und fein gestapelt in der Federtasche transportiert werden können (vgl. R. Gümbel 1980, 246f.).

4.2.2 Eigene und gemeinsame Wörter

Wie findet man in einer Anfängerklasse die »magischen Wörter« der Kinder? Direkt danach fragen kann man sie nicht gut, zumal noch nicht einmal alle wissen, was ein Wort ist. Selbst bei Erwachsenen ist die Frage nach den Wörtern selbst nicht der beste Weg. Freire begann seine Alphabetisierungskampagne mit Gesprächen, in denen die Indios über ihre Probleme reden konnten (P. Freire 1974, 57ff.). Begriffe wie »Slum«, »Brunnen«, »Wohnung« schälten sich allmählich dabei heraus. Kinder benennen ihre Probleme nicht so direkt, sie erzählen sie mehr. Das Benennen ist zunächst Lehrersache. Was er findet, ist von Klasse zu Klasse und von Kind zu Kind verschieden. Einige Gestalten, Handlungen und Zustände spielen aber wohl in dem Leben der meisten Kinder eine wichtige Rolle, z.B. »Mutter« (Mami, Mama), »will«, »darf«, »muß«, »Hund«, »Vater«, »lieb«, »Freund«, »küßt«, »Polizei«, »Bett«, »Essen«, »krank«, »dunkel«, »haut«, »Indianer« und so manches »Tabu«-Wort.
Zwar ist nicht jedes Kind mit dem gleichen Problem oder Thema beschäftigt, aber wenn eines erzählt, daß sein Hamster tot ist, werden bei vielen anderen ähnliche Erlebnisse oder Ängste wach. Das Wort »tot« kann, wenn es auch ernst und schrecklich ist, das richtige Anfangswort für eine Klasse werden. Wichtig ist nur, daß die Kinder erleben, wie das Thema in ihrer Gesprächsrunde aufkommt, in den Mittelpunkt rückt und wie schließlich der Lehrer dazu ein Wort an die Tafel schreibt (oder eine – getrost mangelhafte – Skizze zeichnet). Zwar knüpfen viele Kinder noch eher assoziativ an irgendeinem Punkt der Rede an und reihen ein Thema an das andere, bei einiger Erfahrung in der Gesprächsführung läßt sich aber unter den verschiedenen Erzählansätzen oft ein gemeinsamer Bezugspunkt ausmachen und benennen: allein, komisch, Lassie, weglaufen u.ä. (vgl. M. Imhoff 1978, R. Cohn 1983, L. Schwäbisch u. M. Siems 1974).

4.2.3 *Symbolische Handlungen mit dem geschriebenen Wort*

Je nach ihrer Beschaffenheit und Bedeutung kann man mit den »magischen« Wörtern ganz Unterschiedliches tun. Es gibt viele Möglichkeiten, das Durchgliedern und Nachspuren mit konkreten Handlungen zu verknüpfen:

- Das Wort »tot« kann man in ganz großen Einzelbuchstaben vorgeben (z. B. DIN A4 Hochformat, mit der Papierschneidemaschine geschnitten oder auch in vertauschter Reihenfolge zum Selbstschneiden). Die Kinder legen die Buchstaben auf ein Blatt Zeichenpapier, kleben sie auf, schreiben sie nach. Dann »begraben« sie das Wort unter vielen gemalten Blumen und Lebewesen gründlich.
- Den »Hund«, vor allem wenn es um den geht, der Angst macht, kneten sie aus Kuchenteig, backen, zerbröseln und essen ihn. Dabei ist daheim eine Wette zu gewinnen: »Wetten, daß ich heute einen Hund gegessen habe und du gleich auch einen ißt?«
- Das Wort »krank« können Sie beim Zusammenkleben getrost schlecht behandeln. Um so kranker sieht es nachher aus. Und nun braucht es so manches (Papier)pflaster und manchen (Stoffstreifen)verband. Vielleicht wird es sogar ins »Bett« gesteckt (Papiertasche, in die das Wort hineingesteckt werden kann).
- Mächtige Wörter wie »Vater«, »Mutter«, »Polizei« oder »Polizist« nehmen die Kinder am besten auseinander und bearbeiten sie gruppenweise. Dann sind sie ihnen besser gewachsen. Vom »Polizisten« z. B. bekommt jedes Kind nur einen Buchstaben, klebt ihn auf Karton und »bekleidet« ihn auf seine Weise. Dann knüpft die Gruppe ihren »Polizisten« mit Gummibändern wieder zusammen. Nun ist er schön bunt, gar nicht uniform und auch gar nicht steif, denn man kann ihn gut dehnen und wieder zusammenschnappen lassen:

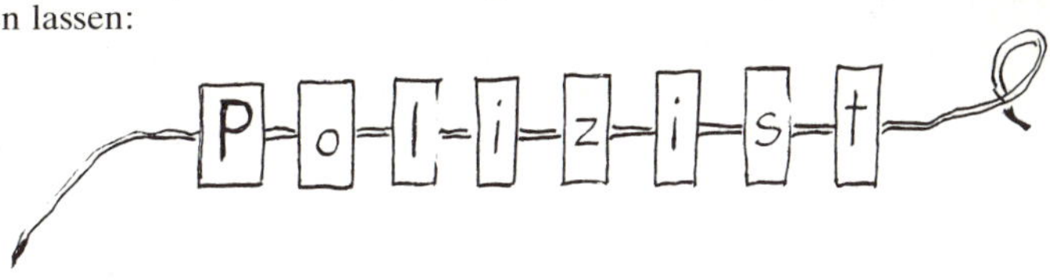

- Schnee ist etwas, woraus die Kinder gern Bälle machen. Aus Schneebällen können sie ebenso das Wort »Schnee« legen (vgl. L. Pfeistlinger 1984). Je größer die Lust am Ballekneten ist, desto größer wird das gemeinsame Werk. Gut »pappenden« Schnee kann man auch bälleweise an die (fensterlose) Schulhauswand klatschen. (Immer drei bis vier Kinder bauen einen Buchstaben.)
- »lieb« hat viel mit Streicheln zu tun. Also kann es ein Streichelwort werden, aus Watte, Wolle u. ä., die über die Buchstabenformen geklebt wird.

Ob die Kinder nun das »muß« aus Zitronenscheiben legen, das »darf« aus Bonbons oder das »haut« (statt des Stockes) verbrennen – immer ist das ein guter Anlaß, das betreffende Wort noch einmal zu schreiben, um es in den Karteikasten aufnehmen zu können.

4.3 Rollen- und Requisitenkarten

Magische Wirkung erhält das geschriebene Wort insbesondere dadurch, daß es die Person verzaubert, an der es haftet. Wer eine »Mutter« auf der Brust hat, *ist* die Mutter. Die Lust und Fähigkeit, »Mutter und Kind« zu spielen, bringen die meisten Kinder schon in die Schule mit.

Sie haben hier aber wenig Gelegenheit, ihre Gabe mit schulischem Lernen zu verbinden. Schreiben sie sich die Rollen, die sie spielen wollen, buchstäblich »auf den Leib«, so erhält das Spiel eine neue Qualität. Zugleich kommt das Schriftwort in Bewegung. Das spielende Kind entfaltet seine Bedeutung, und auch diese Bedeutung kommt beim nächsten Spiel wieder in Bewegung. Denn nun werden die Rollenkarten getauscht (mit Wäscheklammern schnell getan): Das Kind, das eben als »Mutter« sein »Kind« traktiert hat, erlebt nun mit der »Kind«-Rolle auf der Brust, wie schlimm es ist, traktiert zu werden.

Die Zuschauer können in das Spiel handelnd eingreifen, wenn sie sich wiederum der Schriftsprache bedienen. Wenn sie die »böse Mutter« lange genug erlebt haben, geben sie bei der Lehrerin ein Zauberwort in Auftrag, um eine andere »Mutter« zu bekommen: »lieb«, »nett«, »müde«, »lustig« o. ä. Diese Attribut-Karte heften sie an die Rollenkarte (Tesakrepp oder Sicherheitsnadel, am besten aber eine zweite Wäscheklammer). Auch sie kann wieder wandern – von der Mutter zum Kind und zu weiteren Rollen. Dazu gehören unbedingt auch Tiere, sogar Dinge, z. B. »Auto«. Was beim spontanen Spiel diffus bleibt, wird durch das geschriebene Wort ausformuliert und dadurch weiter entfaltet. Vor allem gilt das für die Zeit: »Mittag«, »Sonntag«, »Winter«, und den Ort des Spiels. Mit einem Schild an der Wand wird die Bühne eindeutig zur »Küche«, »Wiese«, »Baustelle«, und die Spieler müssen sich entsprechend eindeutig verhalten. Spiele, die sonst leicht um immer dieselben Muster kreisen, werden dadurch weiter differenziert. Mit jeder neuen Situation, die den Zuschauern einfällt, gewinnt das Spiel an Kontur. Mit Wortkarten können sie auch

die Schulmöbel »umtaufen«: Aus dem Pult wird ein »Berg«, aus dem Stuhl ein »Fahrrad« usw.
Ganz zu Unrecht hat das Rollenspiel im Grundschulunterricht noch immer eine Randbedeutung: als Hilfe, den Deutschunterricht aufzulockern, vor allem nach der »ernsten« Beschäftigung mit der Schriftsprache. Daß es gerade diese fördern und bereichern kann, ist kaum bekannt. Die vielfältigen Möglichkeiten habe ich an anderer Stelle beschrieben (M. Bergk 1983b). Über die ganze Schulzeit hinweg läßt sich das Rollenspiel zu einem ausgezeichneten Medium sozialen Lernens ausbauen (Anregungen dazu besonders bei D. Freudenreich 1977). Schöpft man nur annähernd die spieltechnischen Möglichkeiten aus, z.B. des »Selbstgesprächs« und des »Doppelgängers« (ebenda, 27ff. und 39ff.), so wird es nie langweilig, sondern stets reicher. Es gibt dann keine »spielmüden« Klassen. Spielhemmungen, die vielleicht mit der Vorpubertät aufkommen, lassen sich durch den Wechsel zum Masken-, Puppen-, Folienspiel (farbige Folien auf dem Tageslichtprojektor) gut überwinden.

4.4 Anfangswörter in zweisprachigen Klassen

Besonders wichtig ist der Ansatz bei den eigenen Wörtern, wenn die Kinder einer Klasse verschiedenen ethnischen Gruppen angehören. Ich meine damit nicht nur die Kinder der Arbeitnehmer aus der Türkei, aus Italien, Spanien, Portugal, Griechenland und Jugoslawien. Es gibt im deutschsprachigen Raum Gebiete, die seit Jahrhunderten zweisprachig sind, weil dort zwei ethnische Gruppen ihre Heimat haben. Neben deutschsprachigen leben dänische Deutsche, französische, rätoromanische, italienische Schweizer, slowenische und kroatische Österreicher.

4.4.1 Differenzen zur deutschen Schriftstruktur

Der Erstunterricht in zweisprachigen Klassen kann nicht einfach mit einer deutschen Fibel anfangen. Der Fibelautor trifft schon die aktuellen Themen der deutschen Schulanfänger kaum, schon gar nicht zur richtigen Zeit. Wie soll er wissen, welche deutschen Wörter das türkische Kind gerade lernt oder lernen möchte? Außerdem haben anderssprachige Kinder noch viel größere Schwie-

rigkeiten mit den Laut-Buchstaben-Beziehungen der deutschen Schriftsprache (vgl. K. Meiers 1980, 52f.):
- Sie bilden viele Laute anders.
- Sie verschriften in ihrer Muttersprache viele Laute anders.
- Sie haben z.T. sogar ein anderes Alphabet (Kyrillisch).
- Sie können in ihrer Muttersprache weit mehr »nach Gehör« schreiben, weil diese meistens regelmäßigere Laut-Buchstaben-Beziehungen hat als die deutsche.

Fibelwörter, die für deutsche Kinder besonders einfach zu sein scheinen, sind vielleicht für slowenische Kinder besonders schwer. Meiers rät darum Lehrern zweisprachiger Klassen, selbst die Anfangswörter der jeweiligen Sprachlehrsituation der Klasse gemäß auszuwählen (ebenda, 52). Der Spracherwerb hat Vorrang vor dem systematischen Schriftspracherwerb. Und der Sachunterricht ist die verbindende Klammer für beide (ebenda, 53).

4.4.2 Gemeinsame Erfahrungen – gemeinsame Wörter

An den Anfang gehören aktuelle Inhalte, am besten solche, die sich durch gemeinsames Handeln ergeben: das »Schiff«, das die Kinder gerade basteln, die »Maus«, die sie sich als Klassentier kaufen wollen, das »Haus«, in dem Enrico wohnt. Viele Inhalte können, auch in zweisprachigen Klassen, von den Kindern kommen:
- Wie Süleymans Verwandte in Anatolien leben und wie Robert im Hochhaus wohnt, das ist schon einen Vergleich wert. Da bekommt das Wort »Haus« eine ganz andere Bedeutung.
- Ayses »Haar« verschwindet unter einem Tuch, wenn sie nach draußen geht; Markus darf seines wachsen lassen, José nicht. Die verschiedenen Sitten treten in Erscheinung. Bevor sie dem Spott anheim fallen, können sie Inhalt der Eigenfibel werden.
- Mirko wird im Bus ausgeschimpft, weil er einem Freund etwas zugerufen hat. Er muß »leise« sein, denn er hat slowenisch gesprochen. Sein Freund ruft zurück und niemand schimpft. Er darf »laut« sein, denn er hat deutsch gesprochen. Konflikte zwischen den Sprachgruppen kommen mit den Kindern in die Schule. Indem sie sie schriftlich bearbeiten, lernen sie bewußter damit umzugehen.
- Hinzu kommen die Dinge, die die Kinder zum Zeigen mitbringen. Man kann mit ihnen, in Gläsern o.ä. aufbewahrt, ein »Klassenmuseum« einrichten (s. K. Köhler u. U. Diebold 1985, 56). Ausländi-

sche wie deutsche Kinder lernen an den Beschriftungen lesen, besonders wenn diese nicht festgeklebt sind. Wie leicht geraten die Wortkarten durcheinander! Und jedesmal ist ein neuer Anlaß zum Lesen und Zuordnen gegeben!

Ich habe keine eigenen Erfahrungen mit diesem Ansatz in zweisprachigen Klassen. Doch er bewährte sich gerade in Klassen mit überwiegend ausländischen Kindern, in denen sich auch sonst die Lernhemmnisse zu häufen drohten. Statt der befürchteten Unruhe und Lustlosigkeit entwickelte sich ein hohes Maß an Selbständigkeit und Kompetenz bei den Kindern und Zufriedenheit bei Eltern und Lehrern. Gliederungs- und Rechtschreibschwierigkeiten waren bei den türkischen Kindern so gering wie bei den deutschen, weil sie von Anfang an ganze Wörter durchgliederten. Sie lernten zwar sofort die einzelnen Buchstaben zu identifizieren, aber als Elemente spezifischer Wörter, nicht als beliebig austauschbare Abstrakta. So verfielen sie nicht in das »Schreiben nach Gehör«, das ihnen – mit ihren besonderen Spracherfahrungen – noch verfänglicher ist als deutschen Kindern (s. R. Schmidt 1980, 44f.).

4.4.3 Zweisprachiger Lernanfang

Wirklich eigene Wörter können für anderssprachige Kinder, genau genommen, erst die Wörter ihrer Muttersprache sein. Doch wie läßt sich beides verbinden: z.B. der Erwerb der deutschen Schriftsprache mit dem der spanischen oder gar griechischen? Es gibt wohl bisher viele Versuche und wenig klare Antworten.

Besonders erfolgversprechend erscheint mir ein Unterricht nach dem Tandem-Prinzip: Zwei Lehrer/innen unterrichten in zwei Sprachen und vermitteln durch ihr gemeinsames Tun zugleich zwischen den Sprachen und den Kindern. Die einen schreiben das deutsche Wort, die anderen das griechische; sie schauen und hören zu, wenn sie mit ihrem eigenen Wort fertig sind, schenken sich ihre Wörter, vergleichen, lernen dabei.

Zu wenig ist bisher, meine ich, von dem Gewinn die Rede, den die deutschsprachigen Kinder aus einem solchen integrierten Sprachlernen ziehen. Nichts fördert die Begabung für das Erlernen weiterer Sprachen so wie der tägliche Umgang mit Anderssprachigen. Der Schulalltag bietet unzählige Gelegenheiten für einen Austausch, der zugleich die Einsicht in die eigene Sprache und Kultur ständig vertieft.

Das Handwerkszeug zum Aufbau von Grundwortschatz und Eigenfibel

Die richtigen Lerninhalte für den Schriftspracherwerb zu finden, ist für ein handelndes Lesen- und Rechtschreibenlernen das Wichtigste. Trotzdem behandle ich im folgenden die methodischen Fragen eingehender als die inhaltlichen. Für die Unterrichtenden liegen hier die dringlicheren Probleme. An Inhalten ist kein Mangel mehr, wenn die Kinder sie sich selbst schreibend und lesend erarbeiten können.

Konzepte schülerorientierten Lernens zeigen aber oft noch nicht deutlich genug, wie man den Kindern den Weg zu einem solchen selbständigen Schriftspracherwerb öffnen kann, ohne sie und sich selbst zu überfordern. Mit den Stundenplänen, Wochenberichten und Dienstvorschriften der Normalschule scheinen sie nicht vereinbar. Hier muß die Lehrerin über jeden Unterrichtsschritt, den sie tut und läßt, genau Rechenschaft ablegen können – um so genauer, je ängstlicher die Eltern darüber wachen, daß ihr Kind alles Nötige rechtzeitig lernt. Sie muß also jede Stunde, jeden Tag, jede Woche genau planen können. Dafür braucht sie besonders im Erstunterricht ein klares und praktikables methodisches Konzept.

So wichtig es ist, daß wir als Lehrerschaft weiter um bessere Lehrpläne, höhere Lernmitteletats und kinderfreundlichere Rechtsbestimmungen und Schulordnungen ringen – wir brauchen daneben bessere Methoden für den gegenwärtig möglichen Unterricht. Die Lernverfahren, die ich im folgenden beschreibe, wurden in Normalschulen der Gegenwart gefunden. Vieles davon ist schon seit Jahrzehnten in Alltagsschulen so oder so erprobt, von Kollegin zu Kollege weitergereicht. (Daß es noch keineswegs alltäglich ist, ermutigt mich, die guten Ansätze erneut vorzustellen.)

»Handwerkszeug« nenne ich die Lernverfahren, weil sie nicht Lehr-, sondern Lernmethoden sind, die den Kindern wie Werkzeug für selbständiges Lernen zur Verfügung stehen. Und dieses Handwerkszeug überreichen wir ihnen nicht, sondern wir helfen ihnen, es sich selbst schrittweise zu erarbeiten. Es gibt dabei keinen Bruch zwischen dem ersten und zweiten Schuljahr. Die beiden Schuljahre der Eingangsstufe geben den Kindern Raum zum kontinuierlichen Aufbauen ihrer Fähigkeiten.

5 Bewußtes Lernen mit Leitbildern

Wer Maschinenschreiben lernt, merkt, daß der erste Zugang mühsam ist:

Wo sitzt der Knopf zum Deckelöffnen, die Stecker-Buchse, der Umschalter usw.? Aber nach einigen Malen greifen die Hände, die zuerst suchend herumgetastet haben, auf geradem Weg an die richtige Stelle. Der Zugriff gelingt automatisch und fast ohne hinzusehen, weil nun ein inneres Bild von dem Bau der Maschine die Handbewegungen lenkt. Ähnlich ist es mit dem Suchen der Buchstabentasten, mit dem Abschätzen, ob das Wort noch in die Zeile, die Zeile noch auf die Seite paßt usw.

Um fehlerfrei und flüssig schreiben zu lernen, muß man alle diese Handlungen ganz bewußt aufbauen und koordinieren. »Bewußt« heißt mit einem inneren Plan. Wenn ich unkonzentriert drauflos tippe, mache ich Fehler, und der Schreibrhythmus wird ungleichmäßig. Das kann ich abstellen, wenn ich mir die Buchstabenfolge jedes Wortes immer schon als Tastenfolge vorstelle. Wie ein Bild, das ich vor mir hertrage, leiten diese vorgestellten Tastenfolgen meine Fingerbewegungen.

Ebenso können Leitbilder (s. Abb. 7: Leitkarte) die einzelnen Handlungen des Lesens und Schreibens bewußt machen und den Kindern helfen, sie planvoll und konzentriert auszuführen. Es sind dies vor allem Leitbilder für

- das Wortdurchgliedern (Leitbild 1–4, s. Kap. 6)
- das Verknüpfen von Laut- und Schriftstruktur (Leitbild 6 u. 7, s. Kap. 7)
- die Schreibbewegungen (Leitbild 5, s. Kap. 8)
- das Speichern und Abrufen von Wörtern und Wortteilen (Leitbild 8, s. Kap. 9)
- das Verfassen und Verstehen von Sätzen und Texten (Leitbild 9 u. 10, s. Kap. 10).

Die Handlungen werden in den Kapiteln 6–10 getrennt beschrieben, obwohl sie beim Lesen und Schreiben ineinanderfließen. Die Schulanfänger sollen sie so wenig trennen wie die Schriftkundigen. Aber im Erstunterricht ist es wichtig, eine nach der anderen mit Hilfe eines oder mehrerer Leitbilder ins Bewußtsein zu heben. So wird den Kindern klar, was sie alles tun, wenn sie schreiben und lesen. Das ist vor allem wichtig für Momente der Ratlosigkeit. Wenn ein Kind z. B. ein Wort nicht lesen kann, so hilft ihm die Leitkarte, auf der die Leitbilder der erworbenen Handlungen zusammengefaßt sind (s. Abb. 7). Es findet darin Handlungsalternativen, die es vergessen hatte. Versuchte es etwa vergeblich, das Wort durch Lautieren (Ver-

1. Analyse: Wortkarte zerschneiden

2. Synthese: Buchstaben und Buchstabengruppen zusammenlegen

3. Kontrolle Buchstabe für Buchstabe/-n-gruppe

4. Klebstoff: Aufkleben der Buchstaben/-gruppen-Karten

5. Nachspuren der Buchstabenlinien in Pfeilrichtung

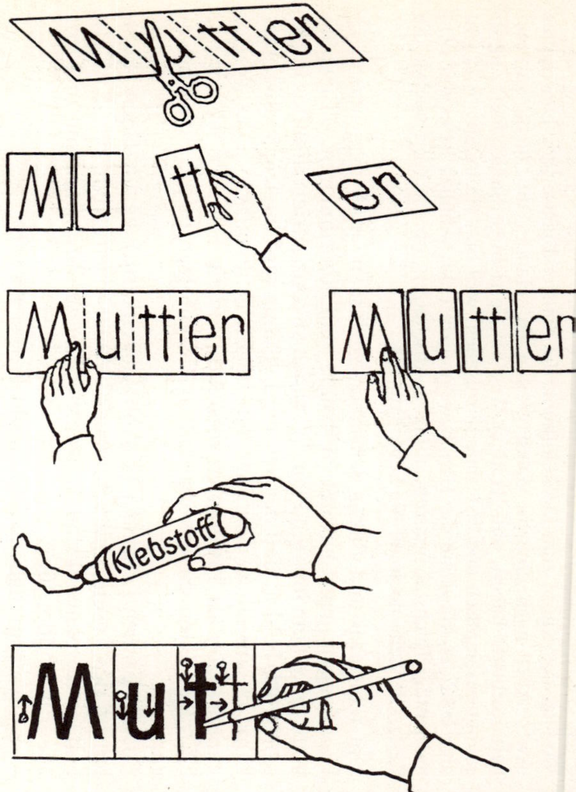

6. Verknüpfen von Laut- und Schriftstruktur: Lautanalyse mit Spiegel, Erfühlen am Kehlkopf und Testen mit dem »Sprechpendel«. Zuordnen der passenden Buchstabenkarte

7. Merksprache: Lautprotokoll des Schriftwortes, Zeichen für die »Merkstellen«

8. Karteikasten zum Speichern und Abrufen von Wörtern und Wortteilen

9. Hypothesentestendes Schreiben
   a) Hypothese: Schreiben »im Kopf«
   b) Test: Nachfragen oder -sehen
   c) Schreiben mit Merksprache
   d) Kontrolle Buchstabe für Buchstabe

10. Schreiben in Denkschritten und Stillesen bis zum Punkt

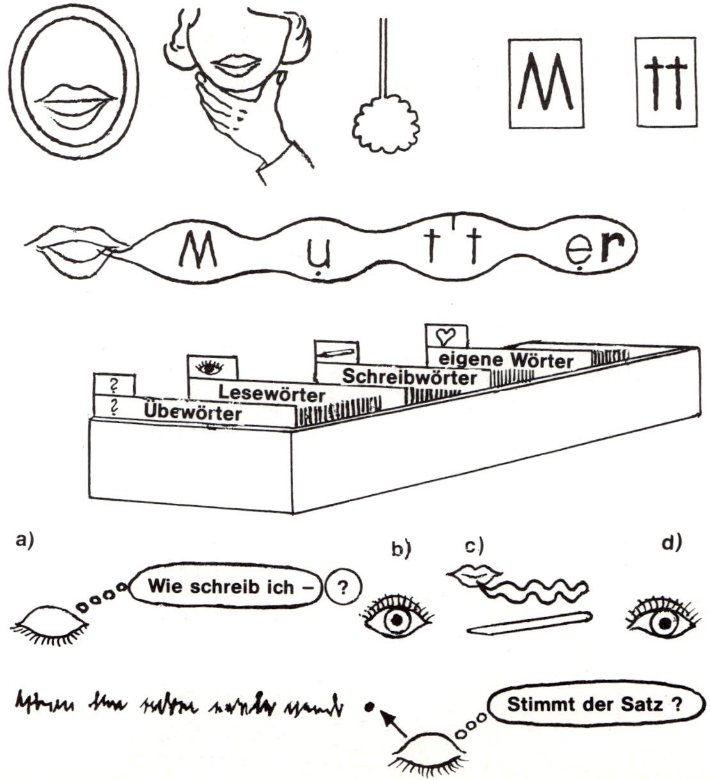

Abb. 7: Leitkarte

knüpfen der Laut- und Schriftstruktur, Leitbild 6) herauszubekommen, so sieht es nun im Karteikasten nach (Leitbild 8) oder versucht, das Wort aus dem Satzzusammenhang zu erschließen (Leitbild 10).
Ich beschreibe die Handlungen in der Reihenfolge, in der sie am besten eingeführt, d.h. mit dem Leitbild bewußt gemacht werden: Unabdingbar für das Schreiben und Rechtschreiben ist es, die Buchstaben in der richtigen Folge hintereinanderzusetzen (Leitbild 1–4). Diese Grundhaltung des Wortdurchgliederns und -bauens bleibt aber ohne Verstand und führt nicht zum Lesen, wenn sie nicht sofort mit der korrespondierenden gegenläufigen Handlung verknüpft wird: mit dem Analysieren des Sprechklangs (Leitbild 6 u. 7). Dagegen kann man mit dem Erarbeiten der Schreibbewegungen warten. Es gibt viele andere Möglichkeiten, Schrift zu produzieren. Man kann das Schreiben allmählich ausbauen und bewußt machen, ebenso das Sammeln von Wörtern und Wortteilen (Leitbild 8).
Die Leitkarten 9 und 10 zur Arbeit an Sätzen und Texten führt man besser erst ein, wenn die Kinder mit der Arbeit an Wörtern genügend vertraut sind. Kinder, die sich schon allein auf Entdeckungsfahrt begeben, muß man deshalb nicht bremsen. Sie zeigen den anderen künftige Lernmöglichkeiten an und können sie später vielleicht besser vormachen als die Lehrerin sie erklärt.
Sich Lernverfahren wie Handwerkszeug verfügbar zu machen, ist keine gewöhnliche und schulübliche Sache. Meist wird nur Wissen gespeichert, beim Lesen- und Schreibenlernen Buchstaben- und Wortwissen. Das ist nur das Baumaterial. Was und wie die Kinder damit bauen sollen, bestimmt dann die Fibel. In den Arbeitsheften werden die Lernverfahren schon oft zahlenmäßig begrenzt und häufig wiederholt, damit sie den Kindern geläufig werden. Kleine Bildzeichen kennzeichnen die optische, die akustische Analyse und die Schreibübung. Aber ich würde diese Zeichen nicht Leitbilder nennen. Sie eindeutig zu erkennen. Den Sprechfluß trennt man bekanntlich nicht Lösen der Fibelaufgaben bleiben die Kinder wie Lehrbuben, denen der Meister bald einen Hammer in die Hand drückt, bald eine Feile und sie hier und da dies und jenes Stückwerk ausführen läßt.
Besser ist es, wenn die Kinder gleich lernen, wann und wozu sie dieses und jenes Verfahren gebrauchen können. Wenn sich beim Maschinenschreiben die Fehler häufen, rufe ich eine innere Checkliste ab: »Gleichmäßig... Tastenfolge vorausdenken...« Begriffe sind eine hervorragende Hilfe, planvoll zu handeln. Sie schaffen Ordnung in dem Durcheinander der Handlungsimpulse (s. M. Bergk 1980, 67ff.).

Ganze Bewegungsabläufe können wir mit einem einzigen Begriff abrufen, z. B. beim Autofahren das »Überholen«. Doch dazu müssen wir die Handlungen automatisiert haben (ebenda, 69).
Das Lesen und Schreiben haben die Schulanfänger noch nicht automatisiert. Sie müssen die Begriffe erst bilden. Eine Leitkarte üblichen Stils mit begrifflichen Kurzformeln ist für sie ungeeignet, zumal sie diese wiederum lesen müßten. Sie brauchen Bilder, die wesentliche Elemente der Handlung unmittelbar veranschaulichen. Im Laufe des Schuljahres kommen zu den genannten Lernverfahren zehn Leitbilder auf der Leitkarte zusammen. Eine vorläufige Erläuterung ist jeder Abbildung beigefügt. Man sollte es aber den Kindern überlassen, wie sie die Bilder erklären, d. h. wie sie das betreffende Verfahren beschreiben. In Unterrichtsversuchen zeigte es sich, daß die Kinder sich die Formulierungen, die sie selbst gefunden hatten, am besten einprägten, und seien sie noch so eigentümlich. (Vielleicht waren gerade diese Formulierungen buchstäblich »merk-würdig«.)

6 Wortstrukturen buchstäblich begreifen

6.1 Begriffliches Lernen: Was sind Wörter und Buchstaben?

Was ich bei der Darstellung möglicher Anfänge grob skizziert habe, will ich nun genauer beschreiben: das Durchgliedern der ersten Wörter. Wenn die Kinder erfahren haben, wozu sie ein Wort gebrauchen können, wollen sie es auch zu gebrauchen lernen. Dazu gehört, daß sie lernen, es wiederzuerkennen (zu lesen) und selbst neu herzustellen (zu schreiben). Also müssen sie es durchgliedern können. Das kann man ihnen bei-bringen. Aber mehr Spaß macht es, wenn sie es selbst herausfinden.

Die traditionellen Lesemethoden lassen dafür wenig Raum. Die ganzheitlich-analytische Methode schreibt vor, welcher Buchstabe jeweils »ausgegliedert« werden soll und aus welchen Wörtern. Die einzelheitlich-synthetische gibt die Buchstaben vor, und den Kindern bleibt nur die Aufgabe, das Wort richtig »zusammenzuschleifen«. Auch in analytisch-synthetischen Fibeln ist der Weg des Durchgliederns recht genau vorgeschrieben. Stillschweigend vermitteln die Unterrichtswerke damit einen bestimmten Begriff von den Wörtern und Buchstaben. Sie sind etwas Vorgegebenes und nach Anleitung zu Behandelndes. Vorsicht ist am Platze. Man kann viel falsch machen. Das sind schlechte Bedingungen für eigene Entdeckungsfahrten. Die Kinder tun gut daran, die Wörter und Buchstaben als das zu nehmen, was sie in den Fibeln sind. Was sie erwerben, sind keine Begriffe von diesen wichtigen Schrift-Elementen, sondern recht festgefügte Verhaltensmuster, die schwer wieder aufzubrechen sind. Begriffe dagegen sind etwas Lebendiges, das sich mit jeder Entdeckung wandelt.

6.1.1 Was ist ein Wort?

Fragt man die Kinder, was ein Wort ist, so bekommt man recht verschiedene Antworten. Die meisten haben schon einmal gesagt bekommen: »Sag doch ein Wort, wenn du was willst!« – »Jetzt aber kein Wort mehr!« – »Von wem hast du die schmutzigen Wörter gelernt?« Doch daß Wörter etwas anderes sind als Sätze oder Aussprüche, verstehen sie erst, wenn sie sie nebeneinander geschrieben sehen (vgl. H.W. Giese 1985, 160f.). An den Abständen sind sie eindeutig zu erkennen. (Den Sprechfluß trennt man bekanntlich nicht nach Wörtern, sondern nach Sinnabschnitten (vgl. H. Brügelmann 1984, 22f.). Erst jetzt kann man mit ihnen den Wortbegriff weiter entfalten. Gut ist es, sich immer daran zu erinnern, wie schwer sich selbst Linguisten tun, wenn sie sagen sollen, was ein Wort ist. Um so vorsichtiger wird man mit Fragen wie: »Mit welchem Wort beginnt das Lied ›Hänschen klein‹?« Zumindest wird man die Antwort »Hänschenklein« nicht einfach ablehnen.

6.1.2 Die vieldeutigen Buchstaben

Was ein Buchstabe ist, scheint leichter vermittelbar. »Dies ist das a, das ist das b usw., das sind alles Buchstaben.« Sagen wir dabei die Buchstabennamen, also ⟨b⟩ = /be:/, ⟨f⟩ = /ɛf/ usw., so stiften wir bekanntlich die größte Verwirrung, denn im Wortzusammenhang klingen die Buchstaben völlig anders. Darum ist es seit langem Brauch, die Buchstaben für die Schulanfänger bei ihren sogenannten »Lautnamen« zu nennen: /a:/, /bə/, /ts/, /də/ usw. Doch auch das ist verwirrend, denn im Wort ist der Klang der Buchstaben selten so, wie es ihre Lautnamen glauben machen (M. Bergk 1980, 140ff.).

- Vokale klingen nur in langen und betonten Silben wie die Lautnamen, und die sind seltener als andere. Noch seltener, nämlich nur am Wortanfang, haben sie den »Anlaut-Knackser« (Glottisschlag) des Zäpfchens, der beim Zusammenschleifen der Lautnamen t,a,g zu dem Wort »Tag« so hinderlich ist.
- Die Explosiv-Konsonanten p,b,t,d,k,g haben nicht das anklingende unbetonte /ə/ wie im Lautnamen. Isoliert können sie wiederum nur mit Mühe ausgesprochen werden. Ähnlich ist es mit dem ⟨h⟩.
- Das ⟨s⟩ und ⟨v⟩ wird häufiger stimmlos als stimmhaft ausgesprochen.
- Das ⟨r⟩ ist im Aus- und Inlaut kaum noch zu hören (z. B. in »Mutter«), dort aber am häufigsten vertreten.
- Das ⟨c⟩, ⟨q⟩, ⟨x⟩, ⟨y⟩ wird meist als /tse:/, /ku:/, /Iks/, /Ypzilon/ »lautiert«.
- Das ⟨n⟩ ist oft mit dem ⟨g⟩ oder ⟨k⟩ zu einem eigenen Laut verschmolzen, z. B. in »Ring« und »Bank«.
- Die meisten Buchstaben treten oft oder sogar häufiger in Buchstabengruppen auf als einzeln (z. B. das ⟨c⟩ und ⟨h⟩ in ⟨ch⟩ und ⟨sch⟩).

Allein bei dem ⟨j⟩ und ⟨w⟩ entsprechen sich Laut und Buchstabe genau. Nur hier ist das 1:1-Verhältnis gegeben, das die Lautnamen suggerieren. Und das ⟨j⟩ ist recht selten. Alle anderen Buchstaben sind mehrdeutig, vertreten einen Doppellaut (⟨x⟩, ⟨c⟩ und ⟨z⟩ zusammen mit dem u auch das qu) oder sind oft auch Teil einer Buchstabengruppe.

6.1.3 Falsche Abstraktion durch die Lautnamen

Wenn wir also den Kindern einen Buchstaben mit seinem Lautnamen vorstellen, sagen wir höchstens die halbe Wahrheit. So natürlich und selbstverständlich uns diese Information erscheint – sie ist in Wirklichkeit höchst bedenklich. Die Lautnamen der meisten Buchstaben sind Abstraktionen. Von den Lauten des Wortes »ist« bis zu den Lautnamen /i:/, /z/ und /tə/ ist es noch weit. Scheinbar geben wir mit ihnen den Kindern Hilfen zum Entschlüsseln und Schreiben von Wörtern. Aber tatsächlich lenken wir ihre Entdeckerfreude auf eine falsche Fährte. Sie horchen nun ihr Sprechen auf die gelernten Lautnamen ab und setzen dafür die entsprechenden Buchstaben. Das Ergebnis ist meistens orthographisch falsch. Z. B. hören sie in »Bild« ein /bə/, /l/ und /tə/ und schreiben »blt«. Oder sie lesen »lautierend« und entsprechend mühsam /i:zt/ und kommen nicht darauf, daß dieses Gebilde »ist« heißt.
Es genügt auch nicht, zu wissen: Das ⟨e⟩ ist in »Weg« lang, in »es« kurz und in »Rose« kaum noch zu hören. Auch das »kurze e« ist noch eine Abstraktion. In den konkreten Wörtern »hell«, »Hecke«, »Herr« klingt es jeweils verschieden. Es wird ja mit den Nachbarlauten zusammen gebildet und von ihnen gefärbt (»Koartikulation«, s. Scheerer-Neumann 1984, 49f.).

6.1.4 Gewachsene Buchstabenbegriffe

Die Lautnamen erscheinen mir wie unförmige Etikette, die die Wirklichkeit verkleben statt sie zu erhellen. Und sie verkleben ein ganzes Entdeckungsfeld. Warum lassen wir nicht die Kinder herausfinden, wie die Buchstaben in »ja«, »Kind«, »nein« klingen?
Es zwingt uns niemand, die Buchstaben sofort selbst zu benennen. Beim Turnen reden wir auch nicht gleich von »Anlauf«, »Schlußsprung«, »Vorgriff«, »Aufhocken« und »Strecksprung«, wenn wir die Kinder auf den Kasten hupfen lassen und schön gerade wieder hinunter. Den Kindern einen Begriff vorzugeben, ist kein Anstoß zum begrifflichen Lernen, eher eine Erschwerung. Wirklich zu eigen machen sie sich den Begriff, wenn sie ihn selbst durch Beobachten und Handeln erwerben (M. Bergk 1980, 60ff.). Den Strecksprung z.B. kann man vormachen, benennen und die Kinder auffordern, ihn genau so schön nachzumachen. Viel unlustiges Geräkel wird man sich

ansehen müssen. Probieren die Kinder aber selbst aus, wie sie elegant vom Kasten wieder herunterkommen, so finden sie ziemlich sicher auch den Strecksprung. Und indem sie sich beim Springen gegenseitig beobachten und die verschiedenen Haltungen beschreiben, finden sie einen treffenden Namen für den Sprung. (So seltsam er dem Sportlehrer klingen mag: Er haftet im Gedächtnis und hilft auch noch, die offizielle Bezeichnung besser zu behalten.)
Ebenso handelnd, beobachtend, beschreibend sollten sie den Begriff »Buchstabe« erwerben: Indem sie ein Wort auseinandernehmen, wieder zusammenbauen und darüber reden, wie es jeweils klingt. Dabei lernen sie außerdem: »Lesen ist nichts Schwieriges zum Nachdenken. Das kann ich selbst ausprobieren!« Dinge handelnd kennenzulernen sind sie gewohnt: Sie spielen mit ihnen herum, nehmen sie auseinander und setzen sie zusammen, sooft es geht. So erfahren sie, daß diese Dinge machbar sind und wie sie gemacht sind. Auf dieselbe Weise können sie von Anfang an selbst erkunden, wie Schriftwörter gemacht sind.

6.2 Buchstabenkarten zum Wörterbauen

6.2.1 Demonstrationsmaterial

Wie oft haben die meisten Kinder gesagt bekommen: »Mach das nicht kaputt!« – »Faß das nicht an!« Beim ersten Umgang mit Schriftwörtern sollte das Gegenteil gelten. Allerdings – die in der Fibel gedruckten Wörter eignen sich nicht zum Anfassen und Kaputtmachen. Für den Anfang muß die Schriftsprache griffiger werden.

Am besten sind Wörter aus großen, dicken Holz- oder Kunststoffbuchstaben. Je größer sie sind, desto besser können die Kinder sie als Wortteile rundum begreifen. Ist die Oberfläche rot gefärbt und die Unterkante (des Mittelbandes) schwarz (s. Abb. 8), so können sie sie auch nicht verdrehen. Beim P,p,b,d und q; beim n und u; beim h und y sind schwarz und rot jeweils unterschiedlich verteilt.

Abb. 8: Demonstrationsbuchstaben (30 cm hoch)

Standardisiertes Material dieser Art müßte erst produziert werden. Solange es nicht vorhanden ist, müssen wir mit Buchstabenkarten vorlieb nehmen. Der Handel hat einiges Material für die Haft-, Magnet- und Wandtafel zu bieten. Es gibt auch komplette »Buchstabenhäuser«. Aber diese Buchstaben sind meistens zu klein. Für den Anfang sollten sie 30 cm groß sein. Am besten malt man selbst Buchstaben auf Kartons (DIN A4, Hochformat, senkrecht halbiert). Zieht man immer die Ziellinie durch, so können die Kinder auch diese Buchstabenkarten nicht verdrehen. Auf die Rückseite klebt man mit Uhu Tesakreppstreifen zum Anheften an die Wandtafel oder Haftstreifen für die Hafttafel.

6.2.2 *Schülermaterial*

Noch wichtiger als das Demonstrationsmaterial ist gutes Anfangsmaterial für die Hand jedes Kindes. Die käuflichen Buchstabenkarten, -kästen, -stempel, Lettern sind meistens teuer, klein und oft schlecht handhabbar. Darum beschränke ich mich in diesem Kapitel auf ein Material, das jeder selbst ohne großen Zeit- und Kostenaufwand herstellen kann: Das sind die in Kapitel 3 erwähnten Buchstabenkarten zum Legen, Zusammenkleben und Nachspuren. Sie sind – um recht verstanden zu werden – nur in den ersten Wochen nötig, so lange, wie die Kinder die Buchstabenformen noch nicht oder nicht gut freihändig schreiben können. Später brauchen sie sie nur noch, wenn in einem Wort ein neuer Buchstabe oder eine neue Buchstabengruppe auftaucht. (Wege vom Nachspuren zum freihändigen Schreiben, auch mit anderem Material, beschreibe ich in Kap. 8.3).

Die selbstgemachten Buchstabenkarten können beliebig groß werden. Je weniger Handgeschicklichkeit die Lehrerin voraussetzen kann, desto größer wird sie die ersten Buchstaben machen. Die Buchstaben für »ja« und »nein« (Abb. 3) haben fast Heftformat. An ihnen können auch körperbehinderte Kinder das Legen, Aufkleben und Nachspuren schön üben. Die Vorbereitungsarbeit ist gering: Ein DIN-A4-Blatt ist zu beschriften und zu kopieren bzw. abzuziehen. Die ersten Klassensätze dieser Arbeitsblätter teilt der Lehrer am besten selbst (mit der Papierschneidemaschine) in Buchstabenkarten auf. Sobald aber die Kinder mit der Schere auf der Linie entlang zu schneiden gelernt haben, können sie das Schneiden selbst übernehmen. Das ist spätestens nach ein paar Wochen der Fall, bei den meisten eher (Einzelheiten s. 6.4 u. 6.5).

Außer ihrer Größe haben die selbstgemachten Buchstabenkarten den

Vorteil, daß die Kinder mit ihnen ohne weiteren Aufwand ihre eigene Fibel bauen können. Sie kleben sie auf ein DIN-A4-Blatt, spuren sie vielfarbig nach oder malen sie breit aus und haben schon die erste Fibelseite mit einem einzigen riesigen Wort. Sie können diese Klebewörter aber auch immer wieder auseinanderschneiden und neu zusammenkleben. Allmählich werden dabei aus den Papieren stabile Pappen.

6.2.3 Buchstabengruppen-Karten

Wenn ich bisher von Buchstabenkarten sprach, so meinte ich damit auch jene, auf denen mehrere Buchstaben stehen. Es gibt bekanntlich viele Laute, die nicht mit einem Einzelbuchstaben, sondern mit einer Buchstabengruppe verschriftet werden. In käuflichen Buchstabenkästen findet man meist nur die häufigsten Buchstabengruppen ⟨sch⟩, ⟨ch⟩, ⟨ck⟩. Ihre Zahl ist aber weit größer, sogar größer als die der Einzelbuchstaben, wie die Tabelle Seite 78 zeigt.
Viele Buchstabengruppen werden allgemein nicht als Einheit angesehen, besonders die Verdoppelungen ⟨ff⟩, ⟨aa⟩ usw., die Vokalbuchstaben mit Dehnungs-h ⟨ah⟩, ⟨eh⟩ usw. und das ⟨ng⟩. Für die Kinder ist es aber eine große Hilfe, wenn sie wissen: Auch diese Buchstabengruppen sind Zeichen für nur einen Laut (ausgenommen die Diphtong-Zeichen ⟨ei⟩., ⟨au⟩ usw. und Doppellaut-Zeichen wie ⟨tz⟩).
Lesedidaktikern erscheinen Buchstabengruppen schwierig – zu Unrecht, meine ich. Schwierig sind sie nur, wenn das Kind nicht erkennen kann, welche Buchstaben jeweils in einem Wort zusammengehören. Hat es sie aber auf einer Buchstabenkarte als Einheit beieinander, so kann es mit Buchstabengruppen ebensogut Wörter bauen wie mit Einzelbuchstaben. Warum soll z. B. |Sch|au|f|el| schwieriger als |L|i|l|o| zusammenzusetzen sein? Die Zahl der Teile ist gleich. Um sie wieder richtig in die Reihe zu bringen, muß das Kind sie nur gut unterscheiden können. Und in dieser Hinsicht ist die »Schaufel« der bekannten Fibel-»Lilo« vorzuziehen. Denn das »L«, »i« und »l« sind viel leichter zu verwechseln als die Teile des Wortes »Schaufel«.
Zu schreiben ist die Buchstabengruppe natürlich umständlicher als der Einzelbuchstabe. Es dauert länger, sie nachzuspuren, sie sich als Ganzes einzuprägen und sie freihändig und »auswendig« zu schreiben. Doch mit dem Nachspuren sind die Kinder ohnehin meistens schneller fertig als es der Lehrerin recht ist. Die Phase der selbständigen Arbeit

	Einzelbuchstabe (eingliedriges Graphem)	Buchstabengruppe (mehrgliedriges Graphem)	(Quasi-Graphem)
1. Vokale	a	ah, aa	er
	ä	äh	
	e	eh, ee	
	i	ie, ieh, ih	
	o	oh, oo	
	ö	öh	
	u	uh	
	ü	üh	
2. Zwielaute (Diphthonge)	y	ei, eih, ai	
		au, auh	
		äu	
		eu	
3. Konsonanten			
– Nasenlaute	m	mm	
	n	nn	en
		ng	
– Fließlaute	l	ll	el
	r	rr	
– Reibelaute	f	ff, ph	
	v		
	w		
	s	ss	st (im Anlaut)
	ß		
		sch	sp (im Anlaut)
		ch	
	j		
	h		
– Verschlußlaute	p	pp	
	b	bb	
	t	tt, dt	
	d	dd	
	k, c	ck	
	g	gg	
– Verschluß-Reibelaute		pf	
	z, c	tz	
	x		

Grapheme sind die kleinsten bedeutungsunterscheidenden Einheiten der geschriebenen Sprache. Sie können aus einem oder mehr Buchstaben bestehen und auf verschiedene Weise geschrieben werden (in Druckschriften, Schreibschriften, Morsezeichen usw.).

Quasi-Grapheme habe ich die Buchstabengruppen genannt, die man für den Erstunterricht ebenfalls auf einer Buchstabenkarte zusammenfassen sollte, obwohl sie, linguistisch gesehen, kein einheitliches Graphem sind. Doch das »er« wird fast überall wie ein offenes a gesprochen, das »en« und »el« wie n und l. Das »st« und »sp« werden am Wortanfang wie /ʃt/ und /ʃp/ gesprochen und sind darum merkenswerte Sonderfälle.

kann ruhig etwas länger dauern. Das Auswendigschreiben wiederum ist nicht Ziel der Arbeit mit den Buchstabenkarten. Diese Phase des Rechtschreibenlernens wird hier nur vorbereitet. Immerhin ist es eine sehr gute Vorbereitung, wenn die Kinder sich von Anfang an daran gewöhnen, die Buchstabengruppen als Einheit anzusehen.

6.2.4 *Vom »Leichten« zum »Schweren«*

Langsam fortschreitend einen Buchstaben nach dem anderen »einzuführen« (synthetische Methode) oder »auszugliedern« (analytische Methode), ist noch immer Brauch im Leselehrgang. Auch die analytisch-synthetischen Fibeln bauen den Bestand an Buchstaben allmählich aus und schreiten dabei von den »leichten« zu den »schwierigen« fort.

Es scheint, als sei dies das Schwierige am Lesenlernen: Buchstabenformen zu unterscheiden (zu diskriminieren) und wiederzuerkennen (zu identifizieren). Dabei ist das visuelle Gliedern und Schreiben der Buchstabenformen bei weitem nicht die größte Sorge unserer vielen »Legastheniker«. Im Gegenteil: Oft ist es das einzige, was sie von der Schriftsprache begriffen haben. Übrigens: Japanische Kinder lernen noch ungleich mehr und komplexere Schriftzeichen. Aber nur eines von 100 hat Leseschwierigkeiten (vgl. H. Brügelmann 1983, 141). Lernen Kinder die Buchstaben kennen, indem sie mit ihnen eigene Wörter und Sätzchen stempeln und drucken, so sind sie ihnen schon nach 10 Wochen fast alle bekannt (vgl. H. Jörg u. P. Treitz 1985, 77).

Das Problem beim Erwerb unserer Schriftsprache ist nicht die Formenvielfalt der Buchstaben, sondern die Vielfalt ihrer Funktionen im Wortzusammenhang. Daß man die meisten Buchstaben auf mehrere Arten lesen und die meisten Laute auf mehrere Arten schreiben kann: *Das* macht den »Legasthenikern« das Leben schwer! So richtig es ist, am Anfang die Schwierigkeiten gering zu halten: Wir sollten dabei mehr auf die Wörter sehen als auf die Buchstaben. Halten wir die Zahl der ersten Wörter gering, so häufen sich auch die Buchstabenformen nicht übermäßig. Wichtiger ist aber, daß diese Wörter den Kindern wirklich viel bedeuten. Läßt man am Anfang nur Wörter mit angeblich »einfachen« Buchstaben zu, so ist die Auswahl sehr eingeschränkt. Für die Kinder bedeutsam sind die Fibel-Anfangswörter selten. Das ist allgemein bekannt. Läßt man dagegen alle Buchstaben

und Buchstabengruppen zu, so ist die Wortauswahl um ein Vielfaches größer. Ebenso wächst die Chance, mit den »eigenen Wörtern« der Kinder anfangen zu können.
Trotzdem kann man das Wörterbauen nicht mit »Hotzenplotz« oder »Erdbeereis« beginnen. Die Zahl der Buchstabenkarten muß zuerst gering sein, sonst wird das Puzzle zu unübersichtlich. Schon mit 2 Buchstabenkarten gibt es jedoch mehr brauchbare Anfangswörter als man glaubt:

a) zweiteilige Wörter: Eis, Ohr, du, die, Uhr, ich, ist, da, Reh, Fee, Schuh, See, Sau, Tau, Bau, ja, Heu, neu, Zeh, Zoo, auf, zu...
b) dreiteilige Wörter: Frau, Mann, Schnee, Schiff, Spaß, Teich, Kahn, Scheich, Schatz, Wumm, Ring, Maus, Haus, Meer, gehen, bauen, heiß, zisch, Tisch, lieb, sauer, Pfeil, Affe, Apfel, Zahn, Auto, lauf, Ball, Baum, Bett, nett, essen, Fisch, Stop, immer, schön, doof, nein, gut, komm, dick, dünn...
c) vierteilige Wörter: Mutter, Schaufel, raufen, baden, Bagger, Schule, schlimm, klein, groß, nicht, Schuld, wieder, leise, küssen, Räuber, Jungen, Schloß, Tasche...

Von den vielen brauchbaren dreiteiligen Wörtern sind nur einige von denen aufgelistet, die gemeinhin als Anfangswörter zu schwierig erscheinen. Auch vierteilige Wörter eignen sich nach unseren Erfahrungen durchaus für den Anfang. Die Tabelle nennt einige Beispiele.

6.2.5 *Wenige Wörter bauen statt mit wenigen Buchstaben Wörter bauen*

Mit Wörterbauen meine ich also: Den gesamten Bestand an Buchstaben und Buchstabengruppen auf Karten zur Verfügung haben und mit einigen von ihnen nach und nach wenige wichtige Wörter selbständig bauen lernen. In den meisten Leselehrgängen bedeutet Wörterbauen dagegen: Mit den wenigen eingeführten »einfachen« Buchstaben, zu denen Buchstabengruppen kaum gehören, möglichst bald möglichst viele verschiedene Wörter bauen lernen. Ich meine, daß die Kinder zunächst jeden Buchstaben/jede Buchstabengruppe in jedem Wort neu kennenlernen müssen. In den meisten Lehrgängen lernen die Kinder jeden Buchstaben nur einmal gründlich kennen und sollen ihn dann in jedem Wort wiedererkennen. Allen Warnungen ganzheitlicher Lesemethodiker zum Trotz hält sich auch in analytischen Fibeln eine elementistische Auffassung von der

Schriftsprache: Mit den »ausgegliederten« Buchstaben sollen die Kinder fremde Wörter ohne weiteres »erlesen« können.
Man kann aber nicht die Kenntnis der Schriftsprache aus ihren kleinsten Elementen aufbauen wie den Zahlenraum 100 aus den Einern und Zehnern. Und selbst in der Mathematik beginnt man schon lange nicht mehr mit isolierten Einern, sondern mit der Funktion der Teile in der Gesamtmenge. Ebenso sollten die Kinder die verschiedenen Funktionen eines Buchstaben oder einer Buchstabengruppe in den einzelnen Wörtern erkunden dürfen. Dafür brauchen sie Zeit. Es kommt nicht darauf an, möglichst bald alle Buchstaben »durchzunehmen«. Die bloße Buchstabenkenntnis erschließt nicht den fremden Text wie ein »Sesam-öffne-dich«. Der Buchstabenzirkus in der »Sesamstraße« weckt da falsche Hoffnungen. Erlesen können die Kinder fremde Texte erst dann, wenn sie gelernt haben, die Buchstaben flexibel zu handhaben, ihrer je verschiedenen Funktion gemäß. Die »Guten«, die nach einem halben Fibeljahr schon alles fließend lesen, haben diese Beweglichkeit nebenher erworben. Sie haben sozusagen immer im richtigen Moment »weggehört« und unbewußt begriffen: »a ist nicht gleich a, und b ist nicht gleich b!«

6.3 Demonstrationsmaterial: Der Lehrerin das Wort im Mund herumdrehen

6.3.1 Wege zum Wortbegriff

In die Arbeit mit dem neuen Material muß man die Kinder sorgfältig einführen. Gleichzeitig sollen sie aber möglichst selbst entdecken, was Wörter und Buchstaben sind. Wie läßt sich das vereinbaren? Die Lehrkunst liegt darin, das Material so anzubieten, daß die Kinder selbst danach greifen. Den Begriff »Wort« eignen sie sich am besten dann an, wenn er ihnen fehlt. Eine solche Situation kann der Lehrer schaffen, indem er z. B. sagt: »Jetzt baue ich euch aus vier Teilen den Bagger, von dem ihr eben im Morgenkreis erzählt habt.« Die Kinder sehen dann: Er baut gar keinen Bagger. Er malt ihn auch nicht, sondern er klebt nur vier Karten an die Tafel. Auf denen steht das, was sie gesagt haben: »Bagger«. Wenn die Kinder das Wort von der Sache zu trennen beginnen, können sie die Bezeichnung »Wort« gebrauchen.

Ein anderer Anlaß, den Wortbegriff zu erarbeiten, ist das Sammeln von Wörtern. Es lohnt die Mühe, erst einmal ganz umständlich zu sagen: »Ihr braucht jetzt den Kasten mit dem ›ja‹, ›nein‹, ›Hund‹, ›raufen‹, ›ich‹, ›wir‹, ›baden‹, ›stop‹, ›Mutter‹!« Je länger die Reihe ist, desto dringender wird es nötig, einen Sammelbegriff für sie zu finden. Und je länger die Kinder selbst nach ihm suchen, desto besser haftet er, wenn sie ihn gefunden haben.

Begriffe bilden sich beim Handeln und beim Vergleichen von Handlungen. Schreiben die Kinder einen Kritzelbrief, so teilen sie darin so wenig die Wörter ab wie beim Sprechen (vgl. W. Menzel u. R. Vieweg 1975, 19). Schreibt dagegen die Lehrerin auf, was sie sagen, so werden daraus mehrere Wörter. Wie nützlich es ist, zu wissen, was ein Wort ist, merken die Kinder, wenn es nun gilt, das zu lesen und selbst zu schreiben, was da an der Tafel steht. Es ist viel zu viel! Aber die Lehrerin sagt: »Sucht euch das Wort aus, das ihr lernen wollt!« Und sie liest vor, was sie z. B. von einem Gespräch über eine Rauferei mitgeschrieben hat: »Peter hat angefangen. Aber Andreas ist schuld. Die Jungen raufen ja immer. Das ist auch nur Spaß. Aber diesmal war es ernst. Andreas hat immer noch eine Wut...« Sie tippt auf jedes Wort. Die Wörter, bei denen Kinder sich gemeldet haben, unterstreicht sie und liest sie nochmals. Das Wort, das die Kinder schließlich auswählen, rahmt sie rot ein. Fällt die Wahl auf »angefangen«, so werden die Kinder sich leicht überzeugen lassen, daß dieses Wort noch etwas zu lang für sie ist. Sie sehen es ja selbst. Und es gibt genug andere geeignete Wörter: »schuld«, »raufen«, »Spaß«, »Wut«...

6.3.2 *Wortstrukturen auf Abruf*

Wie die Wörter geschrieben werden, können die Kinder nicht neu entdecken. Aber wenn sie einmal für einen wichtigen Satz selbst eine Geheimschrift erfinden, z. B. zum Thema Rauferei: »Die Friedenspfeife (aus Schokolade) liegt im...«, stoßen sie auf das wichtigste Prinzip jeder Schriftsprache: Das Zeichen für eine Sache muß immer gleich aussehen. Dann kann jede/r das Zeichen lesen und schreiben. Beim Vergleichen ihrer Geheimschriften erkennen sie: Wenn ich eine andere Schrift kennenlernen will, muß ich fragen, was die Zeichen bedeuten oder wie sie geschrieben werden.
Für die deutsche (vielen auch noch recht geheime) Schrift ist der Lehrer die richtige Auskunftstelle. Je mehr er sich auf diese Rolle beschränkt, desto besser. Die Kinder bekommen den aktiven Part. Sie

fragen, der Lehrer antwortet; sie agieren, der Lehrer reagiert; sie stellen die Aufgabe, der Lehrer schreibt und liest vor. Im Lehrgangsunterricht ist es umgekehrt: Der Lehrer stellt die Aufgabe, die Schüler/innen schreiben und lesen vor. Das Gefühl, ferngesteuert zu sein, werden viele beim Umgang mit der Schriftsprache ein Leben lang nicht los. Statt dessen kann sich mit der Schriftsprache ein eher gesteigertes Selbstgefühl verbinden: aktiv zu sein, selbst zu bestimmen und zu steuern.

Der Kritzelbrief, die Geheimschrift und die Mitschrift eines Klassengesprächs (Beispiel »Rauferei«) sind mögliche Schritte zu einem selbstbewußten Umgang mit der Schriftsprache. Denn sie gehen von den Zeichen aus, die die Kinder setzen. Wenn geklärt ist, welches Thema behandelt und welches Wort erarbeitet werden soll, kann die Arbeit mit dem Demonstrationsmaterial ohne weitere Umschweife beginnen.

Fällt die Wahl z. B. auf das Wort »raufen«, so heftet die Lehrerin vier leere Buchstabenkarten an die Tafel und spricht bei jeder Karte langsam vor: »r-au-f-en«. Die Kinder werden nicht zufrieden sein mit der vierfachen Leere. Die Lehrerin muß die Karten füllen: mit dickem Filz und wieder den Laut dabei sprechend. Vielleicht »vergißt« sie eine Karte und muß noch einmal aufgefordert werden, ihr Werk zu vollenden.

Danach kann sie sich ganz darauf beschränken, zu lesen, was die Kinder aus dem Wort machen, wenn sie nun die Karten herunternehmen und aufs neue zusammenfügen. Ob das Wort richtig wird, entscheidet sie nicht selbst. Sie liest nur vor, was aus dem Wort geworden ist: »aufenr«, »enfaur«, »frenau«... Es gibt viele Kombinationen und viel Spaß. Der Lehrerin buchstäblich (bzw. buchstabengrüpplich) »das Wort im Munde herumzudrehen«, ist ein seltens Vergnügen. Die Lehrerin wird sozusagen zum Probierstein für die Versuche der Kinder, das Buchstaben-Puzzle zu lösen. Sie muß ihren Mund so bewegen, wie die Kinder die Buchstaben- und Buchstabengruppenkarten hintereinandersetzen. Es dauert nicht lange, dann ahmen sie die ulkigen Wortgebilde nach, die sie hören. Lachend und sprechend erwerben sie erstes Handlungswissen über die Zusammenhänge zwischen der Schriftwort- und Sprechwortstruktur.

6.3.3 Zauberspiele

Den Lehrer »nach der eigenen Pfeife tanzen« zu lassen, ist viel zu schön, um damit bald wieder aufzuhören. Länger als 10 Minuten sollte aber das gemeinsame Arbeiten mit dem Demonstrationsmaterial nicht dauern. Auch wenn die Mehrzahl der Kinder noch weitermachen will – die Konzentration der meisten ist bald erschöpft. Besser ist es, für den nächsten Tag eine Fortsetzung des Spiels anzukündigen.

Es gibt viele Möglichkeiten, das Wortverdrehen zu einem Spiel auszugestalten. Z.B. kann der Lehrer – oder ein Kind – eine alte Wolldekke, Tischdecke o.ä. mitbringen, die als »Zauberermantel« fungiert. Ein Kind hängt sich den Zaubermantel um, verdeckt damit das Wort an der Tafel und verändert es hinter dem Vorhang: Es läßt eine oder mehrere Buchstabenkarten verschwinden oder stellt sie um. Diese Regeln kann man allmählich erweitern: Zuerst wird nur umgestellt, dann eine Karte weggenommen, dann zwei usw. Der Lehrer liest jeweils, was übrig bleibt: »aufen«, »enf«, »fau«, »au«, »r«... Nach jeder Zauberei heißt es raten, was sich verändert hat. Wer es herausbekommt, ist der nächste Zauberer. So wäre jedenfalls die übliche Spielanordnung. Schöner finde ich die folgende: Wer es herausbekommt, kann den/die nächste/n Zauberer/in suchen. Vielleicht riecht man Zauberer oder fühlt sie mit verbundenen Augen. Bei einer solchen Spielanordnung geben sich jedenfalls nicht immer die »Guten« die Führung untereinander weiter.

Nach jeder Zauberei muß das Wort wieder richtiggestellt werden. Auch diese Aufgabe kann weitergegeben werden. Die richtige Wortstruktur prägt sich also ein. Einige Kinder merken sich vielleicht außerdem ein paar verzauberte Wörter: »fau«, »rau«, »au«. Sie klingen so wie Ausrufe beim Raufen.

6.3.4 Wege zum Buchstabenbegriff

Bei der Arbeit mit einzelnen Wortstrukturen bildet sich neben dem Wortbegriff auf ganz natürliche Weise eine Vorstellung von den Buchstaben und Buchstabengruppen des Wortes heraus. Z.B. liegt nichts näher, als das Zauberspiel um eine Aufgabe zu erweitern: Das Wort soll nicht nur wieder richtiggestellt werden, sondern es soll auch gesagt werden, was fehlt oder umgestellt ist.

Damit ist zum einen die Frage nach dem Klang der Buchstaben gestellt. Zum anderen muß gesagt werden, um was es sich da handelt, z.B. wenn ein Kind nicht nur einen, sondern zwei... ja was denn nun?... umgestellt hat. Natürlich kennen die meisten das Wort »Buchstabe«. Aber welche Vorstellung verbinden sie damit? Wenn ältere Geschwister sich mit dem Buchstabieren und Schönschreiben abquälen, bekommt das Wort oft schon vor der Einschulung einen unangenehmen Klang. Außerdem kann man zu dem »au« und »en« nicht einfach »Buchstaben« sagen.
Die Buchstabengruppen helfen, meine ich, den Kindern, sich einen eigenen, unvorbelasteten Begriff von den Buchstaben zu machen. Sie sollten selbst Namen suchen, um Einzelbuchstaben und Buchstabengruppen zu unterscheiden. Naheliegend und einfach sind die Namen »Einer«, »Zweier«, »Dreier« (vgl. H. Balhorn 1983b, 593). Aber vielleicht sagen sie lieber »Einzel-«, »Zwillings-« und »Drillingsbuchstabe«. Ich hätte auch nichts gegen Wortschöpfungen wie »Doppelstabe« und »Dreierstabe« oder »Zwuchstabe« und »Druchstabe«. Wo Neuland ist, dürfen die Kinder getrost einmal Wunderblumen pflanzen. Besser als »Buchstabengruppe« oder »Graphem« behalten sie ihre selbstgefundenen Namen gewiß.

Eine genauere Vorstellung von der Bedeutungsvielfalt der einzelnen Buchstaben und Buchstabengruppen bildet sich erst im Laufe des Schuljahres heraus. Trotz Elterndruck und Schultradition sollten wir den Kindern damit Zeit lassen, sollten uns nicht drängen lassen, die Lautnamen vorzugeben. Ich wiederhole mich, weil mir scheint, daß dies bisher zu selten gesagt wurde: Wortstrukturen sind wunderschöne Entdeckungsfelder. Die Kinder sollten darin selbst die Klangqualitäten der Buch-, Zwuch- und Druchstaben aufspüren. Um so fester prägt sich ihnen die Erfahrung ein, daß die Buchstaben Wortelemente sind und keine Einzelwesen. Und um so besser gewöhnen sie sich daran, zu *fragen,* wie ein Wort geschrieben wird, statt es aus Einzelbuchstaben zusammenzustoppeln.

6.4 Schülermaterial: Analyse und Synthese mit Schere und Klebstift

Bei der gemeinsamen Arbeit mit dem Demonstrationsmaterial kann das einzelne Kind nur wenig mit den Buchstabenkarten hantieren. Wahrscheinlich kommt gar nicht jedes jedesmal dran. Darum sollte nach 10, spätestens 15 Minuten die Phase folgen, in der jedes Kind selbst handelt, allein, mit dem Tischnachbarn oder – etwas später – mit der Kleingruppe. Ich beschreibe in diesem Kapitel die Arbeit mit dem billigsten Schülermaterial: mit den selbstgemachten Buchstabenkarten (zum Wörterbauen mit Buchstabenstempeln, -plättchen u.a. s. Kap. 8.1).

6.4.1 *Nähe und Sicherheit bei der individuellen Arbeit*

Am Schulanfang kann man keine Fertigkeiten und Arbeitshaltungen voraussetzen, vor allem nicht die Fähigkeit, allein zu arbeiten.

Nicht immer fehlt dafür die Handfertigkeit oder das Verständnis. Oft sind eher die emotionalen Voraussetzungen nicht erfüllt. Die meisten Personen in der Klasse sind den Kindern noch fremd. Sie wissen nicht, was sie von ihnen zu erwarten haben. Wer schlechte Erfahrungen mit fremden Kindern gemacht hat, erwartet verständlicherweise nicht nur Gutes von den vielen Mitschülern. Solange die Lehrerin das Geschehen lenkt und überblickt, ist zwar wenig Grund zur Sorge. Sie wird Übles schon abwenden. Wenn aber jedes Kind selbst aktiv werden soll, können die Ängstlicheren dessen nicht mehr so sicher sein.

Was wie Unbeholfenheit aussieht, ist häufig in erster Linie ein Appell: »Komm zu mir, bleib ein wenig an meiner Seite, damit ich mich sicherer fühlen kann!« Je wohler diese Kinder sich allmählich in ihrer neuen Umgebung fühlen, desto besser können sie allein arbeiten. Möglichkeiten zum gegenseitigen Kennenlernen zu schaffen, ist auch aus diesem Grund eine äußerst wichtige Aufgabe im Anfangsunterricht. Phasen freien Spiels mit mitgebrachtem Spielzeug sind keine verlorene Zeit. Sie geben jedem Kind Gelegenheit, im Rahmen seiner Möglichkeiten mit den anderen Kontakt aufzunehmen. Die richtigen Nachbarn finden sich dabei zwangloser zusammen als in der Eile des ersten Tages, als jedes erstmal froh war, einen Platz gefunden zu haben.
Bei freigewählter Sitzordnung bleiben die unsichersten Kinder leicht am Rande oder auf den hintersten Plätzen sitzen. Gerade sie brauchen aber die besten Plätze, vorn und in der Mitte, auf jeden Fall dort, wo der Lehrer oft vorbeikommt und hinsieht. Da es kaum möglich ist, die Aufmerksamkeit und Zuwendung gleichmäßig zu verteilen, halte ich diese bewußte Zuordnung der »besten« Plätze für sehr wichtig. So manche sog. »Verhaltensstörung« wird überflüssig, wenn das betref-

fende Kind es nicht nötig hat, die Lehreraufmerksamkeit durch auffälliges Verhalten auf sich zu ziehen, sondern weiß: »Sie ist ja sowieso da, sie sieht mich schon!«

6.4.2 *Die ersten Schritte zur Selbständigkeit*

Unsicher sind die meisten Schulanfänger auch, ob sie wohl alles können, was die Schule von ihnen verlangt. Die ersten Arbeitsschritte sollten darum klein und einfach sein; und sie sollten wenig Zeit beanspruchen: Eine Binsenweisheit der Grundschuldidaktik. Ich möchte sie auch für die Lehrerseite beanspruchen.
Die ersten Arbeitsschritte sollten kaum Hilfestellungen erfordern, so daß die Lehrerin nicht lange bei einzelnen Kindern verweilen muß, sondern schnell allen rundum bestätigen kann, daß sie es gut gemacht haben. (So wichtig es ist, von der Lehrerbestätigung zur Selbstbestätigung hinzukommen – auch das ist ein Lernprozeß. Die Schulanfänger sind erst einmal darauf angewiesen, von dem Lehrer akzeptiert zu werden. Er sollte dieses Bedürfnis unbedingt erfüllen.)
Schere und Flüssigklebstoff sind darum kein Arbeitsmittel der ersten Stunde. Besser eignen sich zugeschnittene Buchstabenkarten (z. B. in einem Briefumschlag) und Klebstift. Auch das zu beklebende DIN-A4-Blatt kann man für das erste Mal noch vorbereiten und abziehen (oder kopieren): Es enthält dann die zwei bis vier Rechtecke, in die die Buchstabenkarten genau hineinpassen. Ein Zeichen kennzeichnet das erste Rechteck: »Hier ist der Anfang.« Verteilen würde ich zuerst nur die Buchstabenkarten und das DIN-A4-Blatt. Die Kinder können selbst erraten, was damit zu tun ist: die Karten in der richtigen Reihenfolge auf das Blatt legen. Zunächst kann das Vorbild an der Tafel zu sehen sein. Dann vermischen die Kinder ihr Buchstaben-Puzzle wieder und legen es ohne Vorbild.
Nun kommt der wichtigste Arbeitsschritt: die Selbstkontrolle: »Habe ich die Einer, Zweier, Dreier richtig hintereinandergelegt?« Das Vorbild wird also wieder aufgedeckt, und jedes Kind kann nachprüfen, ob es richtig »geschrieben« hat. Erst dann folgt der nächste Schritt: das Aufkleben der Buchstabenkarten. Dies strenge Nacheinander ist vielen Kindern ungewohnt. Sie wollen ihr Wort schnell fertigstellen. Das bloße Betrachten der Buchstabenreihe ist für sie kein richtiges Handeln, eher eine Verzögerung. Richtig weiter geht es erst, wenn die Hände den Klebstift in Bewegung setzen können.

Darum halte ich es für sehr wichtig, den Kindern auch die Selbstkontrolle als Handeln bewußt zu machen, und zwar buchstäblich als Handbewegung: Eine Buchstabenkarte nach der anderen anheftend kann z.B. ein Kind das Wort an der Tafel wieder aufbauen; und gleichzeitig können alle Kinder die jeweils entsprechende Buchstabenkarte aufnehmen oder zumindest antippen.
Besonders wichtig ist mir, daß diese Selbstkontrolle *vor* das fixierende Schreiben geschaltet wird, in diesem Falle vor das Aufkleben. Denn jetzt kann das Kind einen Irrtum mühelos korrigieren. Kleben die Buchstaben erst fest, so ist das Korrigieren eine mühsame und ärgerliche Sache. Am Anfang kann der Lehrer sich und den Kindern diesen Ärger ersparen, indem er die Klebstifte erst austeilt, wenn er rundum nachprüft, ob die Selbstkontrolle erfolgt ist und erfolgreich war. Statt jedem Kind zu sagen, ob es das Wort richtig oder falsch gelegt hat, kann er es ihm vorlesen. Dann hört es das selbst.
Die Leitbilder helfen den Kindern am nächsten Tag, sich die Folge der Handlungsschritte bewußt zu machen und einzuprägen. Am besten heftet die Lehrerin die Leitbilder 2–5 (s. Abb. 7) ungeordnet an die Tafel. Die Bilder zum Legen, Kontrollieren und Aufkleben der Buchstabenkarten (Nr. 2, 3 und 4) stellen bereits bekannte Handlungen dar. Die Kinder werden sie ohne viel Hilfe deuten und ordnen können. Die Lehrerin heftet sie dann zu den entsprechenden Nummern an die Leittafel (s. Abb. 7). Das Leitbild 5 stellt die nächste Handlung dar: das Nachspuren der einzelnen Buchstabenformen. Es leitet also das weitere Lernen an (wenn nicht auch das Nachspuren schon am ersten Tag erfolgt ist).
An der Leittafel sieht nun jedes Kind auch für das Bauen weiterer Wörter die ersten Handlungsschritte bildlich vor sich. Es wird dadurch schon etwas lehrerunabhängiger. Die Handlungsanweisung ist nicht mehr Sache des Lehrers, sondern der Selbststeuerung. Die Redezeit, die der Lehrer dadurch spart, kann er zum Zuschauen und -hören nutzen. Die meisten Kinder haben viel zu erzählen und zu zeigen, wenn sie tätig sind. Je mehr der Lehrer vom Sprecher zum Zuhörer wird, desto besser kommen die Kinder zu Wort. Desto besser entwikkeln sich auch ihre Begriffe von der Schriftsprache. Denn das begriffliche Lernen lebt vom Selbersagen, nicht vom Sagenhören. Lehrerunabhängiger werden heißt also nicht, vom Lehrer fortzurücken. Es bedeutet, von seiner Führung unabhängiger zu werden und ihn als Zuhörer zu gewinnen.

6.4.3 *Analyse und Synthese*

Das Wörterbauen mit dem Klebstift ist ein Akt der Synthese, allerdings nicht der Lautsynthese wie in synthetischen Leselehrgängen. Statt Lautnamen zu einem bekannten Wort »zusammenzuschleifen«, setzt das Kind das bekannte Schriftwort aus seinen Teilen wieder zusammen. Vorausgegangen ist die Analyse des Schriftwortes, denn zunächst einmal hat das Kind das Wort als Ganzes kennengelernt. Dann erst bekam es die einzelnen Teile. Mit der Schere lernt es, die Analyse selbst zu vollziehen: Es zerschneidet das Wort in die einzelnen Buchstaben- und Buchstabengruppenkarten. Die Trennlinien sollte man sehr deutlich markieren, z. B. durch eine dick gestrichelte Linie. Sonst verwechselt das Kind sie mit den Buchstabenlinien. Trotzdem ist es nicht leicht, auf den Linien gerade entlangzuschneiden. Darum halte ich es für richtig, diesen Arbeitsschritt erst einzuführen, wenn die nachfolgenden einfacheren schon bekannt sind. So kann der Lehrer hier und da beim Schneiden beraten und helfen, während die anderen Kinder schon an der Leitkarte entlang weiterarbeiten.
Die Analyse sollte eine beredte Angelegenheit werden. Wer will, kann die Lehrerin vorlesen lassen, was noch von dem Wort übrig ist. Wer will, kann es ihr selbst vorlesen. Ebenso können die Nachbarn sich ihre Teilwörter vorlesen. »Stillarbeit« ist beim Schriftspracherwerb selten angebracht. Was die Hände mit dem Schriftwort tun, soll immer zugleich der Mund mit dem Sprechwort tun. Bei der gemeinsamen Arbeit mit dem Demonstrationsmaterial hat die Lehrerin gelesen, was jeweils aus dem Wort an der Tafel wurde. Bei der Arbeit auf den Tischen lassen die Kinder ihr Wort selbst sprechen. Wer sein Wort fertig gebaut hat, hört vielleicht gern einmal an anderen Tischen oder Tischgruppen, wie dort die Wörter klingen.

6.4.4 *Erleichterte Lehrerarbeit*

Je mehr Funktionen die Lehrerin an die Kinder abgibt, desto einfacher wird die Vorbereitungsarbeit. Bald genügt eine Wortkarten-Matrize für eine ganze Woche. Sie wird oft abgezogen, und die Kinder können sie selbst auseinanderschneiden. Mehrere Wörter haben darauf Platz, z.B. der Wortbestand für die Einführung der Klassen-Namenliste: »ist, da, krank, nicht«. Neben dem vorbereiteten

Wortmaterial sollte zudem genug Zeit für solches sein, das sich aus dem Unterricht selbst ergibt. Das Kreisgespräch zu Schulbeginn kann z.B., wie schon erwähnt, eine Quelle aktuellster Lerninhalte werden. Sollen die Kinder sie an demselben Tag schriftlich bearbeiten können, so muß dafür ein entsprechender Vorrat an Buchstabenkarten in der Klasse sein. Auf Abb. 9 zwei Beispiele, wie man die erforderlichen Buchstaben und Buchstabengruppen auf Kopiervorlagen oder Matrizen zusammenstellen kann. Man braucht die Blätter nur noch mit der Papierschneidemaschine in Buchstabenkarten zu zerteilen und in Kartons (mit Pappen aufgeteilt) aufzubewahren. Die häufigeren Buchstaben sollten mehrfach auftreten; dann reicht der Vorrat eine Weile. Allzu groß muß er ohnehin nicht sein. Nach unseren Erfahrungen streben die Kinder schnell weiter vom Buchstabenkleben zum eigenhändigen Schreiben. Sie brauchen die Karten nur noch als Vorlage für das Schreiben neuer oder selten gebrauchter Buchstaben und Buchstabengruppen.

Beim Wörterbauen ist viel Material zu verteilen. Aber das kann sehr bald Aufgabe der Kinder werden. Das Verteilen ist nicht einfach, aber lustvoll wie alles Lehrerspielen. Man kann es wie andere neue Fertigkeiten in gemeinsamer Arbeit einführen und üben:

- den Kartenstapel so auseinanderfächern, daß man jede Karte gut greifen kann,
- schön praktisch beim äußersten Tisch anfangen und keinen auslassen,
- jedem Kind seine Karte, Schere, seinen Klebstift höflich auf den Platz legen (und nicht aus Ärger oder Übermut einem Kind die Sachen auf den Tisch klatschen).

Schwierigkeiten mit Kindern, die früher als andere fertig sind, gibt es beim Wörterbauen kaum. Die Analyse und Synthese mit Schere und Klebstift ist z.B. keine einmalige Angelegenheit. Die Kinder können sie wiederholen, so oft sie wollen. Sie schneiden das zusammengeklebte Wort wieder auseinander und kleben es erneut – auf ein weiteres Blatt – zusammen. Nicht ohne Grund haben so viele Kinder Spaß an solchen Wiederholungen. Sie sind eine Form der Aneignung: Die Handlungen werden bei jedem Mal sicherer und flüssiger, sie werden automatisiert (vgl. M. Bergk 1980, 67ff.). Das Nachspuren des geklebten Wortes bietet weiteren Anreiz zu Wiederholungen und Ausschmückungen. Vor allem gestalten ja die Kinder beim Wörterbauen immer auch ein weiteres Blatt ihrer Eigenfibel: Zu dem Wort kommt eine Zeichnung, Collage, Faden-Klebarbeit o.a. Die Möglichkeiten, nach Geschmack an dem Fibelblatt weiterzuarbeiten, sind reich. Viele

Abb. 9: Zwei Buchstaben-Matrizen (DIN A4)

Kinder gehen sehr bald vom Nachspuren zum Selbstschreiben über. Sie schreiben also das Wort auf demselben Fibelblatt noch mehrfach eigenhändig unter das geklebte.

6.5 Starthilfen zum selbständigen Arbeiten und gegenseitigen Helfen

6.5.1 Hilfen zur Selbsthilfe

Durch das Wörterbauen gelangen erfahrungsgemäß die meisten Kinder ohne Umschweife zum selbständigen Arbeiten an ihren Wortkarten und Eigenfibel-Blättern. Mag eines nicht recht anfangen oder weitermachen, so ist oft Unsicherheit der Grund. Das Kind beginnt zu spielen oder läuft in der Klasse herum, weil es mit der neuen Handlung noch nicht zurechtkommt. An irgendeinem Punkt, bei einer Teilhandlung, weiß es nicht weiter. Zeigt nun die Lehrerin dem Kind, wie es z.B. die Buchstabenkarten nebeneinanderlegen oder -kleben soll, so hilft sie ihm zwar, das Fibelblatt fertigzustellen, aber sie nimmt ihm zugleich eine begriffliche Arbeit ab. Indem sie die Handlung des Kindes leitet, erspart sie es ihm, sein Handeln selbst zu leiten.

Wichtiger als das fertiggebaute Wort ist aber, daß das Kind sich einen Begriff vom Wörterbauen macht. Erst wenn es jede zugehörige Teilhandlung »verinnerlicht« (Abb. 1 in Kap. 1.3.1), in seinem Kopf »verdichtet« hat, kann es das nächste Wort selbständig durchgliedern. Dann helfen ihm auch die Leitbilder 1–5, die ja eine Vorstellung von den Teilhandlungen bereits voraussetzen. Verinnerlichen kann das Kind ein Handlungselement wie z.B. das Schreiben von links nach rechts erst, wenn es dieses in einer konkreten Situation gegenständlich handelnd entfaltet hat (ebenda).

Möglichkeiten solcher Entfaltung sollen im folgenden gezeigt werden. Es sind Hilfen zur Selbsthilfe, nicht dem einzelnen Kind gegeben, sondern mit allen erarbeitet. Wenn die ersten Wörter gebaut werden und die Kinder sich die dafür nötigen Handlungen gerade erst aneignen, ist für deren Entfaltung die richtige Zeit.

In der Phase der Aneignung ist das Interesse an den Einzelheiten einer Handlung naturgemäß am größten. Nachträglich Ungenauigkeiten und Fehler auszuräumen, wenn die Kinder glauben, die Handlung längst zu beherrschen, ist schwieriger. So manches Kind reagiert

verärgert. Es fühlt sich vielleicht irregeführt: »Gestern war es doch noch richtig, wie ich es gemacht habe, da hat der Lehrer nichts gesagt, und heute soll es falsch sein!«
Sind die Techniken der Selbsthilfe eingeführt, so können die Kinder bei Bedarf auf sie zurückgreifen. Sie haben damit weitere Möglichkeiten, in der täglichen Zeit »freier Arbeit« selbständig zu lernen und sich gegenseitig weiterzuhelfen. Welche der im folgenden genannten Möglichkeiten die Lehrerin aufgreift, hängt davon ab, welche Schwierigkeiten sie beobachtet. Es kann auch sein, daß in einer Klasse überhaupt keine besonderen Hilfestellungen nötig sind.

6.5.2 *Rollenspiel: Lernen durch Lehren*

Kinder erzählen gern von dem, was sie gerade gelernt haben. Am liebsten geben sie es an andere weiter, die es noch nicht können. Diesen Impuls können wir aufgreifen. Den kleinen Bruder zu spielen, der unbedingt auch lernen will, wie man das »Ja« und das »Nein« baut, ist eine schöne Lehreraufgabe. Wer Lust hat, kann sie ausbauen: sich ein Lätzchen umbinden, auf dem umgedrehten Papierkorb ganz klein dahocken, furchtbar begriffsstutzig, aber furchtbar beharrlich im Fragen sein. Alle Schwierigkeiten, die die Lehrerin beobachtet hat, kann sie auf diese Weise zur Sprache bringen, ohne ein Kind zu belasten und zu belehren.
Auch Handpuppen eignen sich gut (vgl. M. Herbert 1984, 96ff.). Z.B. sucht »Seppl« den »Kasper«, weil er gehört hat, daß der schon »ja« und »nein« schreiben kann, und er will es auch lernen. Die Kasperpuppe wandert im Sitzkreis hinter dem Rücken der Kinder herum, und wer Lust hat, läßt sie auftauchen und erklären. Die »guten« Lerner haben dabei keine Langeweile, sondern eine interessante Aufgabe. Sie können genau erklären, was sie schon können. Aber auch die »schwachen« Lerner haben eine Chance. Als »Kasper« können sie getrost einige Erklärungsversuche wagen. Dem Kasper darf vieles mißglücken. Er wird immer von allen akzeptiert.

6.5.3 *Die Lese- und Schreibrichtung*

Es muß nicht immer Linkshändigkeit oder unausgeprägte Rechts-links-Dominanz im Spiel sein, wenn ein Kind rechts unten zu schreiben beginnt. Für viele ist einfach die Festlegung neu, daß ihre

Handlung nur richtig ist, wenn sie links oben beginnt. Genau diese Ausgangssituation kann der Lehrer im Rollenspiel den Kindern bewußt machen: »Seppl« beginnt mit dem Wörterbauen in allen Ecken, nur nicht in der richtigen. »Kasper« muß es erst ausdrücklich sagen: »links oben«. Und dann vergißt »Seppl« es wieder. Die Kinder müssen sich eine Merkhilfe ausdenken, z.B. ein Zeichen für die Anfangsecke, einen Aufkleber, der die Ecke gleichzeitig auf dem Tisch festklebt o.ä. Seppl weist auch nach, daß nirgends »oben« ist, wenn das Blatt Papier auf dem Tisch liegt. »Kasper« muß es erst in die Höhe halten. Vor allem beklagt »Seppl« sich: »Nirgends sonst geht es so pingelig zu, immer von links nach rechts!« Vielleicht finden schon einige Kinder Gegenbeweise: Karten- und Brettspiele, bei denen es nach rechts weitergeht, und die Comichefte.
An diesem Punkt, wenn den Kindern das Problem bewußter geworden ist, kann nun der Lehrer Spiele einführen, die helfen, die Bewegung von links nach rechts zu üben. Die Kinder verstehen jetzt nicht nur ihren Sinn, sondern können selbst Spielideen beisteuern. Für viele Übungen ist die Turnhalle, die Wiese oder der Schulhof der richtige Ort. Dort können die Beine erfahren, was sonst nur die Hände vollziehen. Es gibt viele Bewegungsformen:

- »Krabbenlaufen« auf allen Vieren (bekanntlich zur Seite): nach rechts,
- Schlangengehen zu viert, an den Händen gefaßt, nach rechts,
- an der Sprossenwand nach rechts weiterklettern,
- an den Tauen nach rechts weiterhangeln,
- »Blindengehen«, an der Wand entlangtastend, nach rechts u.ä.

Ungeeignet ist das Aufstellen in einer Reihe. Wenn drei Kinder vorn stehen, mit dem Blick zur Klasse, und das vierte soll sich rechts danebenstellen, so stellt es sich, von der Reihe aus gesehen, links daneben. Mit der Drehung um 180° beginnt die Verwirrung.
Eine schöne Übung ist das Bildgeschichtenkleben. Aber die Kinder sollten die Geschichten zuerst im Ganzen in der richtigen Reihenfolge sehen. (Sonst ist die Aufgabe für die erste Klasse noch zu schwer.) Dann können sie sie auseinanderschneiden und genau so wieder aufkleben, aber auf schönes rotes oder andersfarbiges Papier. Oder sie machen aus einem längeren Comic eine Bildgeschichtenschlange. Dazu brauchen sie allerdings (wegen der zerschnittenen Rückseiten) zwei Hefte. Stellt man ein Arbeitsblatt mit einfachen Symbolen zusammen, so können die Kinder diese ausschneiden und zu eigenen Bildgeschichten zusammenkleben (s. Abb. 10; vgl. auch H. Brügelmann 1984, 1.1).

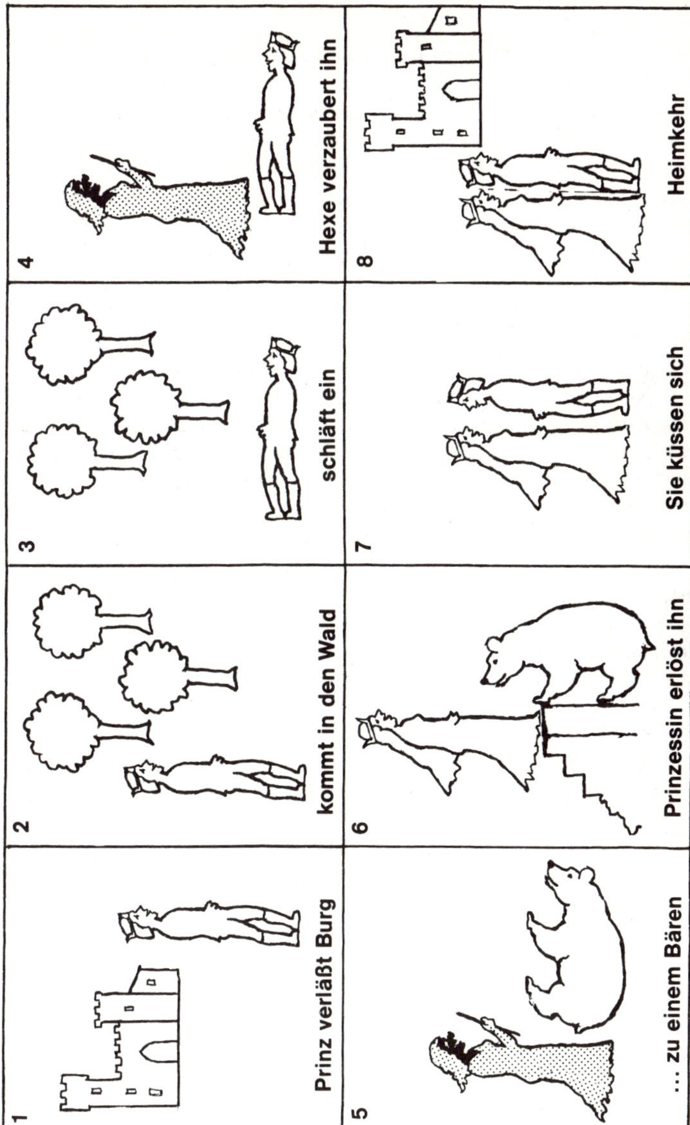

Abb. 10: Bildgeschichte aus zusammengeklebten Symbolen

6.5.4 *Optische Differenzierung und Raumlageverständnis*

»Seppl« dreht natürlich auch die Buchstabenkarten falsch herum. »Kasper« muß ihm sagen, daß er auf die Linie achten soll. Erst wenn sie durch alle Karten gerade hindurchgeht, weiß er, daß kein Buchstabe verdreht ist. Auf die Linie zu achten, lernt man gut mit den Spielkarten »Contact«. Hier geht es darum, die aufgezeichneten Linien richtig aneinanderzufügen. Ist das Spiel einmal im Sitzkreis eingeführt, so können die Kinder es in der freien Arbeitszeit gruppenweise spielen.
Die Zeilenlinie verhindert zwar, daß die Kinder das d zum p verdrehen. Aber sie verhindert nicht, daß sie das d und b verwechseln. Um diese beiden Formen zu unterscheiden, müssen die Kinder sich den Bewegungsablauf beim Nachspuren bzw. Schreiben bewußt machen: /d/ : Bogen-Strich, /b/ : Strich-Bogen. Auch das läßt sich gut im Rollenspiel herausarbeiten, ebenso die Unterschiede m-n, f-t, h-b, p-q, a-o. Wie bei allen anderen Übungsfällen sollte der Lehrer warten, bis eine solche Verwechslung auftritt. Und er sollte die Kinder erzählen lassen, wie sie sich die Unterschiede merken wollen. Die besten »Eselsbrücken« sind allemal die selbstgebauten. Wer weiß schon, an was sich Peter und an was sich Elke beim d erinnert fühlt?
Das »Identifizieren« und »Diskriminieren« von Buchstaben wird in vielen Erstlesewerken geübt. Oft müssen die bekannten Buchstaben aus einer großen Ansammlung unbekannter herausgesucht werden. Die Mühe, die die Kinder damit haben, verwenden sie, meine ich, besser darauf, die ähnlichen Buchstaben selbst zusammenzustellen und ihre Unterschiede bildnerisch herauszuarbeiten (vgl. H. Brügelmann 1984, 5.4: »Buchstabenkunst«). Der Phantasie sind keine Grenzen gesetzt. Der Lehrer muß sie nur anregen.

6.5.5 *Die Feinmotorik: Schneiden und Kleben*

Zum Üben dieser Fertigkeiten sind weniger einführende Klärungen als sinnvolle Anlässe nötig. Das Auseinanderschneiden der Bildgeschichten habe ich schon erwähnt. Aufkleber zum Beschildern der Gegenstände in der Klasse zuzuschneiden, ist ein weiterer Anlaß, auf geraden Linien entlangzuschneiden. Die Wörter können z. B. auf eine Matrize/Kopiervorlage geschrieben und schon durch Strichellinien abgeteilt sein. Die Fibelseiten mit passenden Illustrierten-Fotos

auszugestalten, ist nicht nur ein guter Anlaß zum Schneidenüben, sondern auch eine willkommene Abwechslung zum Zeichnen und Malen in der Eigenfibel.
Wenn ein Kind unordentlich schneidet, so sind nicht immer motorische Schwierigkeiten der Grund. Vielleicht ist ihm einfach die gerade Kante nicht wichtig. Ganz sorgfältig kann es dann plötzlich arbeiten, wenn es ein Memory-Spiel herstellt. Denn hier sollen möglichst alle Karten gleich aussehen. Hilfreicher als die Aufforderung »Schneid gerade« scheint mir darum die Frage: »Ist es diesmal wichtig, gerade zu schneiden?«

Beim Ausschneiden aus Illustrierten sollen vielleicht einige Fotos eine Wellenlinien-Kante bekommen. Das bewußt krumme Schneiden ist wiederum eine mindestens ebenso gute Übung für das Geradeschneiden wie das angestrengte Bemühen, mit der Schere auf der Linie zu bleiben.
Das Problem beim Umgang mit der Schere sind ja die verschiedenartigen Bewegungen beider Hände. Und sie müssen nicht nur aufeinander, sondern auch auf die Augenbewegungen abgestimmt werden. Wie schwer das ist, kann jeder nachempfinden, der die Schere einmal in die ungewohnte Hand nimmt. Beim spielerischen Hin- und Hersteuern von Schere und Papier nun ist diese Koordination bewußter zu erleben als beim Geradeausschneiden.

Auch das Kleben ist eine recht komplexe Koordinationsaufgabe. Das Auge muß sehr oft hin- und herspringen: von den vier Kanten des Grundblattes zu den vier Kanten des aufzuklebenden Blattes. Die Hände müssen entsprechend nach rechts oder links aussteuern. Gleichzeitig müssen sie das Blatt genau waagerecht halten und so nach unten senken. Sonst haftet es zu früh an der falschen Stelle. Wie beim Schneiden engt die bloße Aufforderung, korrekt zu arbeiten, den Lernspielraum unnötig ein.

Was es heißt, »gerade und sauber« zu kleben, erfahren die Kinder besser, wenn sie einmal ein Wort wie »Sonne« auf die verschiedensten Weisen schief auf das Blatt geklebt und die Uhu-Spuren jedesmal bewußt hinter dem Klebwort hergezogen haben. Das Ergebnis kann eine vielfach strahlende Sonne aus lauter geklebten »Sonne«n werden.

6.5.6 Konzentration und Lernmotivation

Immer mehr Kinder haben Schwierigkeiten, eine Handlung konzentriert auszuführen und an ihrem Platz zu bleiben. In einer Zeit der Zerstreuungen ist die Sammlung eine schwere Übung. Es ist aber auch eine notwendige Übung. Nicht die Ausrichtung auf den

Einweg-Kanal des Frontalunterrichts, sondern die Sammlung auf die eigenen Ziele und Prozesse ist notwendig. Darum ist es mir so wichtig, daß die Kinder mit ihren eigenen Wörtern und Texten lesen und schreiben lernen. Für viele ist schon diese inhaltliche Motivation genug Anreiz, auch ihre Sinne und Bewegungen zu konzentrieren. Andere kennen ein solches gesammeltes Arbeiten noch gar nicht. Sie brauchen neben der inhaltlichen Motivation direkter auf ihr Verhalten bezogene Hilfen und Hinweise.

Eine wunderschöne, viel zu wenig anerkannte Hilfe ist das Erleben der Lehrerperson. »Schülerorientierter« Unterricht wird leider allzu oft, besonders von engagierten Lehrer/innen, so verstanden, als müßten sie vermeiden, daß die Schüler sich an ihnen orientieren. Damit nehmen sie den Kindern wichtige Möglichkeiten, zu erleben,

- wie der Lehrer z. B. nach einer Spielphase sich Zeit nimmt, zur Ruhe zu kommen, sich still hinsetzt, vielleicht sogar die Augen schließt, ausatmet, das Gesicht entspannt, die Schultern sinken läßt,
- wie er sich ganz in den Anblick der Eule vertieft, die (ausgestopft) auf dem Tisch im Sitzkreis steht,
- wie er im Sprechen einhält, um nachzudenken, und ganz langsam spricht, weil er erst noch überlegt, wie er sich ausdrücken will,
- wie er liebevoll und konzentriert auf einem großen (Gemeinschafts-) bild ein ganz kleines Blatt ausmalt.

Was das einzelne Kind mit diesen Erlebnissen tut, kann es selbst entscheiden. Lehrervorbilder dieser Art sind nicht verpflichtend. Es heißt ja nicht: »Sieh mich an! So mußt du es jetzt auch machen!« Aber wenn das Kind sieht, daß die Sammlung der Lehrerin gut tut, wird es gern probieren, ob sie ihm selbst auch gut tut (zur Wirkung der Körpersprache vor der Klasse vgl. R. Heidemann 1983).

Das Nachahmen aus Neugier ist kein Kopieren. Das Kind übernimmt nur, was es kann und möchte. Es verändert dabei die Handlung oder Haltung nach seinen Möglichkeiten und Bedürfnissen. Beispielhaft habe ich das erlebt, als ich in meiner Sonderschulklasse einfache Übungen des Hatha-Yoga einführte. (Dabei spannt man einzelne Muskeln an, um z. B. die Rückensehnen stark zu dehnen, fast bis zum Schmerz, um anschließend die Entspannung um so besser genießen zu können. Vgl. M. Bergk 1984b.) Die Kinder machten etwas Eigenes daraus, von dem ich nicht wußte, ob man es noch Yoga nennen konnte. Aber es gefiel mir gut. Und den Kindern half es, sich zu entspannen und zu sammeln. Zwar habe ich noch nicht denselben Versuch mit Schulanfängern gemacht. Aber ich glaube, daß auch sie sich Yoga- oder Meditationsübungen irgendeiner Art auf ihre Weise aneignen können. Vielleicht binden sie sie noch enger an Klänge und Rhythmen als ich es in meiner letzten Klasse erlebte. Je mehr Sinne an der Handlung teilhaben können, desto besser.

Im Rahmen der Musik-, Kunst- und Leibeserziehung gibt es vielfältige Möglichkeiten, die Konzentration der Sinne zu üben:
- das Tanzen mit farbiger Kreide in beiden Händen vor den Wandtafelflächen (hier ist das Tanzen das Wichtigere; nur die Bewegungen, die zufällig die Tafelfläche streifen, hinterlassen farbige Spuren);
- das Musikmalen auf Packpapierbögen (hier steht die rhythmische Malbewegung beider Hände im Mittelpunkt);
- das anschließende »Abspielen« des Gemalten mit Orff-Instrumenten;
- das »Luftmalen« mit farbigen Bändern nach Musik;
- das Tanzen mit Laternen.

6.5.7 Aufmerksamkeit füreinander und Selbstdisziplin

Diese beiden Fähigkeiten werden im Zusammenhang mit dem Lesenlernen selten genannt. Sie können hier also etwas deplaziert erscheinen, jede für sich und beide miteinander. Vor allem scheint der Begriff »Disziplin« mit einem Lesen- und Schreibenlernen »vom Kinde aus« schlecht vereinbar. Genau aus diesem Grund hält wohl so manche/r am Fibelunterricht fest. Denn wer von den Interessen und Impulsen der Kinder ausgeht, muß – so die verbreitete Meinung – ein erhöhtes Maß an Unruhe und Unordnung in Kauf nehmen. In der Praxis zeigt sich eher das Gegenteil: ein Mehr an Ruhe und Ordnung, wenn die Kinder ihren Lernprozeß selbst in die Hand nehmen (vgl. L. Burbass 1984, 27f.). Voraussetzung ist natürlich, daß sie es gelernt haben, nicht nur ihr Lernen, sondern auch ihr Verhalten zueinander selbst zu steuern. Dies ist es, was ich mit Selbstdisziplin meine. Sie schafft Ruhe und Ordnung von innen heraus, nicht, wie die polizeistaatliche, zur Unterdrückung, sondern zur Freisetzung eigener Aktivität (vgl. J. Zimmer 1984, 36).
Für sich genommen ist Selbstdisziplin ein sehr hohes Lernziel. Doch in Verbindung mit dem anderen, der Aufmerksamkeit füreinander, wird es erreichbar, auch für Sechsjährige. An der Wirkung auf andere können sie ihr eigenes Verhalten beobachten und kontrollieren lernen. Die Lehrerin hat hier eine ganz wichtige Aufgabe: Rückmeldung zu geben. An ihrem Beispiel können die Kinder lernen, wie man das macht und wie gut es tut. Vor allem die positive Rückmeldung ist hilfreich: »Aishe und Ricardo haben sich gegenseitig geholfen, Anna

hat schon aufgeräumt.« Nichts ist selbstverständlich am Schulanfang, vor allem nicht die stillen und bescheidenen Handlungen des Zuhörens, Wartens, Sitzens, Schweigens in Phasen gemeinsamen Arbeitens. Sie beachten zu können, ist eine ganz wichtige, wohl nie endende Lernaufgabe für den Lehrer.
Hier beginnt die Selbstdisziplin, die er den Kindern beispielhaft zeigen kann. Ich habe nur gute Erfahrungen gemacht damit, den Kindern auch zu sagen, was ich selbst gerade zu lernen versuche. Immer wieder dies: alles mitzubekommen, was die Kinder tun, mitzubekommen, wie lange Hans schon sich mit seiner Nachbarin verträgt (statt sie zu kneifen), wie lange Regina mir und den anderen Kindern schon zuhört und sich meldet (statt dazwischenzurufen)... Im Klassengespräch kann der Lehrer vieles am eigenen Beispiel sichtbar machen, was die Kinder anschließend für das Gruppengespräch und die Partnerarbeit brauchen. Er kann
- sich entschuldigen, wenn er ein Kind unterbrochen hat,
- sich melden, wenn er etwas sagen will (nachdem er die Gesprächsleitung an ein Kind abgegeben hat),
- sich kurz fassen und sagen warum: weil es schwer ist, so lange zuzuhören,
- sich auf die Vorredner beziehen, evtl. sie bitten, zu wiederholen, was sie gesagt haben, statt es selbst zu wiederholen,
- die Kinder fragen, ob sie noch so lange Geduld haben, wenn er etwas erklärt, bevor sie mit ihrer Arbeit beginnen,
- sich entschuldigen, wenn er von der Sache abgekommen ist...

Es sind die allbekannten Gesprächsregeln, die ich hier aufgezählt habe. Auch das Prinzip der Reversibilität jeder Lehrerhandlung ist wahrlich nicht neu. (Wen ich gelangweilt habe, den bitte ich meinerseits um Entschuldigung.) Ich weiß nur aus eigener Erfahrung, daß diese einfachen Dinge auch lehrerseits erst nach langer Zeit zur Selbstverständlichkeit werden. Und mit den Kindern lernt es sich viel leichter. Rückmeldung geben auch die Kinder gern, wenn sie darum gebeten werden. Und es tut gut, von Mark zu hören, daß er sich jetzt gerechter behandelt fühlt.

Wenn die Lehrerin den Kindern zeigt, daß sie sogenannte »Disziplinprobleme« durchaus auch als Problem ihrer eigenen Selbstdisziplin ansieht, kann sie mit den Kindern zusammen leichter eine Lösung finden. Werden z. B. einige Kinder im Sitzkreis unruhig, so kann sie fragen, ob sie zu lange geredet hat, ob sie die Sache nicht richtig erklärt hat. Wenn Jörg den Gerd haut, kann sie ihn fragen, ob sie – die Lehrerin – ihn geärgert hat. (Die Wut auf die Lehrerin landet bekanntlich oft eher beim Nachbarn.) Wenn Mirko seine Zeichnung zerknüllt, kann sie ihn fragen, ob sie ihm nicht gesagt hat, was ihr auf dem Bild so gut gefällt.

6.5.8 *Sprachliche Lernvoraussetzungen bzw. -ziele*

Gesonderte Übungen zur sprachlichen Kommunikation und zum Symbolverständnis nenne ich nicht. Wenn die Kinder, wie in Kapitel 3 beschrieben, ihre Schriftwörter unmittelbar zur Verständigung benutzen, so üben sie genau diese Fähigkeiten. Um die Vergegenständlichung von Sprache, die Artikulation und akustische Differenzierung und das Speichern graphischer Zeichen (Gedächtnis) geht es im nächsten Kapitel. Auch hierfür erscheint mir das Lesen und Schreiben selbst die beste Übung. Erst im Zusammenhang mit der Schriftsprache werden die einzelnen sprachlichen Fähigkeiten wieder – wie beim Sprechenlernen – zur Lernaufgabe. Sie in Vorkursen systematisch zu schulen, scheint mir darum nicht angebracht. Taucht aber beim Schrifterwerb selbst ein Problem des Worthörens, -sprechens oder -behaltens auf, so sollte genug Zeit da sein, es zu behandeln. Denn dann ist es aktuell. Später kann der Lehrer es im Zusammenhang mit ähnlichen Fällen gut wieder aufgreifen, weil er damit an Bekanntes anknüpft. Das Behandeln »bei Gelegenheit« kann in immer systematischere Arbeit münden (s. dazu Kap. 9).

Daß auch Sprachlernspiele durchaus Schritte auf diesem Weg vom Besonderen zum Allgemeinen sein können, demonstrieren z.B. die Arbeitskarten Brügelmanns (1984, 59–132). Spielvorschläge zum Symbol-Verständnis und zur Sprach-Analyse sind mit Lernzielbeschreibung, Hinweisen auf Anschluß-Aktivitäten und Hilfen zur Beobachtung und Förderung einzelner Kinder ausgestattet. Sie können erste Einsichten vermitteln, vertiefen, verallgemeinern helfen. Das Spiel »Satzverlängern« z.B.

VATER KAUFT.
VATER KAUFT EIN.
VATER KAUFT HEUTE EIN.
VATER KAUFT HEUTE VIEL EIN... (ebenda, 2.1)

kann den Kindern bewußter machen, was ein Wort ist. Denn jedes in der Runde darf den Satz nur um ein Wort verlängern. Andere Spiele helfen bei der Analyse des Wortklangs nach Dauer und Lautzusammensetzung (ebenda, 2.2-8). Wie die vorangegangenen Übungen sollten die Spiele dann eingeführt werden, wenn die Kinder selbst sehen, wofür sie ihnen nützen. Der Spaß am Spiel geht nicht verloren, wohl aber die Sorge: »Wir spielen ja bloß! Wann lernen wir endlich was?«

7 Reden sichtbar und Schreiben hörbar machen

Wo Sprechen und Schreiben sich berühren, blitzt das Geheimnis der Schriftsprache auf. Wir müssen den Kindern nicht die Buchstaben und Rechtschreibregeln »beibringen«, d.h. von irgendwo herbeibringen. Besser ist es, wenn sie sie sich selbst holen. Dann wissen sie, wo – in welchem Wort, Satz und Text – sie sie gefunden haben. Sie können nachsuchen, wenn ihnen noch etwas fehlt. So behalten sie immer das Umfeld im Auge, aus dem sie den Laut oder die Regel gewonnen haben.
Im Kapitel 10 soll dies Entdecken von Rechtschreibregeln genauer beschrieben werden. Hier geht es zunächst um das Entdecken erster Laut-Buchstaben-Beziehungen. In den Abschnitten 7.1 und 7.2 beschreibe ich spielerische Formen des Wortdurchgliederns; in den Abschnitten 7.3 und 7.4 folgen systematischere Zugänge mit den entsprechenden Leitbildern 6 und 7 (s. Abb. 7).

7.1 Worte verdrehen, singen und tanzen

7.1.1 Sprachspiele

Das Wort im Mund herumdrehen können die Kinder nicht nur dem Lehrer, sondern auch sich selbst.

Schon das Kleinkind lernt das Sprechen u.a. dadurch, daß es sich die Laute, die es hört, buchstäblich »auf der Zunge zergehen läßt«. Unbewußt probiert es sie aus – so herum und anders herum, verformt sie und formt sie um (vgl. E. Oksaar 1977, 159ff.). Aus dem Lallen wird im Vorschulalter ein bewußteres Spiel mit den eigenen Sprechorganen. Ein neuer Ausdruck wird z.B., besonders wenn er dem Kind merk-würdig ist, endlos wiederholt und dabei mit Vergnügen verdreht und verleiert. Was die Mutti verdrießt, ist gerade das, was das Kind genießt: nach eigenem Geschmack mit dem zu verfahren, was sie gesagt hat. »Ich muß Wäsche bügeln« – ? – »Wäsche bügeln – Bäsche bügeln – Bäsche bübeln…«

»Substitution« nennt die Lesedidaktik dieses Laut-Austauschen. Es ist ein vorzügliches Mittel, Laute zu erkennen, ohne sie vom Wort zu lösen. Allseits bekannt ist das Reimen, das Austauschen der Anfangslaute, als Übung zur Lautanalyse. In Kinderreimen und Abzählversen finden sich auch Substitutionen der In- und Auslaute. Ein Beispiel aus Hamburg:

»Ele - mele - mink - mank - pink - pank - use - duse - acker - deier - eier - weier - weg!«

Wegen ihres didaktischen Werts nehmen auch Fibeln solche Abzählverse in die ersten Lektionen auf. Mir kommt das vor, als spannten sie damit den Kindern ihre eigenen Späße wie Stolperdrähte vor die Beine. Die Abzählverse sind regional sehr verschieden. Da versteht vielleicht schon die Oberammergauerin die Unterammergauerin nicht mehr. Nun soll die eine den Vers der anderen zusammenbuchstabieren. Das ist für sie nichts anderes, als müsse sie sinnlose Silben lesen. Und wie mörderisch das für die Lesemotivation ist, weiß man längst.

7.1.2 Sprachspiele verschriften

Wie lustig kann gegenüber dem Leser fremder Abzählverse das Verschriften eigener sein! Noch schöner wird es, wenn die Kinder selbst einen Abzählvers aus verdrehten Wörtern machen. Zuerst brauchen sie einmal einige Minuten Zeit, das Kauderwelschen auszukosten. Dann diktieren sie es der Lehrerin. Die macht sich bestimmt nicht die Mühe, jedesmal das ganze Wort neu zu bauen. Sie tauscht nur aus:

»lesen - besen - basen - wasen - rasen - racker - recker ...«

So sehen die Kinder, was sie im Mund gespielt haben, als Hand-lung vor sich ablaufen. Nach der Viertelstunde gemeinsamer Arbeit bauen sie es mit eigener Hand nach. (Hierfür ist der Buchstabenvorrat erforderlich, s. Abb. 9.)

Ich sehe drei Möglichkeiten, Sprachspiele dieser Art zu verschriften:

- nebeneinanderschreiben (s. o.),
- untereinanderschreiben (in vielen Fibeln und Sprachbüchern), so daß jeweils die gleichen Buchstaben untereinanderstehen:

  »lesen
  besen
  basen ...«
- Aufeinanderkleben der jeweils ausgetauschten Buchstaben:

Die dritte Möglichkeit gefällt mir am besten. Reimwortreihen wie »Land Band Wand ...« schrumpfen zu einem einzigen Wort; das hat einen Anfangsbuchstaben wie ein Abreißkalender. Je mehr »Abreißkalender« ein Wort bekommt, desto besser kann jedes Kind mit ihm weiterspielen. Die Kombinationsmöglichkeiten wachsen ja.
In späteren Monaten können die Kinder ganze Geheimsprachen erfinden und verschriften, z. B. nach dem Prinzip »Drau Chaunausen maut daum Kauntraubauß« (vgl. H. Brügelmann 1984, 2.5).

7.1.3 Gerufenes abhorchen und aufzeichnen

Abzählverse sind schon halbe Sprechgesänge, ebenso die ritualisierten Rufe in vielen Spielen, z. B. »Wer hat Angst vorm schwarzem Mann?« – »Niemand!« Ganz selbstverständlich dehnen die Kinder die Vokale beim Rufen. Was beim »Dehnlesen« so quälend werden kann, ergibt sich hier aus dem Spiel von allein. Wir können ein solches Spiel auf Band nehmen und den Kindern vorspielen. Dann hören sie selbst, was sie beim Rufen z. B. aus dem Wort »niemand« machen. Sie können anschließend aus dem Schriftwort die Buchstabenkarte heraussuchen, die sie am lautesten »gehört« haben. Auf einem Arbeitsblatt kann z. B. einmal das ganze Wort – in Buchstabenkarten aufgeteilt – stehen, zum anderen die Buchstaben/Buchstabengruppen des Wortes einzeln in verschiedenen Größen (s. Abb. 11.a).
So ergeben sich zwei Arbeitsgänge:
- das zusammenhängende Wort ausschneiden und die »lauteste« Buchstabenkarte nachspuren, mit der Farbe, die zum Klang »paßt«,
- aus den Einzel-Buchstabenkarten das Wort zusammenkleben und nun jeden Buchstaben so groß wählen, wie er zu »hören« war (Abb. 11.b).
- Vielleicht schließt – für einige Kinder – sich ein dritter Arbeitsgang an: das Wort selbst schreiben, so wie sie es gerufen haben.

Alle Varianten können auf das Fibelblatt zum Thema »Schwarzer Mann« geklebt werden. Als Anfang oder Ergänzung zeichnen die Kinder das Spiel, versehen die beiden Gruppen mit Sprechblasen und kleben in die eine ihr »niemand«, in die andere den vorgegebenen Text »Wer hat Angst vorm schwarzen Mann?« (s. Abb. 11.a).
Die Möglichkeiten, diese Aufgabe zu lösen, sind vielfältig. Je mehr verschiedene Lösungen die Kinder finden, desto mehr haben sie zu

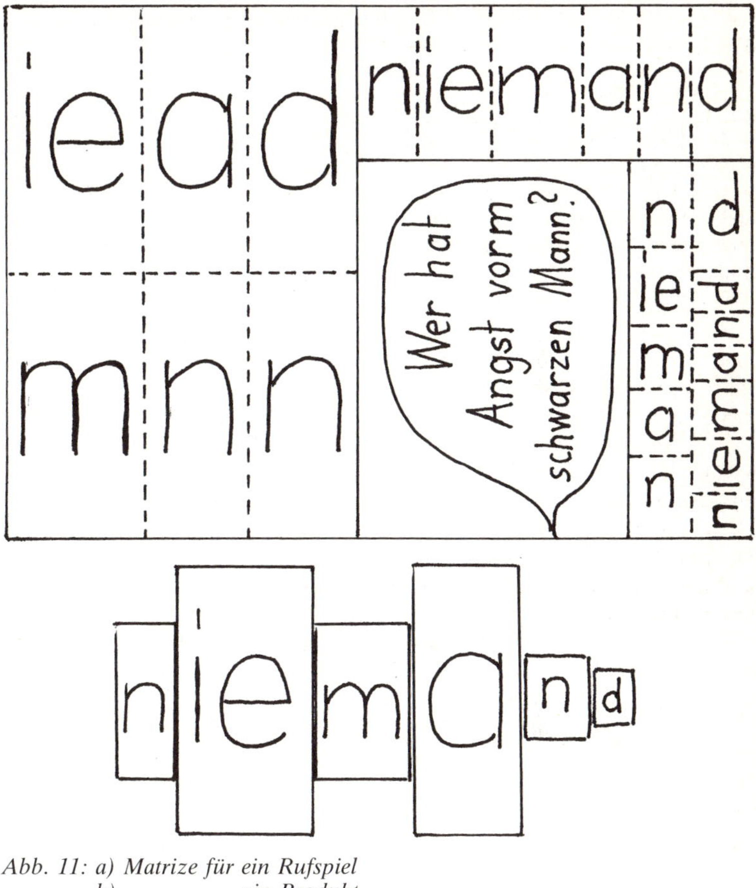

Abb. 11: a) Matrize für ein Rufspiel
b) ein Produkt

diskutieren. Die Lehrerin kann sich erst einmal ganz zurückhalten. Sie gibt den Kindern dadurch Zeit, ihre Lösungen vorzustellen und zu begründen. Am einfachsten geschieht das, indem sie das Wort so rufen, wie sie es angemalt bzw. geklebt haben. Einige wollen ihre Lösung sicher ganz groß an der Tafel vorführen. Immer wieder wird so das Wort gerufen, lautiert, geschrieben. Und in der Hitze der Diskussion verschmelzen Laut und Buchstabe zu einer festen Verbindung.

Nicht nur das ⟨ie⟩ und die anderen Vokal-Buchstaben nehmen auf diese Weise Gestalt an. Auch mancher Konsonant bekommt in einem Ausruf unversehens Farbe. »Wwwwwwau« hört man heutzutage die jungen Leute staunen. »Mannnnn« schreit man in Norddeutschland, wenn jemand einem auf den Fuß tritt. Und wie sprach einst der Wolf? »Damit ich dich besser fffrrrrrressen kann!« Vielleicht sprach er auch anders. Die Kinder können die Szene selbst spielen, aufnehmen, abhorchen, malen, beschriften und dabei mit Wortklang und -bild experimentieren. Allerdings hätte ich Bedenken, den betonten Buchstaben in Comic-Manier mehrfach zu schreiben, wie ich es hier im Text getan habe. Dadurch verändert sich die Struktur des Schriftwortes. Das kann Kinder verwirren. Auf jeden Fall sollte das richtig geschriebene Wort auch auf dieses Fibelblatt geklebt werden.

7.1.4 Sprechgesang, Singen und Musizieren

Vom Rufen zum Sprechgesang und Singen ist es nur ein Schritt. Zaubersprüche und Geisterbeschwörungen sind Anlässe zu Sprechgesängen auf allen Tonhöhen, durchsetzt mit Gleittönen und Urgeräuschen, fernab von der sauberen Orff-Melodik, aber sehr kindgemäß. Und was den Kindern beim Abhören der Bandaufnahme besonders gefällt oder auffällt, wird aufgeschrieben. Werbesprüche sind Schreibanlässe aus wieder einer anderen Klangwelt. Die »Dauerfernseher« unter den Kindern können hier einmal ihr Wissen anbringen, ohne es gleich wieder in Frage stellen zu müssen. Zum Lesen- und Schreibenlernen ist alles gut, was sie wissen. Zudem läßt sich vielleicht der eine oder andere Werbespruch bei gegebenem Anlaß umdichten. Der Lehrer braucht das nicht oft vorzumachen. Kinder tun so etwas gern. Und es muß sich ja nicht gleich reimen.

Ebensogut wie Sprechgesänge eignen sich Liedzeilen zum Verschriften. Wie bei einzelnen Rufen (s. o.) können die Kinder ein ausgewähltes Wort so nachspuren, kleben oder schreiben, wie sie es hören (wohlgemerkt immer bei vorgegebener Schriftstruktur). Die gesungenen Wörter sind so ergiebig, weil durch das Singen auch die Vokale zum Klingen kommen, die beim Sprechen unbetont bleiben. Ein Beispiel:

»La-ter-ne, La-ter-ne, Son-ne, Mond und Ster-ne ...«

Je langsamer die Kinder mit ihren Laternen gehen, desto länger singen und hören sie das unbetonte /ə/, das offene (kurze) /a/ und /u/.

Vom Musizieren führen mehr Wege zum Schreiben und Lesen als man denkt. Lange bevor es möglich wird, ein Lied mit Noten und Text aufzuschreiben, lassen sich Zeichen für selbstgespielte Tonfolgen und Rhythmen setzen. Die »Notation« läßt sich sogar anschließend wieder abspielen. Schon am 15. Schultag lernt z. B. die Klasse von K. Köhler und U. Diebold auf diese Weise, was es heißt, Zeichen zu setzen und zu lesen (1985, 54). Nun kann die Klasse noch einen Schritt weitergehen und zu den Klangzeichen dazuschreiben, was sie bedeuten, z. B.

laut – leise
hoch – tief
alle – eine/r
schnell – langsam
wild – ruhig.

Wenn die Lehrerin diese Worte singt, kann sie das Improvisieren auf den Orff-Instrumenten leiten, ohne es zu unterbrechen. Z. B. beginnt sie eine Musikstunde mit dem Sprechgesang: »Elmar, hast du Lust, uns mit der Trommel einen Takt zu schlagen?« So lädt sie nach und nach alle Kinder zum Musizieren ein (und auch wieder aus – damit es nicht zu wüst wird). Wenn sie aus den Stabspielen jeweils das f und h herausnimmt, ist sogar pentatonischer Wohlklang garantiert.

Besonders schön ist es, einzelne Worte mit Tönen auszumalen: »Sturm«, »Nacht«, »baden«, »lieb«, »böse«. Wenn ein Kind ein Wort ausgemalt haben möchte, sagt es nach dem Wort die Instrumente, die Kinder, die Lautstärke usw. an. Es übernimmt also die Leitung, die zuvor die Lehrerin vorgeführt hat. Das ausgemalte Wort wird anschließend von der Bandaufnahme »abgeschrieben und -gemalt«. Später können aus dem Wort Sätze und ganze Stimmungen, Sachverhalte, Handlungen werden. D. h. schon in der ersten Klasse erwerben die Kinder Grundfähigkeiten für anspruchsvolle Projekte späterer Klassen, z. B. »Schreiben eines Hörspiels und Erfinden einer passenden Begleitmusik«.

7.1.5 Silbenklatschen

Beim Musizieren hat auch das Silbenklatschen seinen Sinn. Für das richtige Trennen von Silben scheint es mir allerdings nicht so hilfreich, wie allgemein angenommen wird (vgl. z. B. H.-J. Kossow 1976, 58ff.). Nur Lehrer und Kindergärtnerinnen können sofort jeden beliebigen Text richtig in Silben getrennt sprechen und

klatschen: »Son-ne«, »sin-gen«. Wer nicht an die Rechtschreibung denkt, läßt das Phonem /n/ bzw. /ŋ/ in der Wortmitte ungeteilt, quasi als »Federung« zwischen den Silben, ohne es zu verdoppeln oder ausschließlich einer Silbe zuzuordnen. (Die deutsche Sprache kennt keine betonten offenen [sog. »kurzen«] Vokale ohne nachfolgenden, den Klang schließenden Konsonanten. Darum kann das /n/ nicht von der ersten Silbe getrennt werden. Ebensowenig kann es von der zweiten Silbe getrennt werden. Denn das unbetonte /ə/ beginnt niemals mit einem sog. Glottisschlag, dem anlautenden Knacken des Zäpfchens.)
Daß Kinder Sprechtexte durch das Klatschen ohne weiteres richtig in Silben gliedern, kann ich nicht bestätigen. Natürlich können sie es lernen. Rhythmische Verse und Abzählreime eignen sich dafür besonders gut. Dagegen in der Prosa ist nicht so klar zwischen ein- und mehrsilbigen Wörtern zu unterscheiden. Klatscht ein Kind einfach das, was es spricht, so klingt das vielleicht so:

»Inge-borg und Jürgn habn sich ge-haun.
Aber jetzt habn sie sich wie-der ver-tragn.«

Vom Silben-Klatsch-Prinzip her gesehen ist das falsch. Wird es aber richtiger, wenn wir nun, in gleichmäßigen Vierteln, eine Silbe nach der anderen ab-klatschen? Wer es ausprobiert hat, wird feststellen, daß der natürliche Sprach-Rhythmus dabei zerstört und kein neuer hergestellt wird. »Abzählverse spricht man doch auch Silbe für Silbe«, wird jemand einwenden. Die haben aber einen bestimmten Versrhythmus, z.B.:

»Ich und du, Mül-lers Kuh,
Mül-lers E-sel, das bist du!«

Sprachrhythmus und Taktschema wirken hier zusammen und machen es den Kindern leicht, jede Silbe herauszuklatschen. Darum sollte man, meine ich, das Silbenklatschen nicht zum bloßen Vehikel der Lautanalyse machen, sondern es an das rhythmische Sprechen, Singen und Musizieren gebunden lassen. Es ist ein hervorragendes Mittel, das Gefühl für Sprache und Rhythmus zu wecken und zu verfeinern.

7.1.6 *Tanzen*

Mühelos gelangt man vom Klatschen zum Schreiten, Hüpfen und Tanzen. Das Klatschen ist ja schon ein halbes Tanzen – mit den Händen. Warum sollen nicht auch die Beine sich im Sprechrhythmus bewegen? Allerdings ist es zu früh, zu erwarten, daß alle Kinder im gleichen Takt oder überhaupt im Takt gehen. Das ist für manche schwer zu lernen (vgl. O. Jaumann 1984, 108f.). Das gleichzeitige Sprechen, Klatschen und Stampfen kann dieses Lernen sehr unterstützen. Wichtiger für das Schreiben- und Lesenlernen ist aber umgekehrt, daß die Körperbewegung das bewußte Sprechen eines Wortes unterstützt. Denn Körperbewegungen sind eine ausgezeichnete Erinnerungshilfe.

Das ist sogar neurologisch nachweisbar. Die Nervenimpulse für Körperbewegungen und die rückgemeldeten Bewegungsempfindungen kreisen in den Nervenbahnen des Gehirns weiter, auch wenn die Bewegung vorüber ist. Und sie kreisen um so länger, je stärker der Bewegungseindruck war. Bewegungen, die gleichzeitig verlaufen, verstärken sich gegenseitig.

Sprechen, Singen, Sehen, Hören, Tanzen addieren sich nicht einfach, sondern multiplizieren den Eindruck. Besonders über die Musik mit ihren geheimnisvollen Direktverbindungen zu den Gefühlen kann sich die Klangstruktur eines Wortes tief einprägen. Die Schriftstruktur an diesen starken Eindruck anzuknüpfen, ist nicht mehr schwer.
Dazu ein Beispiel: Die Kinder haben eine halbe Stunde intensiv gerechnet und sind erschöpft. Nun klebt der Lehrer, statt ein Pausen-Spielchen zu beginnen, das Wort »Pause« selbst an die Tafel, die Buchstaben langsam lautierend. Die Kinder wiederholen das Wort gern. Denn indem sie »Pause« sagen, sagen sie sie zugleich an. Wenn schon einige zum Skandieren übergehen, um so besser. Daran kann der Lehrer abknüpfen. Sonst singt er das Wort in der Rufterz, viele Male, im Takt des Klatschens und Schreitens, und zieht so durch die Klasse, ein wandelndes Pausenzeichen. Er bleibt nicht lange allein. Irgendwann singt und klatscht er leiser, geht langsamer, hört ganz auf.
Die Stille, die er so schafft, konzentriert die Aufmerksamkeit auf einen neuen, erweiterten Anfang, vielleicht so:

Dabei dreht er sich um sich selbst und tippt am Ende, wenn er »Pause« singt, zweimal auf das Tafelwort.
Das können die Kinder nicht sofort nachmachen. Sie müssen erst das Wort zusammenkleben, nachspuren und vor sich auf den Tisch legen

(evtl. ankleben). Dann kann das Drehen beginnen: aufrecht, in der Hocke, auf Zehenspitzen, mit hochgereckten Armen, mit angezogenen Armen und wie ein Hase hopsend... Je verrückter die Variationen sind, die den Kindern einfallen, desto spannender ist es, ob sie noch rechtzeitig bei »Pause« wieder mit den Fingern auf ihrem Tisch sind.
Ich habe das Beispiel so ausführlich beschrieben, weil ich meinen Kolleginnen und Kollegen Mut zum Improvisieren machen möchte. Die ganz einfachen Dinge, die jedem sofort einfallen, sind genau das Richtige für den Einstieg ins Tanzen. So wie »Pause« können die Kinder vieles tanzen, das sie gerade geschrieben und gelesen haben.
Viele Wörter können die Kinder darstellen, indem sie sie tanzen. So manches Spiel-Lied ist so angelegt, daß die Kinder mit Händen und Füßen zeigen, was sie singen. (Schöne Beispiele besonders für Klassen mit Ausländerkindern bei I. Naegele u. D. Haarmann 1983.) Einen Schritt weiter gehen I. Mann und L. Wittmann, die z. B. ein Lied über einen Roboter und einen Bären verfaßt haben (1983). Die Kinder tanzen den Roboter eckig, den Bären tapsig. Doch man muß nicht zu komponieren anfangen, um das zu ermöglichen. Das Tanzen kann sich z. B. ganz zwanglos an das Musizieren des Wortes, wie ich es oben beschrieben habe, anschließen. D. h. auch hier können statt aufwendiger Stundenvorbereitungen die Kinder sich ihren Lernstoff beim Lernen selbst entwickeln.

7.2 Selbstgemachte Spiele mit Wortstrukturen

Das Wörterverdrehen, Musizieren, Singen und Tanzen sind Spiele mit den Wortstrukturen in der Klassenrunde. Nicht immer ist dafür die richtige Stimmung und ein passender Anlaß. Es muß auch Spiele zum Wortdurchgliedern für die Phasen der Selbsttätigkeit geben, die weniger situations- und temperamentabhängig sind.

7.2.1 Laut- und Schriftanalyse

Übungen zur Lautanalyse gehören zum Repertoire der meisten Fibeln, seit die Legasthenieforschung sie als besonders wichtige Funktionsübung erkannt hat (vgl. z. B. R. Valtin u. a. 1982). Gewöhnlich geht es darum, einen bestimmten Laut im Anlaut, Inlaut,

Auslaut verschiedener Wörter zu hören oder ihn von einem anderen zu trennen. Gelernt werden soll die »Lautidentifikation« und »-diskrimination«. Die Wörter und Inhalte sind Nebensache.
Darum kann ein Kind schwerlich den Zweck dieser Übungen erkennen. Einen Sinn erhalten sie nur durch Spielformen. Das bekannteste Spiel: »Ich sehe etwas, das fängt mit a an.« Die Varianten »... das hört mit a auf« und »... das hat in der Mitte ein a« wirken schon etwas gequält. Für ganz ungeeignet halte ich das Spiel »Wörterschlange«; Reihum soll jedes Kind ein Wort finden, das mit demselben Laut beginnt, mit dem das vorige Wort aufgehört hat. Das geht noch gut bei »Oma-Affe-Esel«. Bei »Land-Ding-Grab-Berg-Gitter-Regen« wird es problematisch. Diese Anlaute »hört« nur, wer die Wörter geschrieben kennt. Kinder, die »genau hinhören«, wie sie ja sollen, knüpfen so an: »Land-Tag-Kinder-Affe«. Und woran knüpft man an bei »Blitz«, »Kopf« und »Max«?
Sehr gut gefällt mir das Spiel, »Wörterschlange« dagegen, wenn es mit den Schriftwörtern verknüpft ist: als Domino. Jede Domino-Karte hat nur ein Bild, dafür aber auf der Rückseite noch das entsprechende Wort (Abb. 12). Der Kartenstapel liegt zuerst mit der Bildseite nach oben zum Aufnehmen. Beim Anlegen wird die Karte mit der Wortseite nach oben gedreht. Dann kann das Kind sehen, ob die Karte tatsächlich mit demselben Buchstaben anfängt, mit dem das letzte Wort aufgehört hat. Weiter sieht es den nächsten Endbuchstaben, der bei »Gitter« auch nicht zu hören ist, und kann ein Bild suchen, das mit r anfängt.

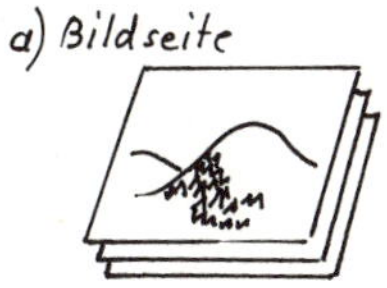

Abb. 12: Wörterschlangen-Domino

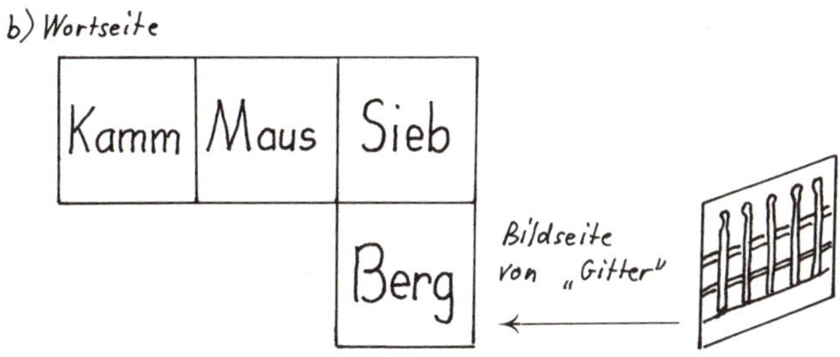

Später können die Kinder die Wortseite spielen. Nun dient die Bildseite als Kontrolle, ob sie richtig gelesen haben. Am schnellsten können sie die Wörter lesen, wenn sie sich das Spiel selbst herstellen. Es kann mit den Wörtern wachsen, die sie sich erarbeiten. Alle Wörter, die sie irgendwie zeichnen können, dürfen mitspielen. Die Kinder merken dann, daß z.B. der »Wind« immer übrigbleibt, weil partout kein Wort zu finden ist, das mit w aufhört. Und sie merken, daß das Spiel bei der »Nuß« immer zu Ende ist, weil kein Wort auf der Welt mit ß anfängt. So entdecken sie zwei Regelmäßigkeiten unserer Schriftsprache.

7.2.2 *Viele verschiedene Memory-Spiele mit wenigen Karten*

Mit den »Wörterschlangen«-Karten läßt sich ebensogut Memory spielen. Und zwar ist es ein »gezinktes« Memory (H. Brügelmann 1984, 7.2). Die Kinder stellen zu jeder Domino-Karte noch eine zweite her, die nur eine Bildseite hat, keine Wortseite. Die Bildseiten liegen unten. Die Kinder lesen die Wörter und können so ganz leicht die jeweils passende Bildkarte finden. Gegenüber dem reinen Bild-Memory ist hier das Wort eine Erinnerungshilfe. Anspruchsvoller ist das bekannte Wort-Bild-Memory. Hier liegt das Wort verdeckt, die Rückseite ist frei. Es muß immer das passende Bild gefunden werden.

Nun können die Kinder mit Memory-Karten nicht nur das Wort erkennen, sondern auch die Wortanalyse üben. Hierzu schreiben sie einfach jedes Wort, das sie neu erarbeiten, auf eine Memory-Karte. (Die Rückseite bleibt frei.) Abgelegt werden darf jedes Wortpaar, das Ähnlichkeiten hat:

- Reimwörter: »Kind-Wind«,
- gleicher Anfangsbuchstabe: »Kind-kein«,
- gleicher Endbuchstabe: »Mutter-wir«,
- gleicher Inlaut: »Kind-wir«,
- Gegensätze: »ja-nein«,
- Paare: »Mutter-Kind«,
- Wörter, die man zusammensetzen kann: »klein« + »Kind« = »Kleinkind«

Legt ein Kind ein Wortpaar ab, so muß es sagen, was daran ähnlich ist. Im Verbalisieren liegt der Lernwert dieses Spiels. Auch wenn der Wortbestand noch ganz klein ist, können die Kinder damit schon Memory spielen. Ein Beispiel:

Erarbeitete Wörter:	kombinierbar mit:
ja	da, nein (Gegensatz)
nein	ja (Gegensatz)
wir	Kind, Mutter
ich	ist
Mutter	wir, Kind (Paar)
lieb	---
ist	ich
da	ja
Kind	Mutter (Paar), wir

Bei einem Spiel wird z.B. abgelegt: ja + nein, wir + Kind, ich + ist. Übrig bleiben: Mutter, nein, lieb.

Die übriggebliebenen Wörter sind keine »Panne«, sondern eine Erleichterung beim nächsten Spielanfang. Sie bleiben offen liegen, und wer ein passendes zu ihnen findet, hat schon ein Kartenpaar gewonnen. Daß für das eine Wort »lieb« nie ein passendes dabei ist, bringt die Kinder vielleicht von allein auf den Gedanken, eine weitere Karte herzustellen: »Dieb« (Reimwort), »bös« (Gegensatz), »Lampe« (gleicher Anfangsbuchstabe) u.a. Wenn der Wortbestand wächst, entsteht hier und da schon eine Dreiergruppe: »Mutter-Vater-Kind« oder »Mutter-Peter-Finger«. Das Spiel wird dadurch komplexer, aber auch spannender. Wer eine Dreiergruppe erwischt, ist eben ein Glückspilz. Sobald der Wortbestand für einen Spieldurchgang zu groß wird, können die Kinder beginnen, nach bestimmten Merkmalen Spielkarten auszuwählen. Eine Differenzierung ergibt sich von allein: Die eine Spielgruppe wählt einfachere, die andere anspruchsvollere Merkmale (s.o.).
Auch das Schreiben kann beim Memory-Spielen mitwirken: auf einem »Mogelzettel«. Jedes Kind hat vor sich einen Zettel und schreibt sich das aufgedeckte Wort auf. Dann behält es besser, was schon aufgedeckt ist. Womöglich kommt schon eines auf die Idee, jedes Wort auf dem Zettel ungefähr dorthin zu schreiben, wo es auf dem Tisch liegt. So entsteht – einfach als Mogelhilfe – ein erster Lageplan. Die Spielgruppe kann die Schreibregeln verschärfen: Sie stellt ein Glas auf den Tisch, in dem die Bleistifte stecken bleiben müssen, solange noch Karten aufgedeckt sind. So wird das Schreiben zum Auswendigschreiben. Für das Richtigschreiben gibt es eine weitere Regel: Nur wer das Wort auf seinem Zettel richtig stehen hat, kann sich die aufgedeckten Karten nehmen.
Zu jedem Sachthema ist schnell ein Memory-Spiel gemalt, wenn jedes

Kind ein Wort-Bild-Paar oder ein Wort-Wortteil-Paar übernimmt. Ganz früh können schon die folgenden Spiele entstehen:

- *Sprachen-Memory:* »Gezinktes« Wort-Bild-Memory: Auf der Rückseite der Bildkarte steht, offen sichtbar, als Gedächtnisstütze das türkische Wort. Später wird vielleicht ein anspruchsvolles Deutsch-Türkisch-Memory gespielt.
- *Namen-Memory* (G. Schmölzer 1978, 0.2.2): Jedes Kind stellt ein Ablegpaar her. Auf die eine Karte schreibt (klebt, spurt) es seinen Namen, auf die andere malt es sich oder klebt ein Foto von sich. Die Fotos kann auch der Lehrer mit der Polaroidkamera herstellen.

7.2.3 *Andere selbstgemachte Lernspiele*

Wenn der Lehrer den Kindern vorschlägt, weitere Spiele herzustellen, braucht er seine didaktische Absicht nicht zu verschweigen. Die Kinder können selbst testen, was sie durch die Spiele lernen. Wenn sie z.B. im Anschluß an das Domino die betreffenden Wörter schreiben, so erinnern sie sich besser, mit welchem Buchstaben sie beginnen und aufhören.

Zudem greifen Spiele sich ab, im doppelten Sinne. Sie werden irgendwann langweilig und, wenn sie selbstbemalt und -beschriftet sind, unansehnlich. Das kann man zwar durch Verwenden dicken Kartons und Bekleben mit Folie verhindern. Besser scheint es mir aber, das Spielemachen wie das Sockenstricken zu handhaben. Was verbraucht ist, wird ersetzt, möglichst durch Aktuelleres, Anspruchsvolleres, Schöneres. Der Wortbestand wächst ständig, und die Inhalte wechseln. Einige Wörter greifen die Kinder zwar immer wieder auf, aber andere sind ihnen nicht mehr wichtig.

Als Spielschema bieten sich die bekannten Formen der Karten-, Stein- und Brettspiele an. Lottos, Quartette, Puzzles und Zielläufe im Mensch-ärgere-dich-nicht-Stil lassen sich hervorragend als Leselernspiele gestalten. Einige Varianten findet man schon im Handel.

Hier nun einige besonders durch G. Schmölzer angeregte Vorschläge zum Selbermachen:

- *»Bild-Wort-Puzzle«* (G. Schmölzer 1972): Jedes Kind malt ein Bild im Querformat auf Karton (z.B. DIN A6 = Postkartenformat oder auch länger). Oben ist ein Rand zum Beschriften abgeteilt. Auf den schreibt die Lehrerin das Wort, das zu dem Bild paßt, z.B.
  |A|pf|el| , |K|a|tz|e| , |Sch|n|ee|m|a|nn| .

Abb. 13: Wort-Bild-Puzzle (Gunthilde Schmölzer)

Dann teilt sie mit senkrechten Strichellinien das Wort und damit zugleich das Bild in die einzelnen Buchstaben bzw. Buchstabengruppen auf. Die Kinder zerschneiden am nächsten Tag ihr Bild und haben nun ein kleines Puzzle (s. Abb. 13). Beim Zusammenfügen helfen Bild- und Wortgestalt – dem einen Kind mehr dies, dem anderen mehr das.
Als zweiten Schritt vermischen sie ihr Puzzle mit dem des Nachbarn, später mit mehreren Nachbarn. Das Puzzle wird anspruchsvoller.

– *Wortteile-Quartett:* Aus den einzelnen Puzzles können die Kinder ein Quartett zusammenstellen. Allerdings hat es neben Vierersätzen auch Dreier-, Fünfer-, Sechsersätze. Es ist also nicht nur zu überlegen, welche Buchstaben zu dem Wort gehören, sondern auch, wie viele. Das Bild hilft bei der Entscheidung.
Damit nicht zwei Kinder dasselbe Wort malen, verabreden sie sich vorher, wer welches nimmt. Vielleicht wollen sie ein »echtes« Quartett mit lauter Vierersätzen haben. Dafür wählt die Lehrerin aus den Malvorschlägen die vierteiligen Wörter aus und schreibt sie vorher auf die vierfach abgeteilten Karten.
Das »echte« Quartett können die Gruppen stumm mit Kartenziehen spielen. Alle Wortteile sind gleich groß, also nicht zu unterscheiden. Besser gefällt mir aber die laute Version: »Ich brauche von dir das ›nn‹ von ›Schneemann‹!« Hierbei müssen die Kinder auf das Schriftwort sehen und das Sprechwort Laut für Laut analysieren und zuordnen. Diese Version

eignet sich ebenso für die Quartettsätze mit verschieden vielen und verschieden großen Wortteilen.

- *»Bild-Satz-Puzzle«* (G. Schmölzer 1978, 0.2.3, 1. Unterrichtseinheit). Nach demselben Prinzip wie das Bild-Wort kann zu einem späteren Zeitpunkt ein Bild-Satz entstehen. Jedes Kind malt ein Bild zu einem Satz wie »Ich spiele mit dem Fußball« (s. Abb. 14). Oder es malt das Bild, und die Lehrerin schreibt den Satz dazu.
  Beim Legen des Puzzles entsteht vielleicht auch in anderer Wortfolge ein sinnvoller Satz: »auf dem Tisch. sitzt die Katze« Der Punkt und die Großschreibung zeigen aber, daß der Satz so noch nicht stehenbleiben kann. Rechtschreib-Kriterien werden hier also zur Spielhilfe.
- *Satzteile-Quartett:* Es wird nach denselben Regeln wie das Wortteile-Quartett hergestellt, abgewandelt, gespielt. Auch hier gefällt mir die laute Version besser. Sie verweist die Kinder ausdrücklich vom gemalten auf den geschriebenen Satz und seine einzelnen Wörter.
- *Wörter-Ratespiel* (vgl. U. Pichler 1984): Die Kinder jeder Gruppe (3–5 K.) teilen alle erarbeiteten Wörter unter sich auf. Jedes Kind schreibt (klebt, spurt) seine Wörter einzeln auf Spielkarten. Auf die andere Kartenseite schreibt es einen Buchstaben bzw. eine Buchstabengruppe des Wortes und macht für die übrigen je einen Punkt. So ist genau zu sehen, ob es sich um einen An-, In- oder Auslaut handelt. Dann werden die Karten gemischt und auf einen Stapel gelegt, mit der Buchstabenseite nach oben. Reihum nimmt jedes Kind eine Karte, liest den Laut vor und rät das Wort. Hat es richtig geraten, so behält es die Karte. Sonst kommt sie auf den Ablegestapel und damit in den nächsten Durchgang.
- *Bild-Buchstaben-Lotto:* Jedes Kind bekommt eines der erarbeiteten Wörter zum Nachspuren und Zerschneiden in Buchstaben/-gruppen-Karten. Es malt auf eine Lottokarte ein Bild zu dem Wort. Am unteren Rand muß Platz für die Wortteile bleiben. Vielleicht wird noch durch Punkte oder Kästchen angedeutet, wie viele Wortteile dorthin gehören. Dann werden die zerschnittenen Wörter in einem Topf gesammelt. Reihum zieht jedes Kind eine Buchstabenkarte und legt sie, wenn sie paßt, auf sein Bild. Dies ist also schon ein Spiel zum »Auswendigschreiben«, also ein Rechtschreib-Spiel im engeren Sinne. Beim nächsten Durchgang können Nachbarn ihre Lottokarten tauschen, dann Nachbartische usw. So kann die Zahl der Wörter, die jedes Kind richtig zu schreiben übt, allmählich wachsen.

Einfache Lottospiele zur Wort-Bild-Zuordnung kennt der ganzheitliche Leseunterricht schon seit Jahrzehnten. Aus den Serien »Tiere«, »Spielzeug«, »Küchengerät« usw. kann ein ganzes Kinderlexikon werden; und die Spielvarianten sind zahlreich (B. Bosch 1951, 148ff., vgl. auch H.-J. Kossow 1976, 54f. und H. Brügelmann 1984, 7.1).

Abb. 14: Bild-Satz-Puzzle (Gunthilde Schmölzer)

7.3 Das eigene Sprechen erforschen und schulen

So wichtig Spiele und musisches Tun sind – die Kinder wollen auch etwas Richtiges lernen, wenn sie in die Schule kommen. Fast jedes hat schon Vorstellungen vom Lesen- und Schreibenlernen und möchte es jetzt genau wissen. Der Wunsch, gleich in die Einzelheiten zu gehen, wird leicht unterschätzt. Dabei ist gerade die Schriftsprache ein schönes Feld für eingehende Erkundungen.

7.3.1 Spiegel, Hand und Wattebausch

Zum Forschen gehört ein Instrumentarium. Dann macht es mehr Spaß. Der Spiegel ist ein vorzügliches Mittel, auszukundschaften: »Wie sieht ›raufen‹ im Mund aus?« Die meisten Laute sind mindestens teilweise als Mundbewegungen zu beobachten – wenn auch nicht zu unterscheiden. Einige schlagen sich sogar als Hauch auf dem Spiegelglas nieder (s.u.). Auch die Kerzenflamme und der Wattebausch helfen, stark gehauchte Konsonanten aufzuspüren. Und für alles, was die Kinder im Spiegel beobachten oder mit leicht wegzublasenden Materialien (Feder, Papier, Seidentuch) aufspüren, können sie die passende Buchstabenkarte in ihrem Schriftwort suchen. Aus ihrem Tisch wird ein Experimentierplatz. Besonders schön ist es, die Hand als weiteres Untersuchungsinstrument kennenzulernen. Die Töne der Vokale und stimmhaften Konsonanten kribbeln auf den Fingerkuppen. Mit der ganzen Hand kann man am Kehlkopf die Rachenlaute kullern und rasseln fühlen.

In der Sprachheil-, Schwerhörigen- und Gehörlosenpädagogik sind diese Arbeitsweisen seit langem bekannt. Seit neuerem findet man sie auch in der Behandlung von Lese- und Rechtschreibschwierigkeiten (vgl. E. Malmquist u. R. Valtin 1974, 280f. u.a.). Sie eignen sich nicht, um von der beobachteten Lautstruktur auf die Schriftstruktur zu schließen. Das sei deutlich gesagt. Dafür ist das, was im Spiegel zu sehen und am Kehlkopf zu fühlen ist, nicht eindeutig genug. Ohnehin erlaubt das gesprochene Wort keine sicheren Schlüsse auf die Rechtschreibung. Aber Spiegel, Hand und Wattebausch sind eine vorzügliche Hilfe, das bereits geschriebene Wort zu erforschen und einzuprägen.

7.3.2 Von der Selbstbeobachtung zur Selbstschulung

Welche Laute sind es nun, die das Kind bei sich beobachtet? Gewiß nicht die Laute, die im Schriftwort repräsentiert sind. Es sind die Laute seiner eigenen Mundart (Dialekt), seiner individuellen Sprechweise (Idiolekt) oder, bei Kindern anderer ethnischer Gruppen, seines durch die fremde Muttersprache gefärbten Akzents. Doch wie man bei jeder Untersuchung das verändert, was man beobachtet, ändert auch die Selbstbeobachtung das Sprechen. Redet das Kind wie gewohnt, so kann es das gesprochene Wort schlecht untersuchen: Es ist zu schnell verklungen. Also spricht das Kind langsamer und, soweit es vermag, deutlicher. Hierin liegt der große didaktische Wert der Selbstbeobachtung. Sie wird sogleich zu einer Selbstschulung.
Die Selbstschulung beginnt dort, wo das Kind ihren Nutzen unmittelbar erfährt: beim geschriebenen Wort. Das kann es sich besser einprägen, wenn es jeden Buchstaben hörbar macht, so gut es geht. Ohne ihren eigentlichen Gegenstand, die geschriebene Sprache, bewegen sich solche Sprachübungen im luftleeren Raum. Wie soll das Kind verstehen, daß es deutlicher sprechen soll, wenn doch jeder versteht, was es sagt? Es versteht nur: »Du sprichst nicht deutlich.« Oder: »Du mußt besser hinhören, was ich sage.«

Hat dagegen das Kind mit dem Schriftwort den Zweck der Übung sichtbar vor sich, so kann es sie auf das Schreibenlernen eingrenzen: »Wenn ich mir merken will, wie ein Wort geschrieben wird, spreche ich anders als sonst. Die Lehrerin kann mir das gut vormachen. Die redet immer so. Und im Spiegel kann ich das mit mir selbst üben, auch so zu reden.« So wird das Kind auf die Unterschiede zwischen seiner eigenen und der Hochsprache aufmerksam, ohne sich minderwertig zu fühlen. Es braucht seine Sprechweise nicht aufzugeben, sondern lernt für das Lesen und Schreiben eine neue dazu.

7.3.3 Ein Beispiel für den Anfang

Schon das erste Schriftwort kann Untersuchungsobjekt werden. Den Spiegel einzuführen ist ohnehin ein Spaß, der den Schulanfang erleichtern hilft. Natürlich machen die Kinder erst einmal Grimassen und strecken sich selbst die Zunge heraus. Das ist gut so. Sie probieren aus, was sie mit ihrem Gesicht machen können und besonders mit der Zunge. Die Verwandtschaft von Artikulation und Mimik wird sichtbar.

Aus dem Spaß ergeben sich die ersten Aufgaben:

- die Zunge ganz weit nach oben strecken,
- sie ganz weit nach unten strecken,
- sie rundherum fahren lassen,
- sie hinter den Zähnen verstecken,
- sie hinter der einen und anderen Backe verstecken (man kann zwar auch von »links« und »rechts« reden, aber normalerweise vertauschen sich die Seiten, wenn man ein Gegenüber sieht, beim Spiegelbild dagegen nicht, das kann die Kinder verwirren),
- sie ganz verstecken, also den Mund zumachen.

Fällt den Kindern keine Aufgabe mehr ein, so hat der Lehrer eine. Er macht aber nichts vor, sondern heftet das erarbeitete Wort an die Tafel, z.B. »Pause«. Die Frage ist: »Was macht die Zunge, wenn du ›Pause‹ sagst?« Die Antwort kann heißen: »Zuerst versteckt sie sich ganz, dann hinter den Zähnen.« Gemeinsam finden die Kinder gewiß die passenden Buchstabenkarten »P« und »s«. Sie nehmen sie aus dem Wort heraus und heften sie an eine andere Stelle der Tafel, kleben einen Punkt unter sie, unterstreichen sie oder heben sie auf andere Weise im Wort hervor.

Nun versuchen sie, das »au« und »e« im Spiegel wiederzufinden. Auf

die Zunge zu sehen, hilft hier nichts. Andere Beschreibungsversuche beginnen: »Da geht der Mund langsam zu.« (»au«) – »Da geht der Mund wieder ein bißchen auf.« (»e«) Die Beschreibung bleibt zwangsläufig unbefriedigend. Denn diese Laute sind schwer zu identifizieren. Diese Erfahrung ist so wichtig, weil sie zur Vorsicht beim Auswendigschreiben mahnt.
Vollständiger wird die Lautanalyse erst ganz allmählich. Beobachten die Kinder z.B. etwas später das Wort »Mutter« im Spiegel, so versteckt sich wieder die Zunge zuerst ganz und dann hinter den Zähnen. Und doch klingt es anders. Zuerst »knallt« es an den Lippen nicht so, aber dann um so mehr an den Zähnen. Die Lautkenntnis erwächst aus der Wortkenntnis und bleibt durch diese gestützt.

Ganz unsinnig erscheint es mir, in einem Vorkurs, noch ohne Bezug zur Schriftsprache, Artikulationsort, Stimmhaftigkeit, Härte und Länge unterscheiden zu lassen (vgl. H. Ochsner 1977 und W. Krautter 1978). Die Symbole Ochsners für die Lautmerkmale (Abb. 15) sind gute Demonstrationsmittel. Die Lehrerin kann sie unter die identifizierten Buchstaben heften. Aber isoliert vom Lesen und Schreiben haben sie keine einsehbare Funktion.

(Lippen-, Zahn-, Rachenlaut)

(hart-weich, stimmhaft-stimmlos)

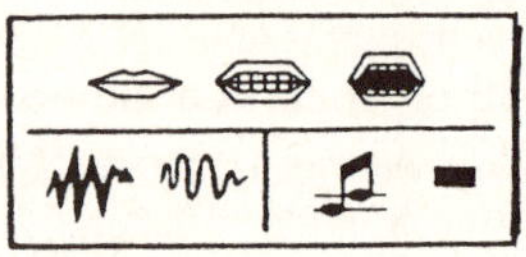

Abb. 15: Symbole für die Lautmerkmale (aus H. Ochsner 1977)

Nach der gemeinsamen Arbeit ordnet jedes Kind selbst seine Buchstaben/-gruppen-Karten mit Hilfe des Spiegels. Das zeitliche »Vorher« und »Nachher« im Spiegel verbindet sich dabei zunehmend mit dem räumlichen »Vorn« und »Hinten« auf dem Tisch. Dann folgt wieder das Prüfen, Kleben und Nachspuren. Das Arbeitsblatt, das diesmal entsteht, kann auf besondere Weise illustriert werden: mit Symbolen, die die Laute kennzeichnen. Viel Spaß macht es den Kindern auch, ihren Mund zu malen, wie er die Laute bildet (Abb. 16).

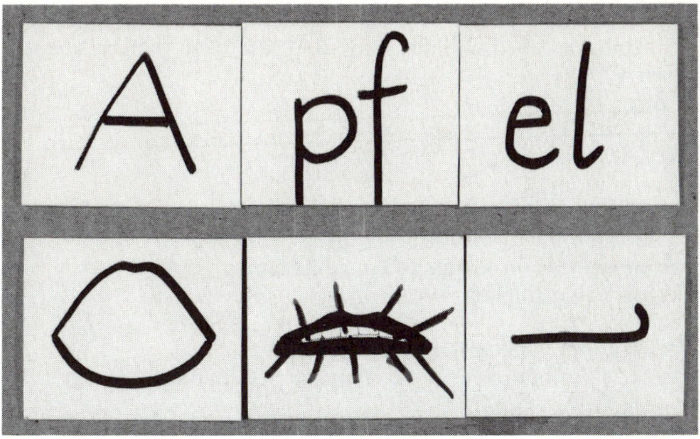

Abb. 16: Selbstgemalte Mundstellungen (Puzzle, Klasse Ute Pichler)

7.3.4 Schwierigkeitsgrenzen

Bei vielen Anfangswörtern sind Laut und Buchstabe leichter zuzuordnen als bei dem Wort »Pause«. Allzu einfache Wörter wie »Oma« und »Tina« verleiten jedoch zur Gleichsetzung Lautname-Buchstabe und provozieren Schreibungen wie »wondaba« (»wunderbar«, s. M. Dehn 1983b, 29). Die »einfachsten« Wörter sind darum für einen guten Schreibanfang nicht unbedingt die besten (ebenda, 31). Aber die Schwierigkeiten sollten sich auch nicht häufen. Mehr als vier Laute sollte ein Anfangswort nicht haben, und drei von ihnen sollten leicht identifizierbar sein. Bei der Auswahl der Wörter kann vielleicht die folgende grobe Einteilung helfen (jedoch ohne den Gültigkeitsanspruch einer »Lauttreppe« wie bei H. Möhring 1938):

Stufe 1: Die Lautbildung ist im Spiegel gut zu beobachten:

a) Konsonanten, die im Lippen- und Zahnbereich gebildet werden. »Einfach« sind also die folgenden Buchstaben und Buchstabengruppen:
m, mm – n, nn, en;
f, ff, ph – v – w;
s – ss, ß – sch; z, c, tz; st, sp;
p, pp – b, bb; pf;
t, tt, dt – d, dd.

b) »Lange« Vokale, repräsentiert durch die folgenden Buchstabengruppen: (Die Einzelbuchstaben sind nur »einfach«, sofern sie »lange« Vokale repräsentieren.)
a, ah, aa;
ä, äh – e, eh, ee;
i, ie, ieh, ih – y;
o, oh, oo – u, uh;
ö, öh – ü, üh.

Stufe 2: Die Lautbildung ist noch im Spiegel erkennbar:

a) Konsonanten, die im Zungen-Gaumen-Bereich gebildet werden. »Etwas schwieriger« sind folglich
l, ll, el;
r, rr (sofern ein Zungen-R gesprochen wird).

b) »Kurze« bzw. unbetonte Vokale, repräsentiert durch:
a, er;
ä, e – i;
o – u;
ö – ü, y.
Zwielaute (Diphthonge), repräsentiert durch:
ei, eih, ai;
au, auh;
eu, äu.

Stufe 3: Die Lautbildung kann nur als Hauch auf dem Spiegelglas oder als Vibrieren am Kehlkopf wahrgenommen werden:
Konsonanten, die im Rachen-Bereich gebildet werden. »Schwierig« sind also die folgenden Buchstaben und Buchstabengruppen:
ng;
r (Rachen-R), rr – ch – j;
h;
k, ck, c (als /k/ gesprochen) – g, gg;
x, chs, cks.

Die Buchstaben und Buchstabengruppen, bei denen es ausgesprochen schwierig ist, den passenden Laut oder Doppellaut zu finden, sind in der Minderzahl. In Zweifelsfällen ist es manchmal ratsam, lieber ein längeres Wort zu wählen, das einfach zu durchgliedern ist, als ein kürzeres, in dem sich mehrere Schwierigkeiten häufen. Der »Krach« z. B. ist schwerer zu bewältigen als die »Polizei«, weil er sich fast nur im Rachen abspielt.

7.3.5 Genaue Unterscheidung ähnlich klingender Buchstaben

Mit der ersten Analyse ist die Arbeit mit Spiegel, Hand und Wattebausch nicht beendet. Für das Rechtschreibenlernen ist es äußerst wichtig, daß die Kinder ähnlich klingende Buchstaben zu unterscheiden lernen, d. h. daß sie deren Lautwert deutlich gegeneinander absetzen:

- Bei den Vokalen sind die feinen Differenzen der Mundöffnung immer wieder zu beschreiben, z. B. um (im norddeutschen Sprachraum) das »kurze« i und e und das »kurze« u und o (s. »wondaba«) unterscheiden zu können.
- Bei den Konsonanten gilt es, die stimmhaften am Kehlkopf zu erfühlen, die stimmlosen so scharf auszusprechen, daß der Sprechhauch sich auf dem Spiegel niederschlägt (s. Tabelle).
- In vielen Dialekten sind die Unterschiede zwischen dem »harten« /p, t, k/ und dem »weichen« /b, d, g/ so gut wie verschwunden. Hier wird die Sprachbeobachtung und -schulung unmittelbar zur Rechtschreibhilfe. Die drei »harten« Laute lassen sich auch dadurch identifizieren, daß die Kinder gegen einen Wattebausch sprechen, der an einem Faden aufgehängt ist. Das »Sprechpendel« (s. P. Rathenow und J. Vöge 1982, 196) schlägt bei den drei »harten« Lauten stärker aus als bei den »weichen«.

7.3.6 Das Leitbild

Je früher die Kinder diese Lernverfahren beherrschen, desto eher können sie sich neue Wörter selbständig erarbeiten. Das Leitbild Nr. 6 (s. Kap. 5, Abb. 7) erinnert sie an diesen Arbeitsgang, zeigt seinen Ort in der Folge der Lernhandlungen und seine einzelnen Teile.

Schon beim zweiten Wort kann die Lehrerin die Teile des Leitbildes in der Klasse entwickeln. An den Spiegel erinnern sich meistens alle Kinder, an die Hand nicht. Vielleicht war sie auch für die Analyse des ersten Wortes nicht nötig. Für den Wattebausch kann ebenso die Feder, das Seidentüchlein oder ein anderes leichtbewegliches Material eintreten. Statt der Untersuchungsinstrumente können aber auch die Symbole für die Lautbildung (Abb. 15) auf die Leitkarte geheftet werden. Je mehr die Kinder mit ihren Ideen das Leitbild mitgestalten, desto besser werden sie sich an ihm orientieren können.

7.4 Mit der Merksprache Wörter auswendig schreiben und wiedererkennen

7.4.1 *Wenig Rechtschreibhilfe durch das lautierende Lesen*

Man könnte meinen, daß auch das lautierende Lesen, wie es in der Schule üblich ist, das Rechtschreibenlernen fördert. Dann wäre der Aufwand mit dem Spiegel usw. überflüssig. Tatsächlich gleicht das Kind beim Zusammenlesen der Buchstabenlaute zum Wort seine gesprochene Sprache ebenfalls sehr stark der Schriftsprache an. Aber es gebraucht dieses Lautieren nur, um das Wort zu »erlesen«, d. h. den Wortsinn zu erkennen. Sobald ihm das gelungen ist, hört es mit dem Lautieren auf und liest das Wort »normal« zu Ende. Dadurch bleibt das Lautieren weitgehend unbewußt und unvollkommen. Es verbindet sich nicht als eine eigene Sprechweise mit der Schriftstruktur, sondern wird schnell vergessen, so wie jemand die Krücke, die er nicht mehr braucht, wegwirft. Entsprechend schlecht ist das lautierte Wort gegenwärtig, wenn das Kind sich das Schriftwort in Erinnerung zu rufen versucht. Hierfür braucht es ein bewußtes Sprechen, das das Schreiben bis zum letzten Buchstaben begleitet.

7.4.2 *»Deutliches« Sprechen als Rechtschreibfalle*

So hilfreich die Selbstbeobachtung ist, um die Zusammenhänge zwischen Laut- und Schriftstruktur zu begreifen und jene an diese anzugleichen – daraus folgt nicht, daß umgekehrt das deutliche Sprechen ohne weiteres zum richtigen Schreiben führt. Dies gilt nur für untersuchte Schriftwörter. Hier ruft das Sprechen die Erinnerung an das Sortieren und Kleben der entsprechenden Buchstaben/-gruppen-Karten wach. Es gilt nicht für unbekannte Schriftwörter. Hier gibt selbst das deutlichste Sprechen noch keine sichere Auskunft über die richtige Schreibung. Der Laut /i:/ z. B. kann »i, ie, ih, ieh« geschrieben werden, manchmal sogar »y«.
Kein Schriftkundiger spricht sich ein Wort einfach nur »deutlich« vor, um es richtig zu schreiben. Er horcht vielmehr auf das, was er sich von dem Schriftwort eingeprägt hat.

Wie groß der optische und akustische Anteil dieser Wortvorstellung ist, wird unterschiedlich eingeschätzt. (Für einen größeren lautlichen Anteil sprechen z. B. Riehme 1981, und Andresen 1979, für einen größeren bildhaften Anteil sprechen z. B. Breuninger und Betz 1982.) Auf jeden Fall kann die akustische Vorstellung die optische ausgezeichnet unterstützen. Ich sehe sie als den dynamischen Teil der Wortvorstellung an. Sie ist sozusagen das Transportmittel, das die optischen Elemente des Schriftwortes im Gedächtnis speichert und wieder abruft. Bei Erwachsenen geht das so rasch, daß man es kaum noch merkt (vgl. Sokolow 1969, 440 und Weigl 1974, 151). Aber bei besonders schwierigen Wörtern können auch Erwachsene an sich selbst beobachten, wie dieses Transportmittel arbeitet. Wenn ich z. B. »Portemonnaie« schreibe, spricht es vor und während des Schreibens in mir mit: /portεmɔnnaıε/. D. h. neben dem Sprechwort /pɔrtmɔne:/ taucht noch ein anderes auf, das ich nur zum Schreiben brauche.

Was Schriftkundigen hilft, selbst komplizierte Fremdwörter richtig zu schreiben, ist also nicht ein besonders deutliches – wenn auch lautloses – Mitartikulieren des Sprechwortes. Wer einfach das innere Mitsprechen beim Schreiben als »latente Artikulation« hinstellt, bleibt gefährlich unscharf. Gefährlich, weil daraus wieder der alte didaktische Fehler erwächst: »Schreib, wie du sprichst!« (vgl. die Warnung von H. Andresen 1979, 47). Die Frage ist vor allem, *was* das Kind innerlich mitspricht.

7.4.3 *Merksprache als Schreibprotokoll*

Nach H. Breuninger und D. Betz »muß Franz sich vorsagen, was er *weiß*. Er darf nicht so sprechen wie er es gewohnt ist oder wie er die anderen sprechen hört.« (1982, 53) Was er braucht, ist sozusagen ein lautliches Protokoll der Buchstabenfolge. Breuninger und Betz nennen diese Sprache »Pilotsprache«, »weil sie das Schreiben so führt wie der Pilot seine Maschine« (ebd.). Balhorn, der den Gedanken aufgreift und ausführt, nennt sie »Kunstsprache« (1983, 588) oder »Rechtschreibsprache« (589). Kinder können nach unseren Erfahrungen gut mit dem Ausdruck »Merksprache« umgehen.
Für ein neues Schriftwort die passende Merksprache zu finden, ist eine lustige Angelegenheit, wenn man sie den Kindern überläßt. Sie müssen dafür aber einige Erfahrungen mit den Lautwerten der Buchstaben und Buchstabengruppen gesammelt haben. Wenn sie den Lautwert des ⟨h⟩ und ⟨g⟩ noch nicht erforscht haben, können sie sich »sehr groß« nicht als /ze:hr/ /gro:s/ »merken«. Führt man das Verfahren zu früh ein, so muß man die Merksprache vorgeben. Und dann ist sie nicht mehr lustig, sondern nur noch merkwürdig.
Besser ist es, wenn die Kinder Schöpfer ihrer Merkhilfen sind. Was sie

selbst erfinden, haftet am besten im Kopf. Es ist ja aus ihm entsprungen! Vielleicht zischt ein Kind wie ein Ventil und sagt: »So merk' ich mir das ß! Heiß!« Die Erinnerung an heißen Dampf verbindet sich mit dem Buchstabenbild. Nach meinen Erfahrungen prägen sich solche Einfälle auch den Mitschülern ein. Sie kennen ja die Ingrid, die sich mal verbrannt hat. Wenn aber ein Kind damit nichts anfängt: Warum soll es sich nicht ein anderes Merkwort basteln? Wem gar nichts einfällt, der kann sich die Schreibung dazu sagen: »viel mit ie« (vgl. J. Riehme 1981, 140ff. »kommentiertes Schreiben«).

7.4.4 Wozu Lautgebärden?

Sonderpädagogen werden schon ungeduldig darauf warten, daß ich die Lautgebärden als ideale Merksprache anpreise. Aber so ideal erscheinen mir die Lautgebärden nicht. Zweifellos können sie auch ein getreues Protokoll der Schriftsprache sein. Die Gebärden von Kraft/Bleidick (vgl. U. Bleidick 1967) stellen zudem teilweise treffend den Klang oder die Artikulation des Lautes dar. Aber diese Lautgebärden einzuüben bedeutet viel zusätzliche Arbeit. Die Kinder müssen neben den Schriftzeichen noch ein zweites Zeichensystem lernen. Als ein solches eigenes Zeichensystem können die Lautgebärden sich sehr leicht verselbständigen, besonders bei Frontalunterricht. Manche Sonderschulklassen müssen – beinahe im Takt – ein ganzes Lesestück durchgestikulieren. Kinder, die schon längst ein Wort im Überblick entziffert haben, schleppen sich mühsam von Gebärde zu Gebärde und »leiern«, wo sie schon lesen könnten.

Brauchbar erscheinen mir die Lautgebärden höchstens zur Ergänzung der Merksprache. Z.B. können sie das ⟨f⟩ vom ⟨v⟩ unterscheiden helfen und die stimmhaften von den stimmlosen Konsonanten. Einfacher ist es aber, bei den stimmhaften Konsonanten immer (ohne Unterscheidung der einzelnen Laute) an den Kehlkopf zu greifen oder bei den stimmlosen die Hand wie zum Hauchen vor den Mund zu halten. Doch am einfachsten ist der Unterschied durch die Merksprache zu verdeutlichen: Das /p, t, k/ wird, wie schon gesagt, bewußt scharf und »feucht« ausgesprochen, das /b, d, g/ bewußt stimmhaft und weich. Gerade die Abweichung von der normalen Aussprache, besonders die (vergebliche) Mühe, das b, d und g auch im Auslaut (z.B. bei »Kind«) stimmhaft auszusprechen, hält die Erinnerung an den Buchstaben im Schriftwort wach.

7.4.5 *Die Merksprache als Lesehilfe*

Die »Pilotsprache« wurde als Rechtschreibhilfe erfunden: zum Erinnern der richtigen Schreibung. Sie erfüllt aber auch den umgekehrten Zweck: als Erinnerungshilfe beim Lesen. Dies allerdings zunächst nur bei einem bekannten Schriftwort, für das die Kinder selbst ein Merkwort aus dem normalen Sprechwort hergeleitet haben. Beim Anblick der Buchstabenfolge stellt sich die Erinnerung an das Merkwort wieder ein. Der »schöpferische Sprung« von dem lautierten, also aus Lauten »zusammengeschliffenen« Wort in die sinnerfüllte Gestalt des Sprechwortes, der immer als das Problem des Erlesens dargestellt wurde (vgl. U. Bleidick 1967, 94 ff.), fällt hier aus. Die Schöpfung hat schon vorher stattgefunden: beim Erfinden des Merkwortes. Statt ins Ungewisse springen zu müssen, kann das Kind sich geruhsam am selbstgespannten Faden zu seiner vertrauten Sprache zurückhangeln.

Bei einem unbekannten Wort geht das natürlich nicht so einfach. Um hier nicht ins Ungewisse springen zu müssen, braucht das Kind schon einige Erfahrung mit der Umsetzung von der Laut- in die Schriftstruktur und zurück (Genaueres s. Kap. 10.a).

7.4.6 *Das Leitbild* (Abb. 7, S. 68/69)

Das Verinnerlichen der Wortgestalten ist ein langer Prozeß. Es hat damit keine Eile. So wichtig es ist, am Anfang für das Rechtschreibenlernen die richtigen Weichen zu stellen, so lange können wir den Kindern doch Zeit lassen, sich die Wörter vollständig einzuprägen. Auch die Merksprache kann sich langsam von Fall zu Fall entwickeln. Ein Leitbild dafür schadet nicht. Unumgänglicher Arbeitsschritt wird das Vorsprechen des Merkwortes aber erst, wenn die Kinder beginnen, bekannte Wörter auswendig zu schreiben. Das ist vielleicht nach zwei bis drei Monaten der Fall, vielleicht später.

Das Leitbild, das ich vorschlage (Nr. 7 in der Leitkarte S. 69), ist sicher verbesserungsfähig. Es kann u. U. ganz fortfallen. Denn in dem Erkunden der Lautstruktur (Leitbild 6) ist schon Wichtiges dargestellt. Es fehlt nur der letzte Schritt, über die deutlich gesprochene Hochsprache hinaus genau die Schriftstruktur des Wortes abzubilden.

8 Drucken und Schreiben lernen

Während die Kinder den Lautwert eines Buchstaben oder einer Buchstabengruppe erst in vielen Wörtern erkunden müssen, bis sie ihn ganz kennen, haben sie die Buchstabenform sofort in allen Teilen vor sich. Sie ist leichter und rascher erkundet. Allerdings braucht es lange, bis die Kinder sie mit eigener Hand gestalten können. Darum zögern die meisten Unterrichtswerke das eigenhändige Schreiben hinaus und schalten Übungen der Schreibmotorik vor. Das Schreiben langsam angehen zu lassen, halte ich für richtig. Nur frage ich mich, warum die Kinder die Grob- und Feinmotorik ihrer Hand an isolierten Ovalen, Schleifen, Girlanden und Arkaden üben sollen (vgl. H. Grünewald 1981, 77ff.). Sie selbst fragen sich das vielleicht auch. Sinnvoller erscheint es mir, die Schreibbewegungen an ihrem eigentlichen Gegenstand, den Buchstaben, zu üben. Das Format muß nur groß genug sein, dann bekommt die Hand schon den nötigen Schreibschwung. Und es entsteht gleich ein Plakat, mit dem man etwas anfangen kann.
Welche Möglichkeiten es gibt, gleichermaßen schwung- und sinnvoll schreiben zu lernen, soll in den Abschnitten 8.3 und 8.4 beschrieben werden. Zuvor möchte ich zeigen, wie man mit dem Schreibenlernen das Rechtschreibenlernen verbinden kann, und zwar von den ersten Wörtern an. Ich gehe dabei von der Gemischtantiqua als Anfangsschrift auch für das Schreibenlernen aus (zur Begründung s. 8.5). Das Leitbild zum Schreiben (Abb. 7, S. 68, Nr. 5) zeigt das Nachspuren von Buchstaben in Pfeilrichtung. Damit kann man, wie beschrieben (Kap. 3 u. 4), schon in der ersten Woche beginnen. Das Leitbild kann man einführen, sobald die Kinder sich ein zweites Mal an das Nachspuren machen.

8.1 Viele Möglichkeiten zu »schreiben«, ohne zu schreiben

Das Wörterbauen mit Buchstaben/-gruppen-Karten, von dem bisher die Rede war, ist ein Produzieren von Schrift, ohne daß das Kind schon freihändig schreibt. Andere Möglichkeiten, zu »schreiben«, ohne zu schreiben, finden sich in vielen Unterrichtswerken, die das eigentliche Schreibenlernen einige Wochen hinter den Leseanfang verlegen (vgl. auch H. Brügelmann 1984, 5.2 »Wörter vervielfältigen«). Während die Buchstabenkarten mit ihren mageren Buchstabenlinien sofort zum Nachspuren einladen, fehlt diese Über-

leitung bei den anderen Materialien. Das Schreibenlernen läuft dort, mit den o.g. obligatorischen »Schwungübungen«, völlig getrennt vom Schriftproduzieren an. Die Unzufriedenheit damit brachte mich auf die Buchstabenkarten und die Buchstabenschablonen, die ich im Abschnitt 8.2 genauer darstelle.
Zur Schrift führen jedoch viele Wege. Gerade am Anfang, wenn die Kinder erst wenige Wörter durchgliedert haben, können sie viele Materialien gebrauchen, mit denen sie wieder und wieder diese Wörter bauen. So prägt sich früh auch deren Rechtschreibung ein. Besonders reizvoll ist die Unterschiedlichkeit des Materials. Sie hilft, die ersten Wörter gründlich zu erarbeiten, ohne daß es den Kindern langweilig wird. Denn mit jedem Material müssen sie anders umgehen. Meistens sind auch die Schrifttypen verschieden. Ganz nebenher lernen die Kinder so den Begriff »Buchstabe« zu verallgemeinern (s. Abschnitt 8.4).
Natürlich ist es eine Geldfrage, wie viele Arbeitsmittel man den Kindern anbieten kann. Das »Armenhaus« Grundschule unserer Tage hat wenig zu bieten. Aber statt diesen Mißstand als gegeben hinzunehmen, möchte ich denen, die ihn bekämpfen wollen, Argumente liefern – ganz einfach indem ich die Möglichkeiten und Grenzen der wichtigsten Arbeitsmittel hier beschreibe.

8.1.1 Buchstabenplättchen, -karten, -würfel und -steine

Seit Jahrhunderten haben gute Didaktiker ihren Leseanfängern Buchstabenplättchen als Lernhilfe gegeben (vgl. E. Frommholz 1977). In einer alten Dorfschule habe ich noch einen schönen alten Holzkasten mit Setzleiste und großen Holzbuchstaben gefunden. Lesekästen dieser Art kamen durch die Ganzheitsmethode schon vor Jahrzehnten aus der Mode. Nur in Hilfsschulen (jetzt Lernbehindertenschulen) blieb die Erinnerung an sie wach. Inzwischen hat man längst erkannt, daß das Wörterbauen nichts mit dem mühsam leiernden Zusammenlautieren der reinen Synthese zu tun hat. Dem Kind ist das Wort, das es bauen soll, ja schon bekannt. Es analysiert das Sprechwort beim Zusammenfügen des Schriftwortes, arbeitet also »methodenintegriert«. Und beim probierenden Wörterbauen lernt es rechtschreiben und lesen zugleich.

In modernen Lesekästen (z.B. »Lesefreude« von M. Hahn o.J.) sind die Buchstabenplättchen übersichtlich geordnet und können aufgrund eines Haft-

mechanismus nicht herausfallen. Auf der beiliegenden Steckleiste lassen sich ganze Sätze bauen (s. Abb. 17). Denselben Kasten gibt es in groß zum Vorführen. Die Buchstabenkarten, die vielen Leselehrwerken beigegeben sind, rutschen dagegen leicht durcheinander und gehen schnell verloren.
Die Buchstabenwürfel, z.B. im PZ-Lehrgang (P. Heyer 1971), haben den Vorteil, daß sie zum Erfinden von Spielen verlocken. Manche Kinder verwirrt aber, daß sie nicht nur auf der Oberseite Buchstaben sehen, sondern auch auf der Seite. Außerdem müssen sie immer erst nach den einzelnen Buchstaben suchen.
In dieser Hinsicht sind die Buchstabensteine in »Scrabble« unkomplizierter. Selbst langjährige Legastheniker fesselt dieses Spiel (Scrabble f. Kinder). Jeder Punktgewinn gibt ihnen neuen Mut. Leider gibt es wie bei den meisten Spielen Gewinner und Verlierer. Man muß bei der Zusammensetzung der Spielgruppen sehr darauf achten, daß es nicht immer dieselben sind.

Buchstabengruppen findet man bei den Materialien zum Wörterbauen selten. Hier ist ergänzende Arbeit zu leisten. Der Lehrer, bald auch die Kinder, können mit Klebstreifen die entsprechenden Buchstaben zusammenkleben. Beim »Scrabble« kann es für Buchstabengruppen Extrapunkte geben. Allerdings müssen die Kinder ihre Wörter wieder zerstören, wenn sie neue bauen wollen – es fehlt das bleibende Produkt. Um diesen Mangel auszugleichen, müssen sie schon selbst schreiben können. Dann machen sie nämlich »Fotos« von ihren Werken: Sie schreiben sie in ein »Foto-Album«, ein Blatt der Eigenfibel mit vorgezeichneten (oder selbstgezeichneten) Foto-Ecken.

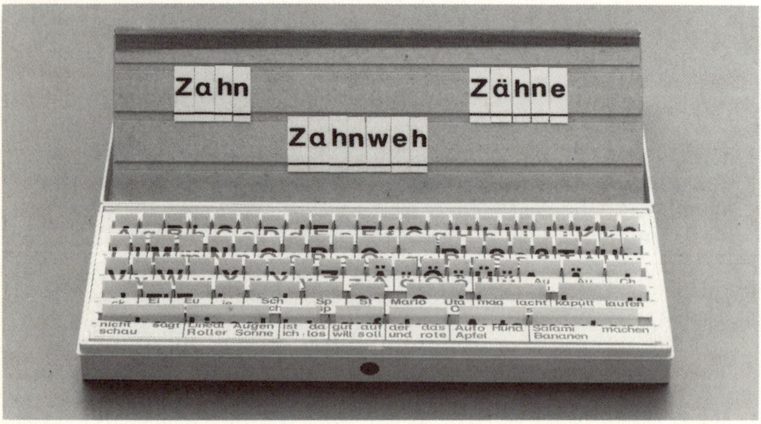

Abb. 17: Lesekasten (M. Hahn)

8.1.2 *Lesespiele*

Der Handel hat inzwischen für besorgte Eltern vielerlei Lesespiele herausgebracht. Ich will hier nur zwei nennen, die sich seit langem in der Schule bewährt haben: die »Leseuhr« und den »Leseschieber«. Bei der »Leseuhr« sind die Buchstaben auf Scheiben angebracht, die sich gegeneinander drehen lassen. Im Fenster erscheint jeweils das gewünschte Wort. Ähnlich lassen sich beim »Leseschieber« Buchstabenleisten gegeneinander verschieben, bis im Fenster das Wort richtig steht. Bei beiden Spielen ist der Buchstabenbestand schön handlich und unverlierbar beieinander. Die Buchstabengruppen fehlen wieder. Man kann sie hier auch nicht selbst zusammenkleben. Im Unterschied zu den Lesekästen läßt sich mit diesen beiden Spielen immer nur ein Wort bauen. Sie sind außerdem eher Einzelspielzeuge. Besitzt aber jedes Kind eines, so kann die Klasse damit in Phasen gemeinsamer Arbeit gut Wörter bauen: bekannte auswendig und unbekannte probeweise (s. Kap. 10.1). Das Ergebnis ist nicht schwer zu kontrollieren.

8.1.3 *Buchstabenstempel*

Bei diesem Material bleiben die Wörter, die das Kind baut, erhalten. Das hat die Stempelkästen so beliebt gemacht. Sieht man sich die Produkte an, so fallen allerdings die vielen Rechtschreibfehler auf. Ist das Wort einmal »geschrieben«, so läßt es sich nicht mehr korrigieren. Das ist ein Nachteil gegenüber den Lesekästen. Zudem ist es schwer, ein Wort gerade zu stempeln. Auch der Buchstabenabstand ist meistens ungleichmäßig. Erwachsenen gefallen die entstehenden tanzenden Zeilen oft besser als den Kindern, die sich bemüht hatten, wie die Erwachsenen zu »drucken«. Das unruhige Schriftbild ist auch für das anschließende Lesen nicht sehr förderlich.

Verbesserungsvorschläge liegen vor: Buchstabenstempel, die man zu Wörtern zusammenfügen kann, bevor man sich ans Drucken macht. An den aufgemalten Buchstaben wird vor dem Drucken die Rechtschreibung überprüft. Die einzelnen Wörter werden dann ganz gleichmäßig, richtig und gerade. Ein ganzes Wort ist zudem rascher gestempelt als einzelne Buchstaben. Im Handel ist bisher, soweit ich weiß, nur eine Konstruktion, bei der die Stempel wie Legosteine zusammengedrückt werden. Bei längeren Wörtern muß man kräftig aufdrücken, und die Verbindung kann sich leicht verbiegen oder lösen. Bei Stempeln, die seitlich zusammengeschoben werden, geschieht das nicht. Eine solche Konstruktion mit Schwalbenschwanzpassung liegt vor, wurde aber noch nicht produziert.

8.1.4 Setzkästen mit Drucklettern

Durch die Freinet-Pädagogen wurde die Druckerei als Lernmittel in der Grundschule bekannt. Hier ist das schöne und übersichtliche Schriftbild eine Selbstverständlichkeit und die Rechtschreibung Teil des Druckvorgangs: Die Kinder machen so viele Probeabzüge, bis sie in gemeinsamen Kontroll-Lesungen feststellen, daß alles »stimmt« (vgl. Jörg/Treitz 1985, 83).
In der Regel beginnt jedoch das Drucken erst, wenn die Kinder schon Lese- und Schreibkenntnisse haben. Für die ersten Anfänge erscheint es etwas zu schwierig, denn man sieht die Drucklettern spiegelverkehrt. Die Kinder brauchen einen Spiegel, um die Buchstaben lesen zu können. Ähnliche Buchstaben wie d und b, die für sie ohnehin schwer zu unterscheiden sind, verwechseln sie noch leichter. Die Freinet-Druckerei (Materialvertrieb s. Adresse im Literaturverzeichnis) liefert zwar die Setzhölzer (zum Setzen einzelner Zeilen) mit Kontrollspiegel, aber beim Einräumen der gebrauchten Lettern fehlt natürlich der Spiegel (s. Jörg/Treitz 1985, 81).
Zum anderen sind selbst die großen Freinet-Lettern kleiner und schwerer zu greifen als z. B. die Stempel. Sie im Setzholz aneinanderzureihen und immer wieder umzuordnen, bis die Schreibung stimmt, ist mühsam. Das probierende Hantieren mit Buchstaben, das mir so wichtig ist, macht den Kindern mehr Spaß, wenn damit ein Mindestmaß an Körperbewegung verbunden ist. (Selbst Erwachsene genießen es, den Schachzug im Park mit dem Läufer im Arm körperlich zu vollziehen.) Die Kleinarbeit am Setzholz ist einigen Kindern noch zu »fummelig«.
Zum dritten können immer nur wenige Kinder zugleich am Setzkasten arbeiten. Das Drucken eignet sich also kaum für das gemeinsame Erarbeiten erster Laut-Buchstabenbeziehungen und Wörter; und die Phasen der Selbsttätigkeit sind schwerer zu organisieren. Erfahrene Schuldrucker schalten darum dem Drucken eine Phase des Stempelns vor, stellen aber die Schuldruckerei bereits in der Klasse auf. Sie erreichen, daß einzelne Kinder bereits nach ein paar Schulwochen zur

»richtigen Druckerei« drängen und das Problem der Spiegelschrift dann auch bewältigen (H. Jörg u. P. Treitz 1985, 77). Eine Untersuchung mit 352 Kindern ergab, daß die Kinder, die mit Stempeln und Druckerei gearbeitet hatten, anderen, die den gleichen Stoff auf herkömmlichem Weg erlernten, im Rechtschreiben weit überlegen waren (ebenda, 77f.).
Als Lernanreiz und weiterführendes Lernmedium erscheint mir die Schuldruckerei ganz unentbehrlich. Die Druckpresse ist ja ein Vervielfältigungsgerät. Sobald jedes Kind ein Wort setzen kann, z.B. seinen Namen, kann mit den zusammengetragenen Setzhölzern ein gemeinsames Blatt gedruckt werden. Die Handgriffe beim Einfärben und Drucken lernen die Kinder gern und schnell. Sie spüren, daß sie ein richtiges Handwerk betreiben, also ein Stück Erwachsenenwelt erobern. Selbst das umständlichere Arbeiten mit echten alten Druckereipressen erlernen die Kinder nach unseren Erfahrungen erstaunlich rasch. Wer Glück hat, findet unter ausgedienten Setzkästen alter Druckereien noch große Holzlettern. Mit ihnen kann man herrliche Plakate drucken (Abb. 18).

Abb. 18: Mit Holzlettern gedrucktes Plakat

Selbst die »Kinder-Druckereien« zum Herstellen kleiner Stempel kann für einzelne Kinder, die Freude an den winzigen Lettern finden, ein reizvolles Lernmittel werden.

8.1.5 Schreibmaschine und Computer

Kaum etwas verlockt die Kinder so zum Schreiben wie die Schreibmaschine. Sie ist das Schreibgerät unserer Zeit, die Nachfolgerin des Letternkastens. Viele Kinder sehen hier und da Erwachsene, vielleicht auch ihre Verwandten, maschineschreiben. Mit Recht sind sie begierig, dieses Gerät selbst in Gang zu setzen.
Alte Schreibmaschinen sind verhältnismäßig billig zu bekommen, aber wohl kaum für jedes Kind. Der Lärm wäre auch zu groß. Wie der Setzkasten ist die Schreibmaschine also ein Arbeitsmittel für die Phasen der Selbsttätigkeit. Es wäre zu überlegen, ob man nicht gleich auch eine Tabelle mit der Fingerverteilung dazugibt. Einige Kinder haben sicher Lust, das Schreiben gleich richtig mit 10 Fingern zu lernen. Dann können sie blind schreiben – beinahe ein Zauberkunststück für diejenigen, die zusehen.
Wie die Druckerei ist die Schreibmaschine eine Anschaffung für die ganze Grundschulzeit und darüber hinaus. Es ist für sie nie zu spät. Im Gegenteil: Je mehr Schreibkompetenz die Kinder erwerben, desto besser können sie die Schreibmaschine gebrauchen, um für die Klassenzeitung, das Geschichtenbuch, die Korrespondenzklasse oder wen auch immer einen Text ins Reine zu schreiben. Erst recht ist die Schreibmaschine ein Lernanreiz für diejenigen, die bis dahin Schwierigkeiten mit dem Schreiben hatten. Sogenannte »Lernbehinderte« finden nach jahrelangen Versagenserlebnissen über die Schreibmaschine wieder Freude am Schreiben (vgl. D. Mahlstedt 1980, 210).

Für Körperbehinderte, die keinen Stift führen können, gibt es computergesteuerte Geräte, die ihnen das Schreiben ermöglichen. Spastisch Gelähmte bekommen dadurch z. T. überhaupt erst die Möglichkeit, sich sprachlich zu verständigen.

So gut und wichtig dieser Einsatz der Computertechnik ist, so bedenklich erscheinen mir Computerprogramme zum Lesen- und Rechtschreibenlernen für (noch) Nichtbehinderte. Hier wird der Computer zum Kommunikationspartner. Durch prompte Verstärkungen und Verweise bindet er das Kind emotional stark an sich. Aber er verkürzt die Kommunikation auf das bloße Vermitteln einer Technik, gleich welchen Inhalts. Das Handeln mit der Schriftsprache, das bei anderen Menschen etwas bewirkt, etwas verändert (s. Kap. 1.2), wird ausgeklammert. Das Kind ist auf sich selbst verwiesen. Es kreist in egozentrischer Weise um die Frage, ob es die Aufgabe löst oder nicht. Seine psychischen Reaktionen werden nur so weit registriert, wie sie in das Plus-Minus-Schema des Computers passen. Es findet also auch zu sich selbst und seinen Lernprozessen, die weit komplexer sind (s. Kap. 1.3), keinen rechten Zugang.

Immerhin könnten die Computerprogramme methodisch gut aufbereitet sein. Doch was mir bisher an Programmen zum Rechtschreibenlernen bekannt geworden ist, erinnert peinlich an schlechtesten Frontalunterricht. Da werden »Rechtschreibfälle« eingebimst, zwar individuell, aber nicht weniger gängelnd. Vielleicht sind Programme denkbar, die entdeckendes Rechtschreibenlernen anregen. Geschrieben sind sie, soviel ich weiß, noch nicht.

Was mich vor allem gegen Computer im Klassenzimmer einnimmt, sind die enormen Kosten. An Mitteln für handelndes und kooperatives Lernen wurde bisher eisern gespart. Sollte jetzt für das isolierende Computerlernen plötzlich Geld da sein? Ich kann nur hoffen, daß die Verantwortlichen, sollten sie Mittel für die Modernisierung der Grundschulen bekommen, diese für pädagogischere Lernmittel einsetzen.

8.2 Koppelbare Buchstabenschablonen

Mit den bisher genannten Arbeitsmitteln produzieren die Kinder Schrift, ohne schon die Schreibbewegungen zu erproben. Mit den Buchstabenschablonen können sie Schrift produzieren und zugleich die Schreibbewegungen erproben (Abb. 19). Beim Entwickeln dieses Arbeitsmittels ging es mir darum, möglichst viele Vorzüge der bekannten Materialien zu vereinigen, ohne ihre Mängel zu wiederholen. Darum beschreibe ich es etwas genauer, obwohl es – leider – noch immer nicht im Handel erhältlich ist.

Abb. 19: Koppelbare Buchstabenschablonen

8.2.1 *Rechtschreibkontrolle vor dem Schreiben*

Buchstabenschablonen sind an sich nichts Neues. Aber die bekannten Metall-Schablonen enthalten das ganze Alphabet. Man muß sie nach jedem Buchstaben drehen und sehr genau auf Abstand und Linie achten, wenn man sie erneut auflegt. Wie beim Stempeln erscheint das vollständige Wort erst auf dem Papier. Rechtschreibfehler werden erst nach dem Schreiben bemerkt und sind dann schwer oder gar nicht zu berichtigen. Bei den von mir entwickelten Buchstabenschablonen enthält jede Schablonenplatte nur einen Buchstaben. Die Platten werden zu dem gewünschten Wort zusammengesteckt (Schwalbenschwanzpassung). Das Kind kann die Rechtschreibung kontrollieren, bevor es die Buchstabenformen durchschreibt. Wie bei den Buchstabenplättchen, Leseuhren usw. hat es Gelegenheit zum probierenden Lernen beim Wörterbauen. Doch hier entsteht außerdem anschließend noch ein dauerhaftes Produkt. Das Schriftbild ist schöner als das gestempelte mit den tanzenden Zeilen. Die feste Koppelung garantiert gerade Zeilen und gleichmäßige Abstände zwischen den Buchstaben. Für Wortabstände sind Leerplatten da. Indem das Kind mit einer Leerplatte ein Wort vom anderen absetzt, begreift es mit der Hand, was ein Wort ist. Diese Vorteile hat auch die Arbeit mit der Druckerei. Aber sie ist viel schwieriger.

8.2.2 *Vereinfachter Schreibanfang*

Mit den Buchstabenschablonen können die Kinder praktisch vom ersten Schultag an arbeiten:

- Sie sehen die Buchstaben richtig herum, nicht spiegelverkehrt.
- Die Schablonenplatten sind größer und leichter zusammenzufügen als die Lettern der Druckerei.
- Man kann sie besser anfassen als Buchstabenkarten, weil sie nur auf zwei Stegen aufliegen. Durch die Stege gibt es zudem kein Schmieren beim Durchschreiben.
- Der Material-, Raum- und Zeitaufwand des Druckens fällt fort. Es ist auch kein Stempelkissen nötig. Überhaupt gibt es keine Zusatzteile, die verloren gehen können.
- Die Kinder brauchen keine zusätzlichen Fertigkeiten wie beim Schneiden und Kleben der Buchstabenkarten, das ich in den vorigen Kapiteln beschrieben habe. Das Zusammenstecken ist vielen vom Spielzeug her bekannt und ansonsten unkompliziert.

- Es sind anschließend keine Papier- und Klebreste, Druck- oder Stempelfarben zu beseitigen.
- Das Material ist unempfindlicher als die Lesespiele und die Stempel mit ihren Gummi-Buchstabenformen. Es ist auch hygienischer als die Bleilettern.
- Man kann die Platten, weil sie flach sind, raumsparend und übersichtlich in vergleichsweise kleine Kästen einordnen.
- Ein Schablonenkasten hat auf jedem Schülertisch Platz. Er ist also sowohl für die Selbsttätigkeit als auch für die gemeinsame Erarbeitung eines neuen Wortes geeignet.

8.2.3 Wörterschreiben ohne Lehrerhilfe

Das Schreibenlernen mit den Buchstabenschablonen beginnt beim ganzen Wort, nicht bei einzelnen Buchstaben. Durch die Steckvorrichtung sind die Schablonenplatten in erster Linie als Bausteine ausgewiesen. Das Schreiben beginnt jeweils erst, wenn das Wort richtig fertiggebaut ist.
Dafür sind kaum weitere Lehrerimpulse nötig. Die Kerben laden zum Durchschreiben ein. Kaum ein Kind im Besitz eines Stiftes läßt es sich z.B. nehmen, mit ihm in den Löchern und Kerben der Tischplatte herumzustochern. Damit scheint eine große Funktionslust verbunden zu sein. Kreativ ist das Nachfahren in vorgeformten Bahnen allerdings nicht. Darum sollte das Schablonenschreiben wie auch das Nachspuren von Buchstabenlinien nicht der einzige Weg zum eigenhändigen Schreiben sein (s. Kap. 8.3). Auf jeden Fall ist es ein ganz selbständiger Weg. Pfeile auf den Schablonenplatten (s. Abb. 19) zeigen an, in welcher Richtung der Stift zu führen ist. Bei mehreren Bewegungsteilen (z.B. bei dem B) zeigt ein Kreis den Startpunkt an. Haben die Kinder gelernt, einem Pfeil in der richtigen Richtung zu folgen, so können sie sich ohne weitere Lehrerhilfe an die Arbeit machen.

Für Linkshänder sind die Pfeile eine wichtige Hilfe, ihre linke Hand in der ungewohnten Schreibrichtung von links nach rechts zu führen. Die vielen Kinder, die noch etwas seitenunsicher sind, werden ebenfalls unterstützt. Hat ein Kind sich bei Schreibversuchen zu Hause eine falsche Schreibung eines Buchstaben angewöhnt, so kann es mit Hilfe der Pfeile selbst umlernen. Die Lehrerin ist von vielen zeitraubenden Schreibanleitungen entlastet. Sie kann ihre Aufmerksamkeit besser auf alle Kinder verteilen und hat mehr Zeit, den Kindern zuzuhören, was sie beim Schreiben beobachten und fühlen.

Viele kleine Differenzierungen ergeben sich schon dadurch, daß jedes Wort beliebig oft durchgeschrieben werden kann. Jedes Kind kann die Schreibbewegungen so lange üben, wie es möchte. Es prägt sie sich dabei unbemerkt ein. Wechselt es die Farbe, so macht es noch mehr Spaß. Ein Blatt der Eigenfibel ist bald gefüllt. Schiebt man das Schablonenwort jeweils nur ganz wenig weiter, so entstehen interessante Raum-Effekte. Dreht man es um die Achse des Anfangs- oder Endbuchstabens, so entsteht aus dem Wort eine Sonne o. ä. Ganz rasch hat die Klasse mit verschiedenen Schablonenwörtern eine schöne Einladung, ein Plakat, einen Wandtext geschrieben.

8.3 Viele Wege zum freihändigen Schreiben

Bei den bisher genannten Arbeitsmitteln sind die Buchstabenformen vorgegeben. Die meisten laden nicht einmal zum Nachspuren oder Durchschreiben ein. Um zum freihändigen Schreiben zu kommen, muß sich das Kind aber allmählich ganz vom sichtbaren Vorbild lösen. Es muß die Buchstabenformen verinnerlichen (s. Abb. 1, S. 22). Das heißt nicht, daß es sie einfach im Kopf abbildet. Es verwandelt vielmehr die graphischen Muster in Bewegungsmuster. Aus der starren Form wird eine dynamische (vgl. M. Bergk 1980, 67ff.). Viele Kinder tun diesen wichtigen Schritt allein. Sie sehen einfach zu, wie die Lehrerin (oder daheim die Mutter, der Bruder) schreibt, und machen es genauso. Andere Kinder sind noch so hilflos, daß der Lehrer ihnen am liebsten die Hand führen möchte. Sie brauchen Hilfen, wie sie die Buchstabenformen in Bewegungsmuster umwandeln können.

8.3.1 Vom Inhalt zur Schreibbewegung statt umgekehrt

Die alte Schreiblesemethode gab für jede Schreibbewegung ein Kommando. Beim i hieß es z. B.: »Auf-ab-Strich drauf«. Die Kinder schrieben im Takt. So wurde aus der Hilfe ein Dressurakt. Die Schwungübungen der heute üblichen Schreiblehrgänge darf jedes Kind im eigenen Rhythmus machen. Aber wieder muß es isolierte Formen üben, ohne ihren Sinn zu begreifen.
Mir scheint es richtiger, den umgekehrten Weg zu gehen: Von der Sache, die den Kindern wichtig ist, zu dem Wort für diese Sache und

von den Buchstaben dieses Wortes zu den einzelnen Buchstabenformen. Warum sollen die Kinder die wenigen Formelemente nicht selbst entdecken? Wenn sie dann das Oval, die Schleife, Girlande, Arkade isoliert üben, wissen sie, warum. Wichtiger ist ihnen aber nach unseren Erfahrungen das ganze Wort. Das kleinste Element, das sie als übenswert herauslösen, ist ein neuer oder noch wenig bekannter Buchstabe.
Statt die Schriftform in einzelne Elemente aufzulösen, sollten wir sie lebendig machen: als fühlbaren Körper und vor allem als Körperbewegung. Je stärker der Körper sich bewegt, desto besser prägt sich die Form ein. Die Buchstabenschablonen und -karten bereiten das freihändige Schreiben vor. Aber um die Schriftform richtig auskosten und Schreibschwung entwickeln zu können, brauchen die Kinder daneben viel Platz für freies Wörtermalen.

8.3.2 Großräumiges, probierendes Schreiben auf Tafeln, Tischen, Böden

Die beste Fläche für die ersten großen Schreibbewegungen ist wohl die Wandtafel. Zum einen bringt das Schreiben auf senkrechter Fläche den ganzen Körper in Bewegung, zum anderen können die Kinder dadurch dem Lehrer etwas näher rücken. Dies auch insofern, als sie sein Haupt-Arbeitsmittel ebenfalls verwenden. Zum dritten kann die Klasse im Sitzkreis vor der Tafel den Bewegungsablauf gut beobachten, erkunden und besprechen. Daß nur vier bis sechs Kinder gleichzeitig an der Tafel schreiben können, ist kein Mangel. Die anderen haben währenddessen genug zu gucken. Vielleicht finden sie ein Vorbild oder ein Beispiel, wie sie es dann nicht machen wollen. Die Vorsichtigen, die sich als letzte heranwagen, haben auf diese Weise genug Zeit, Mut zu fassen. Die Lehrerin kann die Vorgaben gut differenzieren: Auf die eine Tafelfläche schreibt sie das Wort ganz groß vor, auf die andere kleiner, auf die dritte nur einen Buchstaben, auf die vierte gar nichts. Jedes Kind sucht sich die passende Aufgabe aus.

Doch was tun mit unruhigen Kindern, die nicht weiter zusehen mögen, wenn sie schon an der Tafel geschrieben haben? Sie können z. B. mit dem Radiergummi dieselben Schreibbewegungen auf der Tischplatte probieren. Diese Möglichkeit wird, glaube ich, zu wenig genutzt. Man hat dabei keinen Papierverbrauch, es wird nichts schmutzig, und der Radiergummi ist unkompliziert anzufassen. Er muß nur schön groß sein. Daß die Schreibspur sich erst nach mehreren Durchgängen deutlicher abhebt, ist gut. Um so öfter muß das Kind sie ziehen. Um sie zu löschen, muß der feuchte Finger wieder mehrmals auf den Gummispuren entlangfahren. So prägt sich die Bewegung ein. – Schöner sind natürlich große, dunkel gestrichene Holz-Schreibtafeln für jedes Kind. Sie lassen sich schräg an die Tischkante stellen. Dadurch schaffen sie einen Übergang zwischen der senkrechten und der waagerechten Schreibfläche (vgl. E. Weichselbraun: Banktafeln 1983).

Die größte waagerechte Schreibfläche ist nun einmal der Boden. Auch ihn kann man ohne schlimme Folgen beschriften: mit dem nassen Schwamm. Mit dem Trockentuch wird die Schreibbewegung wiederholt. Besser sichtbar ist die Spur mit Kreide. Mit dem anschließenden Löschen und Trockenwischen ergeben sich hier drei Schreibdurchgänge. Immer drei Kinder können zusammenarbeiten. Die Rollen werden dreimal getauscht. Die beste Wirkung hat die Kreide zwar auf dem Schulhof, die Wirkung auf den Hausmeister ist aber meist eine schlechte. Konfliktfreier gestaltet sich das Schreiben in der Sprunggrube: mit Harke, Schlagballstöcken, Fingern, Fußspitzen (vielleicht auch mal mit dem ganzen Körper?).
Allseits bekannt als großräumige Schreibvorübung ist das Luftschreiben. Es ist sicher am einfachsten. Aber die Kinder sehen nicht, was sie schreiben. Darum werden ihre Bewegungen bald fahrig. Für den Anfang scheint mir darum diese Übungsform nicht geeignet. Später kann sie dagegen helfen, sich die Schreibung eines Wortes in Erinnerung zu rufen (s. Kap. 10.1).

8.3.3 *Schreib-Bilder*

Nach den Schreibproben, die immer wieder gelöscht werden, müssen die Kinder irgendwann ein Ergebnis in den Händen halten, das sie nach Hause tragen können. Sonst wissen sie nicht, wofür sie geübt haben.
An das Radiergummischreiben schließt sich gut das Tapetenschreiben an. Die Tapetenstücke sollten so groß sein wie der Schülertisch. Die Kinder schreiben im Stehen. So ist der Körper noch gut an der Bewegung beteiligt. Stifte und Farben aller Art finden hier Verwendung. Je öfter das Wort übermalt wird, desto bunter wird es (s. G. Schmölzer: »Regenbogenschreiben«, 1980, 133).
Bei allen diesen Schreib-Bildern kann die Lehrerin die Aufgabenstel-

lung fein differenzieren: von dem deutlich vorgeschriebenen Wort, das nur nachgespurt wird, über zarteste Andeutungen bis zum leeren Blatt. Statt jedem Kind das Blatt zu geben, das sie ihm zugedacht hat, legt sie vielleicht die Blätter zur freien Wahl aus. Wählt das Kind sich seine Aufgabe selbst, so empfindet es sie mehr als sein eigen. Für die Lehrerin ist dieses Vorgehen interessanter. Manches Kind wählt und löst eine viel schwierigere Aufgabe als erwartet, manches andere traut sich doch noch nicht so viel zu wie sie ihm.
Für Kinder mit großen Lernschwierigkeiten gibt es viele Zwischenstufen:

- Fingerfarben können motorisch gestörten Kindern den Weg zum Schreiben mit dem Stift ebnen.
- Blätter mit Einzelbuchstaben helfen einen falschen eingeübten Bewegungsgang in richtiger Weise zu vollziehen. Dabei entstehen schöne bunte A-Blätter usw. (G. Schmölzer a.a.O.).
- Man zerlegt das Wort in seine Bestandteile. Kinder, die besondere Gliederungsschwierigkeiten haben, schreiben zuerst jeden Buchstaben, bis sie ihn beherrschen, dann erst das ganze Wort (Abb. 20).

Abb. 20: Durchgliederndes Wörterschreiben (DIN A4–DIN A0)

Wer mit dem Nachspuren der Vorgaben fertig ist, beginnt mit freihändigen Schreibversuchen. Sollte wirklich ein Kind vor Ende der Stunde oder der angesetzten Übungsphase fertig sein, so kann es zählen, wie viele Male es nun »nein« geschrieben hat. Probleme gibt es bei dieser Arbeitsweise eher mit Kindern, die noch weitermachen wollen als mit solchen, die nichts mehr zu tun wissen.

8.3.4 *Buchstabenlaufen in Pfeilrichtung*

Auf den Buchstabenlinien entlangzulaufen ist eine weitere Möglichkeit, sie in Bewegungsmuster umzusetzen. Dabei prägt sich den Beinen manches nachdrücklich ein, was der Schreibhand nicht so bewußt wird. Vor allem sind das die Sprünge:

- Beim p, t, r usw. muß der Stift zu einem zweiten Strich neu ansetzen. Das geschieht fast unbemerkt. Aber für die Beine werden daraus womöglich große Sprünge.
- Bei Buchstabengruppen wie sch und ng gibt es viel zu springen. So wird ihre Besonderheit körperlich fühlbar.

Das Buchstabenlaufen ist mehr ein gemeinsames Tun als die vorher beschriebenen Schreibübungen. Für den Anfang sind Einzelbuchstaben besser als ganze Wörter. Z. B. klebt die Lehrerin nach Anweisung der Kinder mit Tesakrepp ein b im Großformat auf den Turnhallenboden. Dann setzen die Kinder zwei Pfeile (Karton mit doppelseitigem Klebstreifen haftend gemacht, immer wieder verwendbar) an die Linien. Der Kreis an dem ersten Pfeil ist der Startpunkt für den Buchstabenlauf (Abb. 21). Spannend wird es (wenn nun ein Kind nach dem anderen das b entlangläuft) immer beim Sprung zum b-Bogen. Beim zweiten Durchgang kann man den Buchstaben vergrößern, die Gangart beschleunigen, kriechen, hüpfen, den Ball auf der Linie entlangrollen usw.

Gibt es Ärger mit den Klebresten, so nimmt man Taue, gerollte Laken o. ä. Springtaue eignen sich auch gut für erste Partnerübungen. Die Partner legen zuerst den Buchstaben, dann die (selbstgemalten) Pfeile, laufen auf den Tauen entlang. Besonders schöne Partnerübung: Ein Kind führt das andere mit geschlossenen Augen auf dem Tau entlang (s. O. Jaumann 1985, 110) und sagt ihm an, wie es springen muß.

In die Sprunggrube können die Kinder den Buchstaben eintreten wie einen Gartenweg und rundum das »Beet« gut harken. Nun gilt es nicht überzutreten. Mit dem Herbstlaub kann man den Buchstaben ganz

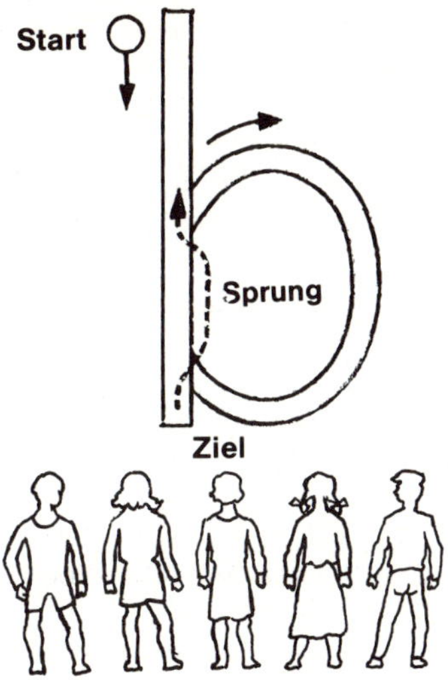

Abb. 21: Ein Buchstabe als Lauf- und Sprungbahn

groß auf den Schulhof streuen, auf ihm entlangrascheln, ihn kaputtrascheln (und wieder zusammenfegen). Im Winter werden riesengroße Buchstaben – und nun auch schon Wörter – in den Schnee getreten. Pfeile aus Stöckchen oder Laub weisen die Richtung.

Wichtig ist bei allen »Begehungen«, daß die Kinder sich immer wieder richtig vor die Buchstaben oder Wörter stellen. Sonst bekommen sie eine verdrehte Vorstellung von der Schreibrichtung. – Vom Buchstabenlaufen zum -schreiben können Spielzeugautos überleiten (bei größeren Lernbehinderungen). Bevor das Kind die Buchstabenformen auf der Tapete nachspurt, fährt es erst einmal die Strecke mit dem Auto ab. An den Sprungstellen wird dann das Auto zum Hubschrauber.

8.3.5 *Buchstaben herstellen*

Erste Erfahrungen mit den Buchstabenformen sammeln die Kinder, wenn sie sie selbst herstellen. Sie zu kneten ist bereits verbreitete Praxis. Haltbarer und von der Unterlage lösbar werden die Buchstaben aus Salzteig:

2 Tassen Salz, 2 Tassen Mehl, 1 Tasse Wasser, ca. 1 Eßlöffel Tapetenkleister werden verknetet. Die Buchstaben sind nach einem Tag im Warmen fest getrocknet.

Lieblicher, wenn auch vergänglicher, sind die Buchstaben natürlich aus Keksteig. Statt der üblichen Weihnachtssterne und -herzen kann die Klasse ebensogut Buchstaben backen. Es fällt sogar das Ausrollen und -stechen fort.
Für Buchstaben-Collagen eignet sich fast jedes klebbare Material: Kerne, Papierkügelchen, Fäden, Stoffreste usw. (vgl. H. Will-Beuermann u. J. Hinrichs 1977, 5). Man sollte beim Basteln das Lernziel nicht aus den Augen verlieren: Die Kinder sollen erkennen, daß sie eigentlich immer dieselben Bögen und Stäbe zum Buchstabenbauen brauchen, daß es aber sehr darauf ankommt, wie sie diese Grundformen (vgl. H. Brügelmann 1984, 5.3) jeweils zusammensetzen.
Allbekannt ist das Ausschneiden der Buchstaben aus Zeitungen. Es eignet sich für einzelne Wörter weit mehr als für Sätze oder gar Texte, weil es recht mühsam ist. Außerdem finden die Kinder die Buchstabenformen fertig vor, statt sie selbst zu gestalten. Eine etwas produktivere Variante ist das Durchpausen von Buchstaben (a.a.O., 5.2).

8.4 Die geistige Leistung des Schreibenlernens

Wörter zu malen, zu erwandern oder zu bauen, wie ich es beschrieben habe, kostet mehr Zeit als sie einfach abzuschreiben. Es erscheint darum weniger produktiv. Tatsächlich ist es produktiver. Alles selbständige Handeln mit der Schriftsprache wird in dem Maße, wie es sich einprägt, aktiver Besitz. Das Kind »speichert« nicht einfach ein »Wortbild« oder einen Buchstaben. Es erweitert seine Handlungsfähigkeit. Die Leitbilder sind Sammelzeichen für die erlernten Handlungen, die erarbeiteten Wörter sind die Inhalte. Zunächst sind die Bewegungsmuster an ganz bestimmte Inhalte gebunden, z.B. das Bewegungsmuster M an »Mutter«. Aber mit jedem weiteren Wort, das das Kind sich auf dieselbe Weise erarbeitet, kann es die Bewegung von dem ersten Inhalt immer mehr lösen. Lerntheoretisch gesehen heißt das: Je häufiger das Kind die Schreibhandlung an neuen Inhalten ausprobiert, desto besser kann es sie auf fremde Inhalte übertragen. Je breiter die Basis konkreter Handlungserfahrungen, desto leichter und höher der Absprung in die Verallgemeinerung (s. Abb. 1, S. 22).

8.4.1 *Nachvollziehende oder produktive Verallgemeinerung*

Die Verallgemeinerung ist einer der wichtigsten geistigen Vorgänge beim Lesen- und Schreibenlernen (s. M. Bergk 1983a, 56f.). Lesedidaktiker haben es aber mit ihr oft etwas zu eilig. Z.B. sollen die Kinder einen Buchstaben, den sie gerade erst kennengelernt haben, aus vielen anderen heraussuchen und in ganz verschiedenen Größen, Formen und Stellungen wiedererkennen. (Dies ist eine sehr häufige Fibelübung.) Damit tun sie, meine ich, den zweiten Schritt vor dem ersten. Sie verallgemeinern etwas, das sie noch gar nicht so recht in seiner Besonderheit erfahren haben.

Genau genommen ist ihnen die geistige Leistung der Verallgemeinerung durch die Anordnung der Fibelübung schon abgenommen. Dort sind ja bereits die verschiedensten konkreten Erscheinungsformen des Buchstaben (oder auch des Wortes) zusammengetragen. Die Kinder können die Handlung nur noch nachvollziehen. Ganz anders ist es, wenn sie diesen Buchstaben im Laufe der Zeit einmal so, einmal so schreiben und ihre verschiedenen Schreiberfahrungen selbst zusammentragen. Vielleicht schreiben oder kleben sie alle Formen, die sie finden, in ein Buchstabenheftchen ein. Vielleicht legt die Klasse eine Galerie mit großen Buchstabenbildern an, die ständig ergänzt werden. Jedes Kind ist für einen Buchstaben zuständig und sammelt auf seinem Bild alles, was es an interessanten Exemplaren »seines« Buchstaben findet. Auch Woll- und Körnerbuchstaben finden auf dem Bild Platz.

Die selbstgewonnene Verallgemeinerung ist kein abstraktes Wissen, sondern gleichsam ein Handlungsimpuls »auf Eis«. Sie regt zu neuen Konkretionen an. Wer im Spätsommer das Wort »warm« in den Sand geritzt hat, kommt eher darauf, im Winter das Wort »kalt« in den Schnee zu treten, als jemand, der Wörter immer nur abgeschrieben hat.

8.4.2 *Bewußtes Automatisieren*

Nichts tun Kinder lieber als ein neues Kunststück, z.B. Tauspringen, zu wiederholen, schneller und immer schneller, bis es automatisch geht. Das Automatisieren gelingt desto besser, je sicherer das Kind die Handlung beherrscht und je besser es sie durchschaut. In den meisten Schreiblehrgängen dagegen sollen die Kinder

Schreibbewegungen automatisieren, ohne überhaupt zu wissen, daß ihr Tun etwas mit dem Schreiben zu tun hat. A. Lämmel z. B. fordert: »Sinngebung erst nach dem Erarbeiten der Form!« (1983, 68) Dies ist eine kopflose Automatisation. Die Hand mag den nötigen Schreibschwung bekommen, wenn sie täglich trainiert wird: »Wir holen erst Atem, dann schwingen wir flüssig durch«: 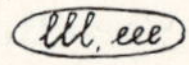 usw. (ebenda, 67). Doch wenn das Kind dann konkrete Wörter schreiben soll, kann womöglich der Kopf mit dem Schreibschwung nicht mithalten. Das Wort steht schon da, bevor das Kind recht bedacht hat, wie es wohl geschrieben wird. Das gedankenlose Drauflosschreiben, das uns den Deutschunterricht so versauert, hat vielleicht schon hier seine Wurzeln.

Warum lassen wir den Kindern nicht Zeit, sich ihrer Schreibbewegungen rundum bewußt und gewiß zu werden? Haben sie keine Zweifel mehr, so beschleunigen und vereinfachen sie sie von allein (vgl. H. Grünewald 1981 a, 33). Das ist ein Grundprinzip menschlichen Lernens, auf das wir uns getrost verlassen können. Auch den Kindern ist dieses Prinzip vertraut. Es bestimmt die Regeln vieler Hüpfspiele und Ballproben: Die vereinbarten Bewegungen werden bei jeder Runde höher, schneller, größer, d. h. der Automationsgrad steigt. Ebenso können sie sich Schreibspiele ausdenken. Wenn wir ihnen nicht dazwischenreden, wählen sie die Schwierigkeitsgrade nicht zu hoch (s. Kap. 10.1). Natürlich ist es nicht gleichgültig, welche Schreibbewegungen sie automatisieren. Durch die Steigerung der Geschwindigkeit allein wird aus dem Drucken kein verbundenes Schreiben. Gerade der Übergang von der Druck- zur Schreibschrift ist ein guter Anlaß, den Kindern ihre natürliche Lernweise bewußt zu machen. Sie können dabei lernen, die Automation bewußt zu planen.

8.5. Von der Druckschrift zur Schreibschrift

Wenn ich bisher vom Schreiben sprach, meinte ich immer das Schreiben der Druckschrift-Buchstaben, und zwar der Gemischtantiqua. Allgemein gilt als »richtiges« Schreiben erst das verbundene Schreiben, entweder in der Lateinischen oder der Vereinfachten Ausgangsschrift (vgl. H. Grünewald 1981 a). Die Gemischtantiqua hat sich zwar als Ausgangsschrift für das Lesenlernen durchgesetzt, aber noch nicht für das Schreibenlernen. Der Bayerische Grundschullehrplan ist der erste, der das Drucken an den Anfang des Schreibenlernens setzt (Bayerisches Kultusministerium 1981, 560f.). Von der Druckschrift werden die Kinder dann allmählich zur Schreibschrift hingeführt (ebenda, 561f.).

8.5.1 *Abbrechender und ausschwingender Abstrich*

Gegen den Anfang mit der Druckschrift läßt sich einwenden, daß der Schreibfluß oft mit einem Abstrich endet, z.B.

turnen

Grünewald befürchtet, daß die Kinder sich an dieses »abgebrochene« Schreiben gewöhnen. Beim verbundenen Schreiben kann es später an den Verbindungsstellen »Brüche« im Schreibfluß geben (Grünewald 1981b, 57). Darum rät Grünewald, gleich mit der Schreibschrift zu beginnen. Man kann jedoch bekanntlich auch die Druckbuchstaben ausschwingen lassen (vgl. schon Brückls »Spazierstöcke«, in Neuhaus-Siemon 1981, 23ff.). Menzels »Lateinische Ausgangsdruckschrift« (1981, 157f.) und die schwedische und dänische Ausgangsschrift haben jene Bögen, die ein »ausfahrendes« Schreiben ermöglichen (ebenda, 149), z.B.

turnen

Dieses »weiche« Drucken ist, meine ich, ein guter Übergang von der Druckschrift zur Schreibschrift.

8.5.2 *Druckschrift als Ausgangsschrift*

Als Erstschrift halte ich allemal die Druckschrift für am besten geeignet (vgl. auch G. Schorch 1983, 105ff.). Sie hat die wenigsten Formelemente, ist also am leichtesten zu erlernen.

- Die Kinder können mit ihr bald ganze Wörter schreiben, Sätze und erste kleine Textchen verfassen, d.h. sie können mit dem Gelernten etwas Sinnvolles anfangen.
- Kinder mit motorischen Schwierigkeiten oder Lernrückständen finden über die einfachen Bewegungen des Druckens leichter Zugang zum Schreiben.
- Lese- und Schreibschrift sind identisch, also können Lesen- und Schreibenlernen sich gegenseitig stützen und fördern.
- Das gedruckte Wort ist klarer gegliedert. Beim Drucken setzen die Kinder die Buchstaben bewußter voneinander ab. Sie können die Wortstruktur leichter erfassen und behalten.

Daß die Druckschrift für das Rechtschreibenlernen die bessere Ausgangsschrift ist, belegen schon die Untersuchungen Weinerts u.a. (1966, 136). Sie ergeben zudem, daß Kinder, die zuerst drucken, später zügiger und lockerer schreiben als Kinder, die von Anfang an verbunden schreiben. Im Ausland, z. B. in Österreich, ist der Anfang mit dem Drucken längst Tradition. Übergangsschwierigkeiten sind nicht bekannt.

8.5.3 *Problem Zielalphabet*

Wie leicht die Kinder das verbundene Schreiben lernen, hängt vor allem von dem vorgeschriebenen Zielalphabet ab. Daß die »Lateinische Ausgangsschrift« besonders viele Probleme schafft, ist bekannt. Die »Vereinfachte Ausgangsschrift« bindet nicht mehr so rigoros eine Form an die andere. Drehrichtungswechsel, die den Schreibfluß bremsen, werden vermieden:

nicht mehr 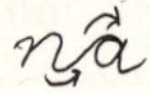, sondern 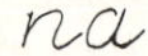.

Dadurch fallen auch Deckstriche weg, die das Schriftbild stören (H. Grünewald 1981a, 27ff.).

Ich frage mich aber, ob man den Kindern überhaupt vorschreiben muß, wie sie ihre Buchstaben verbinden sollen. In einer Klasse hatte ich italienische Schüler, die – ganz schnell und formschön – fast jeden Buchstaben getrennt schrieben. Und wie wichtig ist es heute noch, mit der Hand schnell zu schreiben? Im Zeitalter der Diktiergeräte, Schreibmaschinen und Formulare (»bitte leserlich ausfüllen!«) sollten wir neu überlegen, zu welcher Handschrift wir die Kinder erziehen wollen. Mit Blick über die deutschen Grenzen ist auch zu fragen: Hat vielleicht der Rechtschreibverfall etwas mit der übertriebenen Betonung »flüssigen« Schreibens in unseren Schulen zu tun?

Nichts scheint mir wichtiger, als den Kindern Zeit zu lassen: Zeit vor allem zum Entdecken und Ausprobieren. Wie schon Kuhlmann in der Reformpädagogik (vgl. E. Neuhaus-Siemon 1981, 14ff.) und neuerdings Lockowandt und Honegger-Kaufmann (1981) bin ich gegen eine verbindliche Ausgangsschrift. Als Orientierungshilfe scheint mir die Vereinfachte Ausgangsschrift nützlich, aber nicht als Vorlage zum Einüben.

8.5.4 Selbstgefundene Übergänge

Wie die Kinder sich die Besonderheiten der Druckbuchstaben handelnd erarbeitet haben, sollten sie auch die Schreibschrift durch Probieren und Vergleichen erwerben. Anstoß kann z.B. die Frage sein: »Wie kann man die Buchstaben von ›Mann‹ verbinden?« Die Lösung haben die Kinder schnell. Sie gleicht der Vereinfachten Ausgangsschrift: 

Oder sie sieht so aus: 

Was ist nun besser? Bei der zweiten Lösung fehlen die ausschwingenden Bögen. Dadurch wird sie eckiger, der alten Deutschen Schrift ähnlicher, die nach Grünewald »in ihrem Bewegungsfluß bis zum heutigen Tag von keiner anderen Schreibschrift übertroffen ist« (1981a, 23). Denn mit den ausschwingenden Bögen fehlen auch die geschwindigkeitshemmenden Drehrichtungswechsel. Nicht ohne Grund fehlen sie auch in der Handschrift Erwachsener oft oder sind nur noch schwach ausgeprägt. Darum kann man, meine ich, diese Lösung nicht falsch nennen, nur »eckig«.
Noch deutlicher wird das Problem der runden oder eckigen Verbindung bei den »Schleifen-Buchstaben«. Die Frage heißt z.B.: »Wie kann man die Buchstaben von ›geht‹ verbinden?« Ist es schöner

so: , so:  oder so: 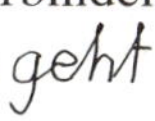 ?

Statt schon zu antworten, läßt man die Kinder vielleicht einmal daheim erkunden, wie die Leute diese Wörter schreiben. Sie können auch eine kleine Meinungsumfrage machen, was nun ihre Eltern, Großeltern, Tanten am schönsten finden.
Dieses Nachdenken über die beste Buchstabenverbindung führt die Kinder sicher eher zu einem bewußten Heranbilden ihrer Handschrift als das fraglose Einüben der Normschrift, welche es auch sei. Ich will die Normschrift-Tafeln nicht aus dem Klassenraum verbannen. Im Gegenteil: Schön fände ich es, wenn drei dort hingen: für die Gemischtantiqua, die Lateinische und die Vereinfachte Ausgangsschrift, am besten auch noch für die Menzelsche »Ausgangsdruckschrift«.
Der Übergang zur Schreibschrift kann ruhig spät beginnen, vielleicht im letzten Viertel des ersten Schuljahres. Um so besser haben sich die ersten Wortstrukturen eingeprägt. Um so klarer ist auch die Vorstellung von den Buchstaben-Grundformen geworden. Die Kinder haben

gelernt, sie aus verschiedenen Schreibweisen zu abstrahieren. Die motorischen Voraussetzungen für das verbundene Schreiben sind ebenfalls durch groß- und kleinformatige Malereien, Zeichnungen, Kritzelbriefe (W. Menzel 1981, 152f.) und Geheimschriften verbessert.

Eine besonders gute Vorbereitung ist das Musikmalen: Mit Kreiden in beiden Händen malen die Kinder im Rhythmus vertrauter Musikstücke Linien, Kreise, Bögen auf Tafelseiten oder Tapeten u.ä. So wie der Rhythmus sich wiederholt, malen sie immer wieder auf denselben Linien entlang. Durch Wechseln der Farben, ein leichtes Versetzen, Verkleinern oder Vergrößern der Formen entstehen schöne Bilder. Daß Musik im Dreivierteltakt besser zu runden Formen paßt, Musik im Viervierteltakt besser zu eckigen, können die Kinder in eigenen Versuchen herausfinden. Auch der Schreibrhythmus ist letztlich etwas Musikalisches. Durch die Verbindung mit der Musik wird er den Kindern besser bewußt, und sie können ihn bewußter gestalten.

Für das bewußte Schriftgestalten müssen die Bewegungen lange deutlich fühlbar bleiben, d.h. die Kinder müssen auch am Ende des ersten Schuljahres noch so groß schreiben können, wie sie wollen. Die DIN-A5-Hefte mit ihrer gedrängten Doppel-Lineatur erscheinen mir, je länger ich über sie nachdenke, zunehmend wie Relikte aus Zeiten des Papiersparens. In einer Zeit der hemmungslosen Papierverschwendung sollte doch ein Kind wenigstens ein DIN-A4-Blatt vollschreiben dürfen, vielleicht auch mehr. Dann hat es genug Platz, das Schreiben aus freier Hand ebenso zu üben wie das Schreiben in großen und kleinen Linienabständen. Matrizen oder Kopiervorlagen mit verschieden breiter Lineatur sind schnell hergestellt. So kann der Lehrer neben den Blanko-Blättern und den normal linierten noch ein paar Varianten zur Wahl anbieten. Bekommt jedes Kind Linienblätter in verschiedenen Größen, so kann es unter sein Blanko-Blatt jeweils die Größe legen, die ihm gefällt. Vielleicht benutzt es auf einer Seite mehrere verschiedene.

Schrift harmonisch über ein Blatt zu verteilen, ist nicht leicht zu lernen. Aber man kann damit früh anfangen. Die Gestaltung eines Blattes für die Eigenfibel ist jeden Tag ein neuer schöner Anlaß.

9 Wörter und Wortteile sammeln

9.1 Der Klassen-Grundwortschatz

9.1.1 Kontinuierlicher Aufbau der Wörter, nicht der Buchstaben

Komplexe Fähigkeiten lernen wir schrittweise. Wir schreiten vom Einfachen zum Schwierigen fort, vom Konkreten zum Abstrakten. Es fragt sich aber, welches jeweils das Einfache und Konkrete ist und wie das Fortschreiten aussehen soll. Die Buchstaben sind zwar das kleinste Einzelne in der gedruckten Schrift, aber sie sind, wie schon gesagt, für die Kinder nicht unbedingt das Konkreteste (s. Kap. 6.1), schon gar nicht mit ihren sog. Lautnamen. Folglich sind sie auch nicht das Einfachste. Konkreter und darum einfacher sind die Wörter.

Viele Lesedidaktiker werden mir so weit folgen, nun aber fortfahren: »Und die Wörter, die bauen wir schön kontinuierlich aufeinander auf, von den einfachen zu den schwierigeren: Ein Wort mit ganz wenigen, ›einfachen‹ Buchstaben kommt an den Anfang, dann folgen Wörter, die Woche für Woche einen Buchstaben mehr enthalten, bis schließlich alle Buchstaben eingeführt sind.« Unversehens sind wir damit wieder auf der Buchstaben-Ebene. Nicht der Wortbestand wird kontinuierlich aufgebaut, sondern der Buchstabenbestand. Die Wörter werden dazu passend ausgesucht. Die »Nuß« z. B. kann erst drankommen, wenn das ß eingeführt ist. Daran ändern die vollsten Haselnußsträucher am Schulweg nichts.

Diese Art kontinuierlichen Aufbaus gleicht einem Marsch auf schmalem Steig: Die Buchstaben folgen einander wie Treppenstufen. Wer später kommt oder verschnauft, muß hinterherlaufen. Wer eine Stufe nicht richtig nimmt, stolpert oder stockt. Dabei liegen, genau genommen, die Wörter um die Kinder verstreut wie Kiesel auf dem Weg. Warum sollen sie nicht den ersten, der ihnen gefällt, aufnehmen, dann dahin laufen, wo sie den nächsten schönen liegen sehen und so nach eigenem Geschmack ihre Wörter sammeln? So wie ihnen der eine oder andere Kiesel zu schwer oder kantig ist, können sie auch das eine oder andere Wort wieder fallenlassen. Ein Fortschreiten gibt es auch hier. Nur ist es ein selbstbestimmtes, kein vorbestimmtes. Daß es zu langsam geht, muß man nicht fürchten. Der Lehrerin geht es eher zu rasch, denn nicht jedes gesammelte Wort prägen die Kinder sich fest ein (vgl. R. Gümbel 1985, 148). Aber dem ersten Auflesen kann eine Stufe bewußteren Sammelns folgen (zu der Stufenfolge s. 9.2).

9.1.2 Viele Anfangswörter – viele Starts – viele Startchancen

Wenn die Kinder etwas schriftlich haben wollen, sollte der Lehrer es ihnen, soweit es alle interessiert, geben. Auf die Tafel, die TP-Rollfolie, einen Packpapierbogen ist es schnell geschrieben. Welches Wort oder – später – welchen Satz bzw. Textteil davon alle sich erarbeiten, ist noch eine zweite Frage. Die Auswahl brauchbarer Anfangswörter ist zwar groß, aber nicht unbegrenzt. Die Kinder sollen allmählich lernen, die Schwierigkeitsgrenzen (s. Kap. 7.3.4) selbst zu betrachten, d.h. lange und schwer gliederbare Wörter noch etwas »aufzusparen«.
Jedes ausgewählte Wort kann nun ein neuer Lernanfang werden: mit allen Verfahren des Wörterbauens, -durchgliederns und Schreibens (s. Abb. 7, S. 68 Leitbild 1–6). Ich halte es für eine ganz große Arbeitserleichterung, tatsächlich in den ersten Wochen jedes neue Wort zu behandeln, als sei es das erste. Keine Übertragung von den zuvor erarbeiteten Wörtern auf das neue wird erwartet. Erkennt ein Kind Ähnlichkeiten, so ist das gut. Erkennt eines keine, so ist es auch gut. Durch viele solche Starts bekommen die Kinder, die von ihren Lernvoraussetzungen her sozusagen »den längeren Anlauf« haben, viele Chancen, einzusteigen, ohne daß es zu spät wird. Der Lehrer wird ebenfalls entlastet. Gelingt ein Start einmal gar nicht, so kann er ihn einfach »vergessen«. Es fehlt ihm keine Sprosse in der Stufenleiter. Er muß nicht mühsam Nachholarbeit mit Kindern leisten, bei denen dies und das Wort nicht »angekommen« ist.
Nach unseren Erfahrungen streut die Menge der erarbeiteten Wörter bald recht stark. Aber die Verfahren des Erarbeitens (Leitbild 1–6) sind bald allen Kindern gut geläufig. Ein gemeinsamer Fortschritt ist also da. Nur liegt er mehr im Erwerbenkönnen, nicht so sehr im erworbenen Besitz. Um diesen geht es erst auf der zweiten und dritten Stufe des Sammelns: beim Zusammentragen des Klassen-Grundwortschatzes.

9.1.3 Grundwortschatz-Erhebungen

»Grundwortschatz« wird allgemein der Bestand der Wörter genannt, deren Rechtschreibung die Kinder am Ende der Grundschulzeit sicher beherrschen sollen. In ihm sollen drei Wortbestände sich ergänzen:

- die häufigsten Wörter der deutschen Gegenwartssprache (Häufigkeitswortschatz bzw. Rangliste),
- der Wortbestand, den Grundschulkinder zum Schreiben vorwiegend brauchen,
- die Wörter, die beispielhaft eine bestimmte Schreibung (einen Rechtschreibfall) repräsentieren, also Analogiebildungen erlauben (vgl. Bayerisches Ministerium... 1981, 568ff.).

Die in den letzten Jahren erstellten Grundwortschätze von H. Plickat (1980), Hessen (1982), Bayern (1981) und Berlin (1977) erfüllen diesen Anspruch nicht (zur Kritik s. D. Mahlstedt 1985). Der Häufigkeitswortschatz der deutschen Sprache, auf den sie sich beziehen, stammt hauptsächlich aus dem Jahre 1889 (von F. W. Kaeding, überarbeitet von H. Meier, 1964). Er wurde zwar durch eine Erhebung der deutschen Umgangssprache von 1963 ergänzt, ist aber inzwischen hoffnungslos veraltet. Zudem entstammt er der gehobenen Erwachsenen-Schriftsprache. Der aktuelle Wortschatz von Grundschulkindern ist nicht berücksichtigt.
Diese Mängel lassen die verbreitete Abneigung gegen einen verbindlichen Grundwortschatz berechtigt erscheinen (zur Grundwortschatz-Diskussion vgl. W. Boettcher 1983). Wie ist es aber mit einem Grundwortschatz aus den Wörtern, die die Grundschulkinder tatsächlich zum Schreiben gebrauchen? Zwei Untersuchungen dazu liegen inzwischen vor. Es sind Häufigkeitslisten der Wörter

- aus 793 Aufsätzen von vierten Grundschulklassen Hamburgs (H. Balhorn u.a. 1983),
- aus 1000 Freien Texten von ersten bis vierten Grundschulklassen in den Ländern der Bundesrepublik (D. Mahlstedt 1985).

Bei einem Vergleich der beiden Wortschätze stellt Mahlstedt fest, daß rd. 80% der Wörter gleich sind. Mit dem Grundwortschatz von Plickat dagegen stimmt nur die Hälfte der von Mahlstedt erhobenen Wörter überein. Ein Grundwortschatz wie der von Plickat deckt also den Schreibbedarf von Grundschulkindern nur noch zur Hälfte. Revision ist vonnöten. Welcher Wortbestand ist aber welcher Region, Klasse, Kindergruppe angemessen? Wer länger darüber nachdenkt, muß sich fragen: Kann überhaupt ein Grundwortschatz für eine ganze Region uneingeschränkt gültig sein?

9.1.4 Der Rechtschreibwortschatz

Offensichtlich gibt es eine Menge Wörter, die jeder deutschsprachige Mensch beim Schreiben oft verwendet, z.B. die Formwörter, die unregelmäßigen Verben, Körperbezeichnungen u.ä. Etwa zur Hälfte scheint der kindliche mit dem Erwachsenen-Schriftwortschatz übereinzustimmen. Die andere Hälfte ist offenbar mehr oder weniger variabel. Sie ist von allen möglichen sozialen, regionalen und schulischen Bedingungen abhängig und ganz wesentlich von dem jeweiligen Schreibvorhaben.
Diese zweite, spezifischere Hälfte ist auf jeden Fall die inhaltlich interessantere. Darum ist sie für den Lese- und Schreibanfang die wichtigere. Mit »und«, »im« und »ist« verbinden die Kinder wenige Vorstellungen, wenn nicht die grammatische Funktion dieser Wörter besonders erarbeitet wird. Sonst prägen sie sie sich, obwohl sie so häufig und so einfach sind, schwerer ein als »Hamster«, »Schatz« und »küßt«. Ein Grundwortschatz mit seiner Häufigkeitsrangfolge kann niemals eine Vorlage für den Aufbau des Wortbestands in einer Klasse sein. Dagegen scheint er mir unverzichtbar als Nachschlagwerk und Korrektiv – für die Lehrerin und später auch für die Kinder. In der Häufigkeitsliste kann die Lehrerin die Wörter abhaken, die die Klasse jeweils erarbeitet hat. Besonders häufige Wörter, die übrigbleiben, kann sie im zweiten Schuljahr ihrerseits vorschlagen. Daß die wichtigsten Wörter unserer Sprache einfach jeder schreiben können muß, leuchtet den Kindern ohne weiteres ein.

Für die Kinder sollte ein aktueller Wortschatz aus Kindertexten wie der von Mahlstedt als Wörterbuch vorliegen. Unter Wörtern, die andere Kinder erst vor kurzem zum Schreiben gebraucht haben, finden sie bestimmt leichter die Wörter, die sie selbst gebrauchen können, als in den herkömmlichen Schüler-Wörterbüchern.

Ihren Rechtschreib-Grundwortschatz sollte aber jede Klasse selbst aufbauen. Darin dürfen viele Wörter vorkommen, die in der Häufigkeitsliste nicht zu finden sind. Aktuelle Schreibvorhaben sind wichtiger als die Statistik. Spielt das Prädikat »super« eine große Rolle, so gehört es in die Sammlung, auch wenn es in keinem Grundwortschatz steht. Zu beachten ist nur, daß die Zahl der Wörter nicht zu groß wird. Besonders am Anfang sollte sie langsam wachsen. Kommen im Laufe des ersten Schuljahres 100 Wörter zusammen, so ist das mehr als genug. Im zweiten Schuljahr kommen vielleicht 200 dazu, im dritten Schuljahr 300. Mehr als 1000 Wörter sollte der verbindliche

Rechtschreib-Grundwortschatz am Ende der Grundschulzeit nicht umfassen. Zu viele »Schulversager« sind einfach an der Wörtermasse verzweifelt, die im Laufe eines Schuljahres durch ihre Diktathefte zog, unüberschaubar und unabsehbar.

9.1.5 *Der Lesewortschatz*

Wenn ich bisher vom Erarbeiten eines Wortes sprach, so war das Ziel immer sowohl das Schreiben- als auch das Lesenkönnen. Das erarbeitende Schreiben ist kein Abschreiben, sondern ein selbständiges Aufschreiben oder Auswendigschreiben. Es setzt das Lesenkönnen voraus. Der Rechtschreib-Grundwortschatz ist also auf jeden Fall auch gesichterter Lesewortschatz.

Umgekehrt deckt sich aber der Lesewortschatz nicht mit dem Rechtschreib-Grundwortschatz. In den Anfangswochen halte ich diese Unterscheidung für müßig. Denn indem die Kinder sich ein Wort in der beschriebenen Weise erarbeiten, lernen sie es schreiben und lesen zugleich. Doch in dem Maße, wie sie es lernen, Schriftstrukturen zu durchgliedern, können sie Wörter lesen, ohne sie schreibend gründlich zu erarbeiten. Sie können sie sogar einmal aufschreiben, um sie in ihre Wörtersammlung aufzunehmen, ohne sich ihre Rechtschreibung einzuprägen.

So bildet sich neben dem Rechtschreibwortschatz ein Lesewortschatz heraus. Zwar werden viele Wörter aus ihm später auch Rechtschreibwörter, gleichzeitig kommen aber mehr und mehr Lesewörter hinzu. Es werden im Laufe des ersten Schuljahres irgendwann so viele, daß das Sammeln nicht mehr sinnvoll ist. Ein unbekanntes Wort, das sich das Kind auf Anhieb erlesen kann, braucht es nicht mehr als Lesewort zu sammeln. Es nimmt nur noch die Wörter in seine Sammlung auf, die es erst nach einiger Mühe entziffern konnte. Aber auch diese Phase ist bald vorüber, bei dem einen Kind früher, bei dem anderen später.

Der Lesewortschatz ist also eine vorübergehende Sammlung, in der Regel auf das erste Schuljahr beschränkt. Für Kinder mit Leseschwierigkeiten kann er dagegen noch lange eine wichtige Stütze sein. Ich denke besonders an Kinder anderer ethnischer Gruppen, die Deutsch als Zweitsprache lernen. Auch in Gegenden, in denen ein ausgeprägter Dialekt gesprochen wird, bleibt der Lesewortschatz manchem Kind länger eine Hilfe beim Erwerb der Hochsprache. Irgendwann im ersten Schuljahr (oder auch am Anfang des zweiten) hört das gemeinsame Sammeln von Lesewörtern auf. Die Kinder, die noch weiter sammeln, tun das in Phasen individuellen Arbeitens oder in Förderstunden, wenn es nicht anders geht. Wie jede Differenzierung kann der Übergang zu dieser Arbeitsweise die betroffenen Kinder leicht kränken. Dies vor allem, wenn sie sehen, daß die anderen Kinder in derselben Zeit etwas Besseres tun dürfen oder womöglich gar nichts tun. (Darum habe ich so wenig für Förderstunden übrig.) Der nächste Schritt nach dem Sammeln von Lesewörtern kann aber das Zusammentragen von Lesefrüchten größeren Umfangs sein: das Herausschreiben ganzer Sätze usw. Die Kinder, die noch nicht so viel lesen, sehen selbst, daß sie mit dem Herausschreiben einzelner Wörter genug zu tun haben.

9.2 Individuelles Sammeln gemeinsamer und eigener Wörter

Wie der Begriff »Eigenfibel« hat der Begriff »eigene Wörter« eine doppelte Bedeutung. Gegenüber den Fibelwörtern sind schon die Wörter, die die Lehrerin speziell für ihre Klasse als Anfangswörter wählt, etwas sehr Eigenes. Suchen – aus ihrem Angebot oder mit ihrer Hilfe – die Kinder die Wörter heraus, so sind es ganz klasseneigene Wörter. Sagt aber ein Kind: »Das Wort will ich auch noch sammeln!«, so hat es ein eigenes Wort ganz für sich allein.
Ich unterscheide »gemeinsame« und »eigene« Wörter. Die ersten gemeinsamen Wörter wählt am besten die Lehrerin aus. Sie sollen ja gute Beispiele dafür sein, was man alles mit Schriftwörtern machen kann. Mehr und mehr übernimmt die Klasse das Auswählen. Je besser sie das lernt, desto vielfältiger werden naturgemäß die Vorschläge der Kinder. Und keines möchte, daß sein Vorschlag unter den Tisch fällt (vgl. Ch. Rude 1984, 31ff.). Hier kann das Sammeln eigener Wörter ansetzen. Die Kinder einigen sich leichter auf ein gemeinsames Wort, wenn diejenigen, die auf »ihr« Wort nicht verzichten wollen, es als »eigenes« sammeln können. Sie können es sich zu diesem Zeitpunkt schon gut selbst (mit Hilfe der Leitkarte) erarbeiten, wenn sie sich vom Lehrer die Karteikarte mit dem vorgespurten Wort abgeholt haben. Er hat also kaum Mehrarbeit. (Ein Stapel Blanko-Karteikarten kann immer am Pult bereitliegen. Zum Sammeln eigener Wörter vgl. R. Gümbel 1983).

9.2.1 *Der Karteikasten*

Es gibt kaum ein besseres Gerät zum systematischen Aufbauen des Eigen-Wortschatzes als den Karteikasten. Die pädagogischen Erfahrungen damit sind allseits so positiv, weil es das eigene Lernsystem ist, das in der Karteikasten-Ordnung in Erscheinung tritt (vgl. z.B. H. Brügelmann 1974, 7.3 und G. Scheerer-Neumann 1984, 133ff.). Jedes Kind kann sich vor Augen führen, wie weit es sich jeweils ein Wort angeeignet hat. Z.B. kann es sie folgendermaßen ordnen (s. Leitbild auf S. 68):

- »Übewörter« (oder »Warte-, Sammel-, Neuwörter«): Wörter, die es in der Klasse erarbeitet hat, aber noch nicht beherrscht,
- »Lesewörter«: Wörter, die es lesen kann,
- »Schreibwörter«: Wörter, die es auswendig schreiben kann,
- »Eigene Wörter«.

Die Einteilungen können sich während der Arbeit mit den Karteikarten entwickeln. Parallel ergänzt die Lehrerin im Leitbild die entsprechenden Einsätze und Symbole. Statt des von mir vorgeschlagenen Ordnungs-Schemas können die Lese- und Schreibwörter auch verschiedenfarbige Reiter, Ränder oder Aufkleber bekommen. Es gibt viele Möglichkeiten. Am besten ist für jede Klasse wieder die, an der sie selbst kräftig mitgewirkt hat. Irgendwann sollte aber das alphabetische Register in den Kasten einziehen. Auf lange Sicht ist der Rechtschreib-Grundwortschatz so am praktischsten geordnet. Das alphabetische Ordnen ist zudem die beste Vorübung für das Nachschlagen im Wörterbuch.
Der Karteikasten sollte so groß sein, daß er für die Grundschulzeit ausreicht. Ist er 30cm lang, so faßt er gut 1000 Karten (mit Register). Man bringt in ihm den gesamten Grundwortschatz unter und noch manches »eigene« Wort dazu.
Wer noch nicht mit Karteikästen gearbeitet hat, mag sie als zusätzliche Lernhilfe ansehen, auf die man bei knappen Mitteln auch verzichten kann. Lassen sich die Wörter nicht ebenso in kleinen Heften sammeln? Die sind viel billiger und zudem handlicher: Die Kinder können sie mit nach Hause nehmen. Dies ist zweifellos ein großer Vorteil. Darum kann ich das Anlegen eines Wörterbuchs nur empfehlen – aber als Ergänzung des Karteikastens, nicht als Ersatz. Für ein selbstverantwortliches Rechtschreibenlernen ist er absolut unentbehrlich:

- In keinem Heft können die Kinder ihren Lernfortschritt so mit den Händen greifen und fühlen: als wachsenden Kartenstapel.

- Nirgends sonst können sie ihren Besitz so übersichtlich ordnen und fortlaufend umordnen.
- Nirgends sonst können sie ihren Wortschatz so einfach und schnell an der richtigen Stelle ergänzen.
- In keinem Heft können sie Fehler oder abgegriffene Stellen so einfach ausbessern wie hier, wo sie nur die Karteikarte durch eine neue zu ersetzen brauchen.
- Nirgends sonst auch haben sie so viel Platz für jedes Wort, es auszumalen, in Sätze einzubauen und sich zu eigen zu machen.

9.2.2 *Selbständiges Üben mit den Karteikarten*

Die Kartei, die entsteht, ist nicht nur Dokumentation des Lernfortschritts und Nachschlagwerk. Sie ist vor allem ein vorzügliches Arbeitsmittel für das selbständige Lesen- und Schreibenüben. Die Karteikarte wird beidseitig bearbeitet, und zwar schreibend und zeichnend:

- Auf die Vorderseite schreibt das Kind das betreffende Wort, zunächst indem es die Buchstaben aufklebt und nachspurt, dann indem es sie stempelt oder eigenhändig schreibt.
- Auf die Rückseite malt es ein Bild oder ein Zeichen oder klebt ein Foto darauf bzw. irgend etwas Ausgeschnittenes, das an das Wort erinnert.

Legt das Kind sich nun seine Karteikarten mit der Schrift nach oben auf den Tisch, so übt es lesen: Es entziffert das Wort und sieht dann auf der Rückseite an dem Bild, ob es richtig gelesen hat. Legt es die Bildseite nach oben, so übt es rechtschreiben: Es sieht an dem Bild, welches Wort gemeint ist, schreibt, stempelt, klebt, tippt es auf ein Arbeitsblatt oder in ein Übungsheft und vergleicht dann die Schreibung Buchstabe für Buchstabe mit dem Wort auf der Vorderseite.
Für jedes »Richtig« macht es sich ein Zeichen an den Kartenrand (vgl. G. Scheerer-Neumann 1984, 135f.):
- Striche auf der Bildseite zeigen an: »Richtig gelesen.«
- Kreuze auf der Wortseite zeigen an: »Richtig geschrieben.«

Nun kann man verabreden: Bei fünf Lesestrichen kommt die Karte zu den »Lesewörtern«, bei fünf Schreibkreuzen kommt sie zu den »Schreibwörtern«.
Da das Wort auf der Karteikarte Kontrollvorlage ist, muß es gut lesbar und richtig geschrieben sein. Das kann die Lehrerin den Kindern meist leicht einsichtig machen. Das Bild oder die Collage auf

der Kartenrückseite dagegen soll nur das Kind selbst an das Wort erinnern. Für diese Seite ist es darum ganz allein zuständig. Hier gibt es kein »Richtig« oder »Schön«, sondern nur die Frage: »Erfüllt das Bild seinen Zweck?«
Nun sind die gegenständlichen Namen zwar meist recht gut darzustellen. Abstrakta wie »Pause«, »lieb«, »schnell« müssen umschrieben werden: mit der Pausenglocke, der Hand, die lieb die Katze streichelt, dem Auto, das schnell fährt. Für »ja« und »nein« stehen Dinge, die das Kind liebt oder nicht mag (in der Regel Spinat). Doch was macht man mit den Wörtern »ist«, »nicht«, »will« usw.? Am besten schreiben die Kinder einfach den Satz, in dem sie das Wort zuerst gebraucht haben, auf die Bildseite und lassen für das Wort eine Lücke, z.B. »Michael ... da.«; »Hauen ist ... gut.«; »Wer ... mit mir spielen?« Ein Bild kann die Erinnerung an den Satz ausdrücken, so daß nicht der Satz zusätzliche Leseprobleme schafft. Kinder, die schon Lust haben, mehr zu schreiben, können sich weitere Merksätze ausdenken.

Damit die Kinder die Karteikarten ästhetisch gestalten können, müssen diese schon Postkartengröße haben, also DIN A6. Darauf ist Platz für einen Rand, ein schönes Bild oder viele Merksätze auf der Rückseite und für viele Wortverwandte auf der Vorderseite (s. Kap. 9.4). Auf karierten Karteikarten können die Kinder, der Karoeinteilung folgend, gut den Rand und Schreiblinien ziehen. Dabei läßt sich die Schriftgröße nach Bedarf variieren.

9.2.3 Das Ringbuch für zu Hause

Führt die Klasse außer dem Karteikasten ein Wörterbuch, so sollte es praktischer als die üblichen Oktavhefte sein, vor allem viel dicker. Eine schöne Werkarbeit für höhere Klassen ist ein kleines, ganz dickes Ringbuch mit mindestens 500 Blatt im Format DIN A7 (Abb. 22). Dahinein kommen alle Schreibwörter, also der Rechtschreib-Grundwortschatz, und die »eigenen Wörter«. Im Ringbuch kann das Kind vielleicht noch mehr sein eigener Herr sein als im Karteikasten. Z.B. kann es hier unter die »eigenen Wörter« auch solche aufnehmen, die es daheim von Eltern oder anderen Schriftkundigen erfragt.

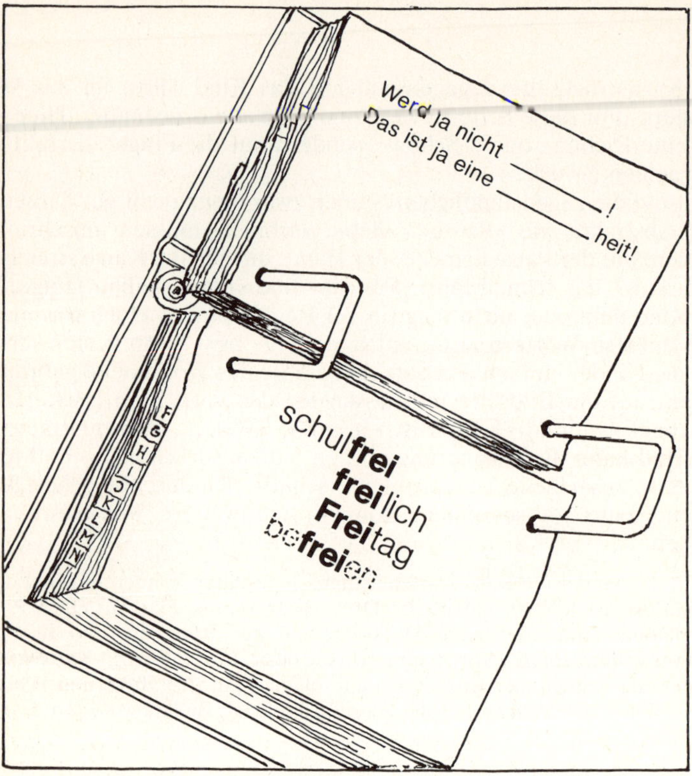

Abb. 22: Ringbuch für gemeinsame und eigene Wörter (DIN A7)

9.2.4 Markieren im Wörterbuch

Ein Lehrgangsproblem sind die Kinder, die alles schon lesen und schreiben können, was die nächsten Fibelseiten bieten. Der Lehrer kann sie nicht immer nur helfen, vorlesen oder malen lassen. Geht der Unterricht vom Selberschreiben aus, so haben sie viele Möglichkeiten, das Blatt der Eigenfibel weiterzuschreiben. Welcher kommentierende oder weitererzählende Satz ihnen auch einfällt – gewöhnlich brauchen sie dafür mehr Wörter als sie im Karteikasten haben. Der Bestand »eigener Wörter« wächst rasch und immer rascher.

Eine Weile ist das Sammeln noch ein Vergnügen, doch irgendwann wird es dem Kind und der Lehrerin zu umständlich. Dies ist der

Zeitpunkt, dem Kind ein erstes Wörterbuch in die Hand zu geben. Kinder, die schon als Leser und Schreiber in die Schule kommen (vgl. K. Kohtz 1983, 49), interessieren sich nicht nur für Geschichten, sondern auch für Wörterbücher. Darin gibt es etwas zu suchen und zu entdecken: nicht nur die einzelnen Wörter, sondern auch das Prinzip, nach dem sie geordnet sind. Was später alle Kinder systematisch lernen, kann so ein schnell lernender »Vorreiter« schon einmal allein ausprobieren. Zwar darf die Lehrerin ihn nicht einfach mit dieser anspruchsvollen Aufgabe »sitzen lassen«. Auch sog. »hochbegabte« Kinder brauchen Hilfe und Zuwendung (K. Kohtz 1983, 47ff.). Aber das soll eher eine bestätigende und anregende als eine lenkende Zuwendung sein, z.B.: »Ich bin neugierig, wie du es machst, daß du das Wort findest. Vielleicht will Kerstin das auch bald lernen. Dann kannst du es ihr zeigen.«

Auch im Wörterbuch lassen sich »eigene Wörter« sammeln: durch Markieren. Z.B. setzt das Kind einen Bleistiftstrich an den Rand, wenn es das Wort gefunden und in seinem Satz oder Text verwendet hat. Hat es das Wort bereits vorher geschrieben und beim Nachschlagen gesehen, daß es richtig ist, so macht es, wie beim Schreibenüben im Karteikasten, ein Bleistiftkreuz.

Gegen Ende des ersten Schuljahres oder am Anfang des zweiten sollten alle Kinder das Arbeiten mit dem Wörterbuch lernen. Es gibt bereits einige Bildwörterbücher, die sich für einen frühen Anfang eignen (z.B. R. u. S. Bieler u. S. u. H. Eysank 1980 u. E. Schwartz u.a. 1981). Das Markieren macht den Kindern auf einfache Weise sichtbar, wie sie sich ihr Wörterbuch Schritt für Schritt zu eigen machen (zum Wörterbuchgebrauch s. Kap. 10.1.3). Zusätzlich kann man Zeichen für gemeinsame Wörter einführen, z.B. einen roten Strich für Lesewörter und ein rotes Kreuz für Rechtschreibwörter.

9.3 Gemeinsames Sammeln im Klassen-Wörterbuch

9.3.1 Fundamentum und Additum

So wichtig es für das selbstverantwortliche Rechtschreibenlernen ist, daß die Kinder ihre Wörter im eigenen Karteikasten sammeln – sie brauchen weitere Orientierungshilfen. Vor allem brauchen sie eine Liste der gemeinsamen Wörter, um immer vergleichen zu können, ob ihre Kartei vollständig ist.

Auch für die Eltern ist diese Liste wichtig. Sie dokumentiert den Stand und Fortgang der gemeinsamen Arbeit. Die einen können beruhigt sein, daß auch ohne Fibel »etwas vorangeht«; die anderen sehen genau, was ihr Kind während seiner Krankheit versäumt hat bzw. was es nachholen kann, wenn es ein »Tief« überwunden hat. Das Zeugnis am Ende des Schuljahres rollt nicht wie eine unberechenbare Lawine auf die Familie zu. Schon vorher ist aus der Liste das jeweils erreichte »Klassenziel« abzulesen: Ein rotes Kreuz kennzeichnet jedes gemeinsame Rechtschreibwort; die angekreuzten Wörter ergeben also zusammen den Klassen-Grundwortschatz. Alle übrigen Wörter sind gemeinsame Lesewörter. So zeigt die Liste den für alle Kinder verbindlichen Lernstoff an, das sog. »Fundamentum«. Das »Additum« sind die eigenen Wörter, die viele Kinder zusätzlich in ihrem Karteikasten (und Ringbüchlein) gesammelt haben.
Eine Gefahr darf allerdings nicht unbeachtet bleiben. Leistungsängstliche Eltern können diese Liste leicht als Inbegriff des gesamten Deutsch-Stoffes mißverstehen. Sie ist aber nur ein besonders leicht faßbarer und zählbarer Teil und keineswegs der wichtigste. Wie die Kinder diese Wörter gebrauchen, welche Aussagen und Textchen sie damit gestalten, wie sie sie verstehen: das sind die zentraleren Lernziele. Von ihnen kann ich in diesem Büchlein nur am Rande schreiben. Der Lehrer sollte sie aber den Eltern angesichts der Wörterliste deutlich machen. Darum halte ich wenig davon, den Kindern eine solche Liste mit nach Hause zu geben. Sie ist an der Klassenwand besser untergebracht. Denn hier hängen daneben Gemeinschafts-Collagen, Fotos von Rollenspielen, Bastelarbeiten der Kinder mit selbstgeschriebener Gebrauchsanleitung, lauter Zeugnisse sinnvollen Schriftgebrauchs, die der Wörterliste ihren nebengeordneten Stellenwert zuweisen.

9.3.2 *Das Riesen-Wörterbuch*

Als Orientierungshilfe dient die Wörterliste den Kindern besonders beim Schreiben: bei der Arbeit in der Eigenfibel oder im Karteikasten. Die Wörter müssen also von allen Plätzen aus gut lesbar sein. Zu diesem Zweck habe ich ein Riesen-Faltbuch mit Wortkarten-Taschen entwickelt (Abb. 23), das sich an einer Vorhangschiene über die ganze Klassenwand ausziehen läßt (Wortkarten-Taschen auch bei G. Seitz 1980, 50f.). Die Wortkarten, Format DIN A4, sind in der

Abb. 23: Riesen-Wörterbuch, offen (130 cm hoch, 550 cm breit)

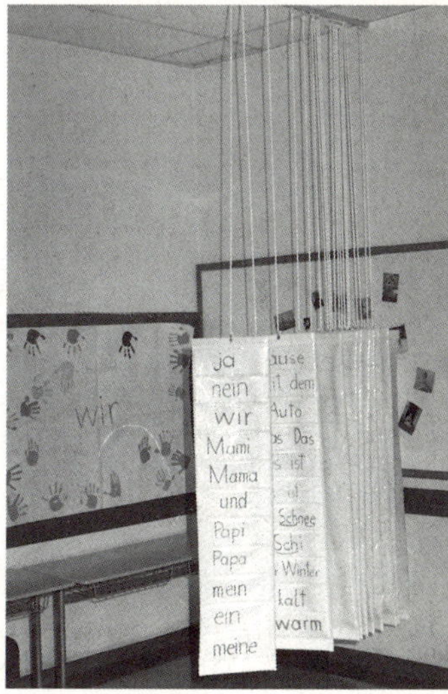

Abb. 24: Riesen-Wörterbuch, geschlossen

Längsrichtung halbiert (oder aus einfachem Schreibpapier und gefaltet). Darauf haben auch lange Wörter Platz.
Natürlich könnte man die Wortkarten einfach an die Wand pinnen oder kleben. Das war mir aber zu umständlich. Ich brachte nicht genug Wörter unter und vermißte die verklebte Wandfläche beim Aufhängen von Kinderzeichnungen. Darum ersann ich das Faltbuch:

- Braucht man es nicht, so schiebt man es wie ein Leporello oder eine Faltwand in eine Ecke zusammen (Abb. 24). Die Wand dahinter bleibt für Ausstellungen verfügbar. Bei Bedarf zieht man die Wörterwand wie einen Vorhang davor.
- Auch in zusammengefaltetem Zustand kann ein Kind in dem Buch blättern, wenn es ein Wort nachsehen will (s. Abb. 24).
- Jede Buchseite hat 11 Plastiktaschen. Das abgebildete Exemplar umfaßt mit 17 Seiten 187 Taschen. Darin hat der gemeinsame Wortschatz im ersten Schuljahr gut Platz.
- Ist im zweiten Schuljahr die letzte Tasche gefüllt, so wird das Wörterbuch nicht funktionslos. Jetzt sortieren die Kinder die »Veteranen« unter den

Wörtern und die einfachen Funktionswörter »und«, »die« usw. aus. Sie kommen in einen Schuhkarton, sozusagen als »alte Kiste«, als ganz fester Besitz.

- Die Wortkarten bleiben in der Plastikhülle länger heil und sauber als an der Wand.
- Da die Wortkarten von oben in die Plastiktaschen gesteckt werden, sind sie leicht herauszuziehen und umzustecken. Alle möglichen Ordnungsprinzipien können durchprobiert werden: Sachgebiete, Wortfamilien, ähnliche Schreibungen. Wird das Wörterbuch voller, so sollte – zur Vorbereitung der Wörterbucharbeit – die alphabetische Ordnung zur Regel werden.
- Auf der Rückseite der Wortkarten ist Platz für Wörter derselben Wortfamilie. Will ein Kind nicht »gehen«, sondern »ist gegangen« schreiben, so nimmt es sich die Wortkarte heraus und schreibt den rückwärtigen Verwandten ab (vgl. Kap. 9.4).

9.3.3 *Übungen und Spiele mit dem Klassen-Wörterbuch*

Das Umsortieren der Wortkarten ist eine ausgezeichnete Leseübung. Es gibt kein langweiliges Vorlesen, und doch wird immerzu gelesen, und zwar unter ganz verschiedenen Gesichtspunkten. Schlägt ein Kind vor, alle Wörter herauszusortieren, die man essen kann, so ist auf die Wortbedeutung zu achten (semantisches Prinzip). Beim Sammeln der Wörter, die mit einem großen Buchstaben anfangen, geht es um eine grammatische Frage. Hier wären dann noch Namen und Namenwörter zu unterscheiden. Sammeln die Kinder Wörter, in denen ein Ei versteckt ist, so beschäftigen sie sich mit einer morphologischen Frage. Suchen sie Wörter mit ß, so fassen sie mit der Morphologie zugleich ein wichtiges Stück Orthographie.
Der Sammelvorschlag mag so verrückt sein, wie er will: gelesen wird immer, und meistens sinnerfassend. Denn die meisten Sammelvorschläge der Kinder sind auf die Semantik gerichtet: Wörter, die unter den Tisch passen, mit denen man die Lehrerin ärgern kann, die der Hausmeister in den Ofen stecken kann, die nichts mit Schule zu tun haben...
Das Ordnen nach dem Alphabet ist eine ausgezeichnete Vorübung für das selbständige Nachschlagen im Wörterbuch. Der Wortbestand wächst ja allmählich. Ebenso allmählich wächst die Schwierigkeit, die Wörter in die richtige alphabetische Reihenfolge zu bringen. Die Kinder müssen noch gar nicht alle Buchstaben kennen. Der Lehrer steckt sie einfach in angemessenem Abstand in die Wörterbuch-

Taschen: A, a – B, b – C, c... Die Kinder suchen die Wörter, die »genau so anfangen« und stecken sie darunter. Ohne viel Anstrengung prägt sich ihnen durch den täglichen Umgang das Alphabet ein.

Ist zwischen zwei Buchstaben kein Platz mehr für das neue Wort, so müssen alle Wörter umgesteckt werden. Das ist wieder eine lernträchtige Arbeit. Bald merken die ersten Kinder, daß der Platz nach dem »Halbmond« (C, c) immer leer bleibt und nach dem S, s dauernd zu eng ist. Sie beginnen abzuschätzen, wieviel Platz sie beim Umstecken nach jedem Buchstaben lassen müssen. Denn sie wollen ja nicht so bald wieder umstecken. Vielleicht sieht Heike, die ihre eigenen Wörter im Wörterbuch markiert, dort nach, wie viele Seiten jeder Buchstabe hat. Die anderen Kinder werden mitzählen wollen. Also bekommen sie auch ihr Wörterbuch.

Irgendwann gibt es Streit, welcher Name unter A, a an erster Stelle stehen darf: Ali oder Anke. Nun ist es an der Zeit, auch die anderen Wörter nach dem zweiten, dritten, vierten Buchstaben »feinzusortieren«. Das Prinzip finden die Kinder mit wenigen Denkanstößen selbst heraus. Damit haben sie zugleich die wichtigsten Prinzipien des Nachschlagens im Wörterbuch erarbeitet. Auch daß sie Partizipien unter der Grundform nachschlagen müssen, lernen sie schon an der Wörterwand. Dort stehen die flektierten Formen immer auf der Rückseite des Verbs oder Substantivs. So wie sie die Wortfamilien auf den Karten-Rückseiten aufbauen (der Lehrerin diktieren), können sie sie wieder abrufen.

Die gemeinsame Arbeit am Klassen-Wörterbuch kann immer nur kurze Zeit dauern. Wenn die Konzentration nachläßt, geht es in den Karteikästen weiter. Hier steckt eines Tages dasselbe Register, und die Kinder können nun ihre Wörter nach dem erlernten Prinzip im Karteikasten selbständig ordnen.

Ein schönes Spiel an der Wörterwand ist das Kartenverstecken: Alle gucken weg, und ein Kind läßt ein Wort verschwinden. Nächste Stufe: Zwei Wörter werden vertauscht, dann drei, vier...
Ein anderes Spiel: Wörterraten: »Eine ...hm... läuft über die Straße. Da kommt ein Auto. Die ...hm... schafft es fast nicht mehr. Ein paar Haare von ihrem ...hm... sind hin.« Zwar fängt die Lehrerin mit solchen »hm-Geschichten« an, doch bald erzählen die Kinder. Hat die Geschichte zwei »hm-Wörter«, so ist das Raten noch spannender.
Eine bekannte Vorgabe für den Phantasieaufsatz ist die – scheinbar zusammenhanglose – Wörtersammlung »Knopf – schnell – Apfel – am Abend – klingelt«. Mit verbundenen Augen kann ein Kind nach dem

anderen je ein Wort aus dem Riesen-Wörterbuch ziehen. Dann geht das Geschichtenerzählen los. Es macht mehr Spaß als mit der Lehrervorgabe, weil die Klasse sich ihren »roten Faden« selbst gedreht hat.

9.3.4 Das Riesen-Wörterbuch in höheren und in zweisprachigen Klassen

Mit dem Erstunterricht ist das Klassen-Wörterbuch nicht erschöpft. Bis zum Ende der Grundschulzeit kann es fortlaufend den aktuellen Rechtschreib-Grundwortschatz vor Augen halten. Für neu hinzukommende Wörter werden jeweils »Veteranen« in die »alte Kiste« aussortiert. In der Hauptschule ist die Rechtschreibung oft so katastrophal, daß es sich lohnt, den gesicherten Wortbestand noch einmal mit einem solchen Wörterbuch vor aller Augen auf- und weiterzubauen, ebenso in der Sonderschule.

Mit Beginn des Englischunterrichts kann an derselben Schiene ein weiteres Folienbuch für den englischen Wortschatz aufgehängt werden. Ein kleines, zweiseitiges Folienbuch eignet sich für eine Sammlung mathematischer Grundbegriffe. Schon vom zweiten Schuljahr an hilft es den Kindern, Sachaufgaben orthographisch richtig zu beantworten. Ein Problem der Rechtschreibung im Sachunterricht, später in den Sachfächern, sind die Fachausdrücke, die jede neue Unterrichtseinheit mit sich bringt. Sie sind oft schwer zu schreiben und zu behalten, aber für die Aufnahme in das Wörterbuch nicht wichtig genug. In einem weiteren zweiseitigen Folienbuch kann man sie übersichtlich zusammenstellen. Anschließend finden sie in einem Schuhkarton für »Fachausdrükke« Platz, nach Sachgebieten geordnet.
Je nach Unterrichtsfach wird das eine oder andere Folienbuch ausgezogen. Die Wörter verschwinden von der Wand, wenn sie nicht gebraucht werden und bleiben doch zugänglich, wenn ein Kind in Phasen freier Arbeit etwas nachsehen will. Die Wand wird also nicht »verschult«, sondern bleibt für künstlerische Gestaltung frei.

Für zweisprachige Klassen schlägt R. Gümbel ein Kinderlexikon vor (1983, 18). In einem Klassen-Wörterbuch wird das Nebeneinander der beiden Sprachen farbig sichtbar. Z. B. stecken immer auf der linken Buchseite, rot geschrieben, die deutschen Wörter, auf der rechten, blau geschrieben, die italienischen. (In Costa Rica sah ich einmal ein englisch-spanisch-indianisches Wörterbuch an der Klassenwand.) Allerdings passen dann nur halb so viele Wörter jeder Sprache in die Taschen. Die neuen müssen rascher gegen alte ausgetauscht werden.

Darin sehe ich jedoch kein Problem. Die Konfrontation mit einer zweiten Schriftsprache ist ein starker Anreiz für das Sprachlernen. Sie fördert, wenn die Kinder sich die Kontraste bewußt machen, auch das Lesen- und Rechtschreibenlernen.

9.4 Wortteile, -familien und -felder

9.4.1 Keine Angst vor langen Wörtern

Die ärmliche Sprache vieler Fibellektionen entsteht u.a. dadurch, daß die Autoren längere Wörter anfangs zu vermeiden suchen. Z.B. erzählen sie im Präsens: »Susi geht los.« Kinder erzählen im Perfekt: »Da ist Susi losgegangen.« Dabei entstehen die langen Partizipien: »losgegangen«. Ebenso in Nebensätzen: »Weil Susi schon losgeht,...« Also reiht man besser Hauptsätze aneinander. Noch kürzer wird das Verb im Imperativ: »Susi, geh los!« Tatsächlich sind Befehlsformen auf Fibel-Anfangsseiten auffallend häufig (vgl. M. Dehn 1975, 201). Hart, steif und einsilbig kommen die ersten Sätze und Texte oft daher. Der weichere Rhythmus der Perfekt-Sätze und der beziehungsstiftenden Nebensätze fehlt.
Ein liebenswertes Kind wird hier mit dem Bade ausgeschüttet – ganz ohne Not, wie mir scheint. Das Wort »losgegangen« ist nicht so schwierig wie es scheint. Man muß nur seine Sinneinheiten deutlich voneinander abheben, am besten farbig (in der folgenden Abbildung sind für die Farben die folgenden Zeichen gesetzt: rot: gepunktet, blau: Doppellinie).

Dies sind die Morpheme, die kleinsten sinntragenden Einheiten unserer Sprache. Viele wiederholen sich so oft, daß sie den Kindern bald bekannt sind, besonders das »ge-« und das »-en«. Darum sind Wörter wie das zitierte zu bewältigen, sobald die Kinder das Wörterbauen und -durchgliedern erlernt haben (Abb. 7, Leitbild 1–6, S. 68).

Man könnte für diese nächste Lernhandlung ein weiteres Leitbild einführen. Doch das habe ich nicht getan, weil mir die Morphemgliederung zum Rechtschreibenlernen nicht so unverzichtbar erscheint wie die in den Leitbildern

1–6 dargestellten Lernschritte. Für das Erarbeiten langer Wortbildungen wie der genannten ist es äußerst hilfreich, sie in Morpheme zu gliedern. Aber man muß nicht gleichermaßen jedes kürzere Wort gliedern. Es geht mir darum, hier eine weitere Möglichkeit aufzuzeigen, ohne daraus ein Prinzip zu machen (das man auch leicht zu Tode reiten könnte). Dazu gibt es auch, wie im folgenden noch gezeigt wird, in der linguistischen Diskussion zu viele verschiedene Auffassungen darüber, welche Wörter wie in Morpheme zu gliedern seien.

9.4.2 *Probleme der Berliner Morphemmethode*

Im LegastheniezentrumBerlin (s. D. Pilz u. S. Schubenz 1979) und in Alphabetisierungskursen für Erwachsene wird seit Jahren mit der »Morphemmethode« gearbeitet. Die Vorzüge (vgl. H. Siemens 1985):

- Morpheme zu lernen ist weit ökonomischer als Wörter zu lernen. Denn unsere Sprache umfaßt ca. 500000 Wörter, aber nur ca. 3000 Morpheme.
- Die häufigsten 36 Morpheme bilden etwa 50% eines Textes, die häufigsten 200 über 70%. Wer sich diese Morpheme einprägt (s. Pilz/Schubenz 1979, 271f.), kann bald einen großen Teil jedes Textes lesen und schreiben.

Die Nachteile: Man kann viele Morpheme nicht aus dem Wort lösen, ohne sie zu verändern. Z.B. »lieb/en« verwandelt sich lautlich in »liep« und »en«. Und viele Wortteile, die Schubenz als Morpheme abteilt, haben isoliert keine Bedeutung oder grammatische Funktion, z.B. »Mutt/er«, »Ig/el«, »Kön/ig«, »be/reit«. Die Morphemliste, die er zusammenstellt, mutet streckenweise schon recht undeutsch an: »ank, ant, ar...« (a.a.O., 286). Man kann nur ahnen, daß es sich um Teile von »Anker, Antwort, Arbeit« handelt. Die Morphembaukästen »Wöchtel« (W. Steller 1978) und »Minifaz« (S. Finkbeiner o.J.) enthalten immerhin nur sinntragende Morpheme, die sich gut zu neuen Wörtern zusammensetzen lassen.

9.4.3 *Farbige Gliederung der Wörter*

Sinnvoller als die Abteilung mit Schrägstrich, die die Wortgestalt zerstört, erscheint es mir, die Wörter farbig zu gliedern. Auch Wörter, die nicht in kleinere sinntragende Einheiten, also Morpheme, zerteilbar sind, wie »Mutter«, »Igel« usw., lassen sich gliedern: Das -er und -el, ebenso das -en in »eben« und »Besen«, sind

Buchstabengruppen, die in vielen Wörtern als Bauelemente wiederkehren und den Kindern durch die Hervorhebung noch besser vertraut werden. Dazu die folgenden Beispiele (rot: gepunktet, blau: Doppellinie, grün: gestrichelt):

Anker, Jgel, artig, bereit

Obwohl wir z.B. das Wort »artig« als unteilbare Einheit empfinden (vgl. G. August 1975a, 34), kennen wir doch seine beiden Bausteine aus anderen Wortzusammenhängen (vgl. H. Bergenholtz u. J. Mugdan 1974, 41).
Im wesentlichen kann sich aber die farbige Gliederung der Wörter an der Morphemgliederung unserer Sprache orientieren. Man unterscheidet drei Morphemgruppen:

- Stamm-Morpheme (Lexeme, Haupt-, Basis-, Grundmorpheme): der bedeutungstragende Wortstamm, z.B. »gang« in »losgegangen«
- Wortbildungsmorpheme (Derivations-, Ableitungsmorpheme): Sie geben dem Wort eine andere Bedeutung oder verwandeln es in eine andere Wortart (s. Grundzüge einer deutschen Grammatik 1981, 466), z.B. »ig« in »artig« und »los« in »losgegangen«
- formbildende Morpheme (Flexive, Flexions-, grammatische Morpheme): Sie bestimmen die grammatische Funktion des Wortes: Zeit, Person, Geschlecht, Anzahl, Fall, z.B. »ge-« und »-en« in »losgegangen«

Die Untergruppen der Morpheme überschneiden sich vielfältig und sind darum schwer zu trennen (vgl. G. August 1975a, 1275ff. und Bergenholtz/Mugdan 1979, 142ff. u. 155ff.). Eine sachlich exakte Unterscheidung der Morphemgruppen ist nicht nur schwierig, sondern für den Schriftspracherwerb auch unnötig. Wichtig ist nur, daß die langen Wörter optisch gut gegliedert werden. Jedes Morphem soll möglichst von dem benachbarten farbig abgesetzt sein. Einfach die Anfangsmorpheme rot und die Endmorpheme grün zu färben, genügt nicht. Was macht man dann z.B. mit dem Wort »auseinandergelaufen«? Andererseits muß das Farbsystem einfach sein, damit es sich dem Lehrer sofort und den Kindern möglichst bald einprägt. Am besten erscheint mir die folgende Lösung:

schwarz (Bleistift, das wichtigste Schreibgerät für das wichtigste Morphem):
Stamm-Morpheme (Kinder, weggenommen, Haustür, du, Verliebte)

rot (Bewegung signalisierend, für die Morpheme, die die grammatischen Strukturen in Bewegung bringen):

formbildende Morpheme

a) Endungen und Fugen:

-en (holen, Frauen, roten, Norwegen, golden, Starenhaus...) (ebenso das -en in den Stamm-Morphemen eben, Besen...)
-e (hole, ginge, Arme, Türke, Hause, Hose, rote, alle, diese, Hundemarke...)
-em (deinem, krankem...)
-n (wandern, rodeln, Kindern, eisern...)
-end (spielend, irgendwas, während...)
-nd (zitternd, winselnd, dauernd...)
-es (rotes, Hauses...)
-est (wildesten, würdest, redest, holtest...)
-st (holst, schönste, eiligst...)
-et (findet, durftet...)
-t (holt, holte, vierte...)
-s (Autos, Vaters, nachts, links, sehenswert, anders, falls, Klecks, plumps, piepsen...)

b) unselbständige Verbvorsilben:

ge- (geholt, eingeholt...)
be- (besetzt, unbefangen...)
ver- (versetzt, einverstanden...)
ent- (entsetzt, unentwegt...)
emp- (empfindlich, unempfindlich...)
zer- (zerreißen, unzertrennlich...)
miß- (mißverstanden, unmißverständlich...)

grün *(für eine große Gruppe synonymer -er und -el, die sehr verschiedene wort- und formbildende Funktionen haben, oft auch Teile von Stamm-Morphemen sind, z. B. in »Igel« und »aber«):*

-er (Mutter, sauer, Kasper, roter, Kinder, schneller, Hühnerstall, Berliner, Bauer, klappern, Dickerchen, Spielerei, Gänserich, Lehrer...)
-el (Igel, dunkel, Gabel, viertel, lächeln, krümelig...)

blau *wortbildende Morpheme*

- *Verbvorsilben: ab-, an-, auf-, aus-, bei-, durch-, ein-, nach-, über-, um, unter-, wider-, wieder-, zu-...*
- *Adjektiv-Vorsilben: un-, ur-; außer-, end-, erz-, welt-, tief-...*
- *Adjektiv-Endungen: -ig, -lich, -isch, -sam, -bar, -haft, -lings, -ern; -ähnlich, -artig, -fähig, -förmig, -mäßig, -gemäß, -würdig...*
- *Substantiv-Endungen: -ung, -heit, -schaft, -nis, -tum, -sal, -lei, -falt, -chen, -lein, -in, -ling...*

c) Bestimmungswörter zusammengesetzter Substantive:
Haustür, Muttermal, Wagenheber...
Manchmal häufen sich Morpheme dieser Gruppe, z. B. in »Unaufmerksamkeit« und »auseinander«. Da sie z. T. selbst auch als Stamm-Morpheme auftreten, kann man sie bei solchen Häufungen abwechselnd schwarz und blau schreiben.

In der Schule werden die Morpheme meist »Wortbausteine« genannt. Mir schiene der Begriff »Wortteile« noch besser, denn die Morpheme sollen ja nicht wie Bausteine isoliert werden. Die einzelnen Morphemgruppen können die Kinder nach ihrer Farbe benennen oder nach ihrer Stellung als Vor- oder Nachsilbe.

9.4.4 Wortfamilien

Das farbige Schreiben der Morpheme hilft den Kindern, Wortverwandtschaften sichtbar zu machen. Sie dringen dabei schon früh in die Geheimnisse der Wortbildung und der grammatischen Formen ein. Wenn sie ihre Buchstaben nicht mehr kleben und farbig nachspuren, können sie beginnen, die Farben gezielt einzusetzen. Auf der Vorderseite der Karteikarte ist Platz zum Zusammentragen von Wortfamilien wie der folgenden:

Die Stamm-Morpheme sollen möglichst untereinander stehen, so daß mit der Zeit wirklich ein »Stamm« daraus wird (vgl. H. Tischer 1981, 100f.). Das Sammeln geschieht fallweise. Es gibt kein langes Grübeln und Suchen nach weiteren Verwandten wie manchmal im Sprachbuch. Die Wortfamilien wachsen also langsam, über die Schuljahre hin. Das Substantiv oder der Infinitiv muß nicht obenan stehen. Dort steht einfach das Wort, mit dem die Sammlung begonnen hat, ob nun »ißt«, »Mittagessen« oder »eßbar«. Von der Lernlogik des Kindes her

gesehen ist es das erste und zentrale. Mit ihm ist das Bild auf der Rückseite verknüpft, und an ihm knüpfen die weiteren Wortvorstellungen an.
Daß zusammengesetzte Wörter, z.B. »Bauspielplatz« und »radfahren«, auf zwei oder mehr Karteikarten passen, regt zu mancherlei Sprachbetrachtungen an. Wenn regelmäßig genug Zeit für das gemeinsame Arbeiten und das individuelle Üben mit den Karteikästen ist, entdecken die Kinder selbst immer mehr Beziehungen zwischen den einzelnen Wortfamilien. Einzelne Entdeckungen kann man aufgreifen, besonders wenn sie zum Bauen neuer Wörter anregen (vgl. H. Brügelmann 1984, 6.5). Es muß ja nicht immer gleich eine »Donaudampfschiffahrtskapitänsmütze« werden. Vielleicht ahmen die Kinder einmal Nöstlingers Dschidsche-i (1979) nach und hängen sein »-lichkeit« an alle Wortstämme: »Türlichkeit«, »Gutlichkeit«... Oder sie probieren, was sie alles mit »ver-« kaputtmachen können: »verreden«, »versingen«... Solche schönen Sammelfrüchte sind schon eine eigene Karteikarte wert. Sie wird unter »-lichkeit« bzw. »ver-« eingeordnet.
Beim Stöbern im Karteikasten fallen den Kindern bald die immer gleichen Verb-Endungen auf: »läuft«, »holt«, »läufst«, »holst«. Vielleicht versuchen sie irgendwann, die verschiedenen Verbformen in eine vernünftige Ordnung zu bringen. Sicher haben sie dann später mehr Verständnis für den Vorschlag, den der »Kollege vom Sprachbuch« macht.
Manche Wortfamilien entstehen im Sachunterricht, z.B. beim Thema »wohnen« (vgl. R. Gümbel 1985, 147). Umgekehrt kann das Nachsinnen über eine Wortfamilie in einen Sachunterricht einmünden. Was hat z.B. »gewöhnlich« mit »wohnen« zu tun, und warum gehört »unheimlich« zu »daheim«? Das Schöne an Wortfamilien ist, daß die Kinder über Bedeutungen reden und dabei zugleich rechtschreiben lernen. Die Sachverhalte sind auch »Sprachverhalte«, und die Geschichte eines Wortes ist manchmal zugleich ein Stück Geschichte. (Oft ist sie schwer zu ergründen. Der Etymologie-Duden kann dabei helfen: Band 7, Herkunftswörterbuch der deutschen Sprache, 1963. Es ist gut, wenn die Kinder den Lehrer bei dieser Gelegenheit auch als interessierten Leser erleben.) So wächst mit dem Sachverständnis zugleich das Sprachverständnis. Das gleiche gilt umgekehrt. Daß »unbeliebt« mit (fehlender) »Liebe« zusammenhängt, ist nicht nur für das Auslaut-b wichtig, sondern kann auch helfen zu begreifen, warum Karen oft so grantig ist.

9.4.5 *Wortfelder und -listen*

Wer einmal mit dem Zusammenführen von Wortverwandten begonnen hat, hört so bald nicht wieder damit auf. Neben den »stamm-verwandten« Wörtern gibt es die ausschließlich sinnverwandten. Von Wortfeldern (semantischen Feldern) wie »gehen«, »essen« usw. lassen sich ebenso schöne Stämme malen wie von einer großen Wortfamilie. Man kann das Feld auch wie ein Dorf aufbauen. Wörter mit sehr ähnlicher Bedeutung stehen dicht nebeneinander, andere weiter entfernt (Abb. 25).

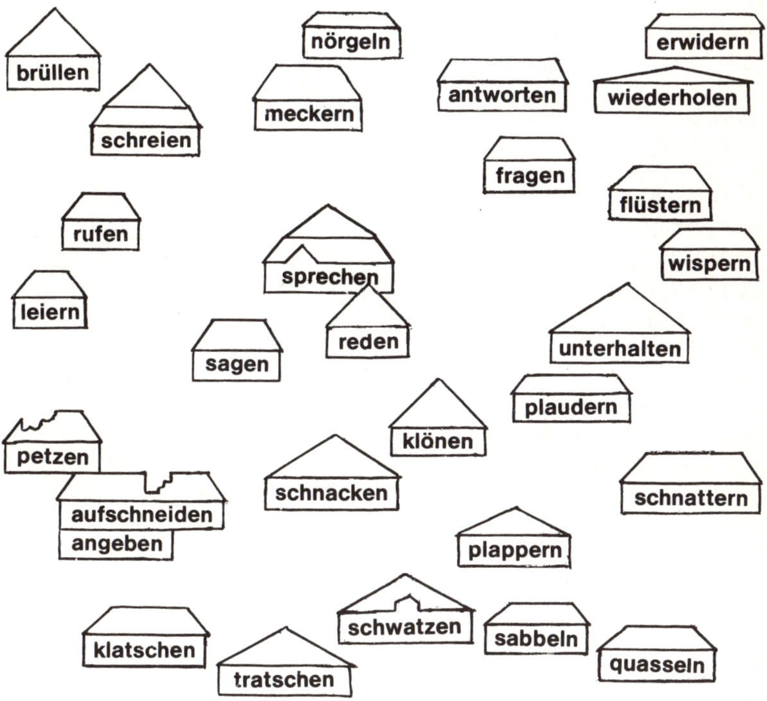

Abb. 25: Wörterdorf

Zu vielen Sachgebieten gibt es umschriebene Wortgruppen, die man schön auf einer Karteikarte zusammenstellen kann, z. B. zum Thema »Zeit«:

- Wochentage,
- Jahreszeiten (2. Schuljahr),
- Monate (2. Schuljahr),
- Tageszeiten,
- Zeitbegriffe wie »bald, jetzt, gleich, sofort, später, nie, immer«... (2. Schuljahr).

Die Frage: »Wohin stecken wir die Karteikarte?« führt zum Suchen der Überschrift. Schon im ersten Schuljahr beginnen die Kinder auf diese Weise ganz nebenher mit dem Bilden von Oberbegriffen, also mit der systematischen Begriffsbildung.

9.5 Schreibungen und Schriftelemente

9.5.1 Reimwörter, Signalgruppen und Analogiereihen

Augenfälliger als inhaltliche Verwandtschaften sind oft formale Ähnlichkeiten unter Schriftwörtern. Schon früh werden die Kinder auf Reimwörter aufmerksam, besonders auf solche, die gleich gesprochen und geschrieben werden.
Reimwörter zu sammeln ist praktisch. Sind einige zusammen, so können die Kinder anfangen, damit Verse zu machen. Ein Reimwörter-Blatt für die Eigenfibel ist leicht zu führen. Jedes Reim-Paar bekommt eine eigene Reihe. Fällt dem Kind später ein weiteres Wort zu dem Reim ein, so schreibt es dieses dahinter:

Haus – Maus, Laus, raus, Klaus
Hase – Nase
Feld – Zelt, hält
Wand – Band, bekannt, Sand, Land

Die Wörter, die gleich klingen, aber verschieden geschrieben werden, gehören in jedem Fall mit in die Reihe! Sie sind schöne Mahnmale, beim hypothesentestenden Schreiben immer noch einmal zu prüfen, ob die Hypothese stimmt (vgl. Kap. 10.1).
Findet ein Kind Spaß an dem Satz »Klaus kaut Kekse«, so hat es auch gereimt, nur vorn statt hinten. Es kann sich ein »Stabreim«-Blatt in der Eigenfibel einrichten. Die meisten Zungenbrecher passen dazu: »Zwischen zwei Zwetschenzweigen zwitscherten zwei Schwalben.«
Es gibt viele weitere Möglichkeiten, Wörter mit ähnlichen Schreibungen zu sammeln. Insbesondere fallen Wörter mit gleichen »Signalgruppen« ins Auge, z. B. »Dackel, Hacke, backt«. Signalgruppen sind

akustisch und optisch auffällige Verbindungen von Vokal und Konsonant (K. Warwel 1967).
Oft sind Wörter mit solcher Ähnlichkeit zugleich Reimwörter, z. B. »Puppe, Suppe, Gruppe«. Sie kommen also auf die Reimwörterliste. Sie nur zu sammeln, weil sie ähnlich geschrieben werden, halte ich dagegen nicht für angebracht, obwohl es sehr gebräuchlich ist. Tun Kinder es von sich aus, so kann man sie nur unterstützen. Ihnen hilft es, ihr Rechtschreibwissen zu ordnen (s. Kap. 10.a). Aber ich würde solche Analogiereihen nicht meinerseits einführen. Allzu leicht vermitteln sie, weil sie von der Lehrerin kommen, eine falsche Sicherheit. Eine Regelmäßigkeit wird unbedacht als Regel genommen: Das Kind schreibt analog zu »Wanne, Kanne, Tanne« auch »Kannte« und prüft das nicht mehr nach (weiteres s. Kap. 10.a).

9.5.2 Kennzeichen für »Merkstellen«

Mit geringem Aufwand sammeln die Kinder zusätzliches Rechtschreibwissen in ihren Karteikästen, indem sie die Stellen in ihren Wörtern, die ihnen merk-würdig sind, markieren.

Zum Üben von Diktattexten gehört es bekanntlich, gemeinsam die Dehnungen, Verdoppelungen usw. rot zu unterstreichen. Davon haben aber nicht alle Kinder gleich viel, weil sie nicht alle an den gleichen Stellen etwas merkenswert finden. Einfacher erscheint es mir, wenn jedes Kind nur seine »Merkstellen« markiert, d. h. die Stellen im Wort, an denen es länger nachdenken mußte oder sich irrte.

Dieses Markieren unterstützt das Schreiben mit »Merkwort« (vgl. Kap. 7.d) und die Erinnerung an das Merkwort. Wie das lautliche Zeichen hebt auch das graphische die Besonderheit der Schreibung hervor, z. B. »t-o-t«. Aber das Unterstreichen zeigt nur an, wo etwas zu beachten ist, das Merkwort zeigt auch an, was: das stimmlose (hart und »feucht« gesprochene) t. Eine noch bessere Hilfe ist das Markieren vielleicht, wenn die Kinder auch die graphischen Zeichen differenzieren. Mir scheinen die folgenden vier Zeichen brauchbar:

- ein Punkt für stimmlose Konsonanten:
- ein Kreis für stimmhafte Konsonanten:

packen	–	backen
Teich	–	Deich
Kreis	–	Greis
Feld	–	Welt

- eine Klammer unter Buchstabengruppen (Erinnerung an die Buchstabenkarten):

  Bahn, See, Kette, Katze, Ring, essen usw.

- ein Strich unter alle anderen Merkstellen, insbesondere unter solche wie

  Rosine, Pony, Käse;
  Cola, Karte, Nuß, Vase;
  Stock, spielen.

Es sind auch andere Zeichen denkbar. Am besten läßt man die Kinder mitdenken. Ebenso können sie selbst überlegen, welche Farbe sich zum Markieren eignet: gelb, weil es nicht so stört, rot, weil es schön auffällt.

9.5.3 Buchstaben und Buchstabengruppen

Das Aufbauen des Buchstabenbestands ergibt sich beim Ausgehen von den Wörtern quasi nebenher. Trotzdem ist es gut, wenn die Kinder sich ihren Lernfortschritt auch auf dieser Ebene bewußt machen. Ebenso wie sie ihre Wörter sammeln, können sie auch die Buchstaben und Buchstabengruppen sammeln: in der Eigenfibel und an der Wand. Die bekannten Buchstabenhäuser eignen sich nicht gut dafür, weil sie kaum Buchstabengruppen enthalten. Wer mit selbstgemachten Demonstrationskarten beginnt (s. Kap. 6.2), kann diese auf eine Hafttafel heften.

Noch reizvoller ist eine besondere Tafel, auf der alle Buchstaben und Buchstabengruppen schon eingetragen sind (Abb. 26). Auf ihr spuren die Kinder jeden neu erarbeiteten Buchstaben farbig nach. Schreiben sie ihn ein zweites Mal, so kommt eine zweite Farbspur zu der ersten. Die Buchstabenform hebt sich mit der Zeit immer stärker ab. Es ist richtig zu sehen, welche Buchstaben und Buchstabengruppen am häufigsten gebraucht werden. Das e und n sind bald die dicksten.

Dieselbe Buchstabentafel klebt das Kind z.B. auf den Innendeckel seiner Eigenfibel. Auch hier spurt es die Buchstaben nach, die in dem neuen Wort jeweils vorkommen. – Kommt ein Kind aus dem Krankenbett zurück oder neu dazu, so heißt es nicht lapidar: »Die Buchstaben hatten wir schon.« Das Bild ist differenzierter: »Diese Buchstaben brauchen wir fast immer, die ganz oft, die manchmal, die selten und die kennen wir noch nicht.«

Abb. 26: Der Buchstabenbaum

9.5.4 *Silben*

Es gibt eine Reihe langer Wörter, die der farbigen Morphemgliederung widerstehen, weil sie nur aus einem einzigen langen Stamm-Morphem bestehen:

Telefon, Lineal, Karussell, Laterne...
Elefant, Krokodil, Pelikan...
Tomate, Banane, Pampelmuse, Rosine...
Polizei, Kommissar...
Monika, Cornelia, Alexander...

Vor allem handelt es sich um (ehemalige) Fremdwörter und Namen. Grundsätzlich meine ich, daß man mit ihnen warten sollte (s. Kap. 7.3.4). Als »eigenes Wort« kann Daniel jederzeit das »Krokodil« in seinen Karteikasten aufnehmen. Doch für das gemeinsame Durchgliedern ist es zunächst noch etwas sperrig. Das sehen die Kinder selbst, einfach an seiner Länge.
Trotzdem können einzelne Wörter dieser Gruppe für die Klasse so wichtig sein, daß kein Weg um sie herumführt, z. B. um die Mitschülerin Monika oder den Kakadu von Peter. In diesen Fällen ist die Silbengliederung eine Hilfe: »Mo-ni-ka«, »E-le-fant«. Die Wörter haben oft die einfachste Silbenstruktur Konsonant-Vokal. Sie ist leicht zu erfassen und einzuprägen (vgl. M. Dehn 1983a, 9).
Einzelne Silben zu sammeln, hat so wenig Sinn wie die Silben selbst – es sei denn, sie sind zugleich Morpheme (»Spiel-zeug-haus«). Aber aus dreisilbigen Tiernamen z. B. kann ein schönes Klapp-Bilderbuch werden. Der »Kro-gu-fant« von S. Bell (1981) ist das Produkt freier Kombination der Tiernamen-Silben (s. auch W. Blecher: »Affodil«, 1979, und H. Brügelmann 1984, 6.1 und 6.2). Auch mit den Silben eines Wortes kann man schön spielen, indem man die Vokale vertauscht (G. Scheerer-Neumann 1984, 113):

To-ma-te,
Te-mo-ta,
Ta-me-to...

Spiele dieser Art können die Eigenfibel um einige Blätter bereichern.
Die Silbentrennung ist bei vielen Wörtern schwieriger als bei den genannten. Darum bedarf es dafür anderer Hilfen. Die Merkwörter sind, meine ich, schon eine sehr gute Vorbereitung. Denn dabei erklingen alle Doppelkonsonanten bereits doppelt, und das »ck« ist als »k-k« zu hören. Systematischer üben muß man die Silbentrennung erst, wenn die Kinder längere Texte schreiben und fortlaufend die Linien bis zum Rand füllen wollen. Die Verwendung des DIN-A4-Formats kann diesen Zeitpunkt bis ins dritte Schuljahr hinauszögern.

10 Texte schreiben und lesen

Es mag seltsam anmuten, daß in einem Band über das Rechtschreibenlernen erst im letzten Kapitel von Texten die Rede ist. Doch wenn es bisher um Wörter ging, so immer um ihren Erwerb und Gebrauch in Sinn- und Handlungszusammenhängen. Insofern ging es auch schon immer um Texte. Es muß für einen Text nicht erst eine bestimmte Menge von Sätzen zusammenkommen. Ein Kind, das auf zwei Bildern zeichnet, wie es aussehen möchte und wie nicht, und dazuschreibt: »so« – »so nicht«, hat bereits eine Art Text verfaßt. Aus diesen Anfängen entwickeln sich unmerklich größere Texte. Die Kinder sind gewohnt, in Sätzen zu sprechen und wollen auch so schreiben. Die Lust zum Schreiben entsteht nicht erst nach Erwerb des nötigen Handwerkszeugs, sondern währenddessen. Umgekehrt entwickeln sich die handwerklichen Fähigkeiten am besten durch regen Gebrauch. In den Kapiteln 5–9 habe ich keine Vorübungen zum Textverfassen dargestellt, sondern Aspekte des Textverfassens. Im Vordergrund stand die Aneignung und Verwendung von Wörtern des Grund- und Eigenwortschatzes. Im folgenden geht es um das Formulieren und Verknüpfen von Sätzen.

Damit beginnt eine zweite Form des Rechtschreibens: das Verschriften von Wörtern, die die Kinder nur gesprochen kennen (vgl. M. Dehn 1983b, 28f.). Der eigene Satz eines Kindes mag noch so klein sein, er enthält fast immer Wörter, die noch nicht erarbeitet sind. Mit diesem Verschriften zu warten, bis die Kinder genügend Wörter sicher schreiben können, hieße sie unnötig zu bremsen. Der Lehrer kann eigene Texte von Anfang an zulassen und fördern, wenn er den Kindern zeigt, wie sie für die Rechtschreibung sorgen können.

Ein solches Handwerkszeug zum freien und richtigen Schreiben ist das »hypothesentestende Schreiben« (Kap. 10.1 und Leitbild 9). Weiter gehört zum Schreiben, die Schritte der Erzählung oder der Rede als Folge von Sätzen darzustellen (10.2). Dies ist das grammatische Handwerkszeug für das Schreiben wie für das Lesen von Texten (Leitbild 10). Der gemeinsame Textanfang ist eine Hilfe, jedem Kind nach seinen Wünschen und Möglichkeiten Wege zum freien Schreiben zu eröffnen (10.3). Und gemeinsame Schreibanlässe bieten sich in allen Schulfächern (10.4). Wie sehr die Kindertexte sich auch unterscheiden, sie dürfen nebeneinander gelten: die lange Weitererzählung neben dem einen kommentierenden Wort. Es gibt kaum Disziplinprobleme, weil jedes Kind sich seinen Möglichkeiten gemäß betätigen kann. Und es gibt kaum Versagensängste, weil dabei jedes in seinem Lerntempo vorankommt.

10.1 Hypothesentestendes Schreiben

10.1.1 Tastendes Versuchen

Mit dem Formulieren eigener Sätze greift das Rechtschreibenlernen schon früh über den erarbeiteten Wortschatz hinaus, und sei es nur um eine Wortform oder ein Formwort, z.B. in Inges Kommentar zu einem Hamstertext: »Ich will auch einen Hamster haben.«

Das Schreiben wird zugleich zu einem Suchen nach passenden Schreibungen. Ob das Kind an die Rechtschreibung denkt oder nicht, es trifft in jedem Fall eine Entscheidung, wie es das neue Wort verschriftet (vgl. M. Dehn 1983b, 28f.). Wird es sich dessen bewußt, so kann aus dem ratlosen oder achtlosen Produzieren von Schreibungen ein hypothesentestendes Schreiben werden: Analog zu bekannten Schreibungen probiert das Kind neue aus und testet anschließend seinen Versuch. Es vermutet erste regelhafte Zusammenhänge und prüft anschließend, ob es richtig vermutet hat.

»Tastendes Versuchen« nennt Freinet die kindliche Methode, sich durch Ausprobieren, Raten, Herumsuchen und Untersuchen einer Sache zu nähern (1980, 54ff.; vgl. Kap. 1.3). Der Irrtum ist ein Element dieses Lernens. Rechtschreibfehler sind kein Fehlverhalten, sondern Schritte auf dem Weg zur Lösung. Diese ist allerdings dennoch das Ziel. Auch das »tastende Versuchen« will kein Herumtasten bleiben, sondern seinen Gegenstand schließlich fassen. Ebenso macht das Raten nur Spaß, wenn man schließend des Rätsels Lösung erfährt. »Hypothesentestendes Lernen« ist nur dann ein Testen von Hypothesen, wenn man am Ende herausfindet, ob die Hypothese richtig oder falsch war.

Möchte ein Kind wissen, ob »Apfelsiene« so richtig geschrieben ist, so stellt es, genau betrachtet, zwei Fragen:

- »Habe ich die richtige Hypothese gestellt?« d.h. »Stimmt die Schreibung?«
- »Habe ich die Hypothese richtig gestellt?« d.h. »Stimmt meine Vermutung, daß ›Apfelsiene‹ hinten wie ›Biene‹ geschrieben wird?«

Die erste Frage ist die nach dem Produkt, die zweite die nach dem Weg. Beide sind wichtig, doch die zweite kann sich das Kind erst allmählich beantworten, indem es die Regelhaftigkeit der Schreibung erkundet (s. 10.1.3). Dagegen findet es die Antwort auf die erste Frage einfach durch Vergleich (Leitbild 3) mit der richtig geschriebenen »Apfelsine«.

10.1.2 Die Schreibung erfragen oder nachschlagen

Das Kind kann sich das neue Wort von der Lehrerin aufschreiben lassen oder es selbst im Wörterbuch nachschlagen. Da mit der Schreiblust und -fähigkeit der Kinder auch ihr Grund- und Eigenwortschatz wächst, hat jedes Kind nicht allzu viele neue Wörter zu erfragen. Auch bei 28 Kindern kann die Lehrerin sie in Ruhe beantworten. Sie braucht nicht von Tisch zu Tisch zu eilen, sondern schreibt jedes Wort auf den Tageslichtprojektor. Der TP ist praktischer als die Wandtafel: Die Lehrerin sieht in die Klasse, schreibt schneller, kann die Wörter einfacher farbig gliedern (s. Kap. 9.4.3), kann die Folienrolle weiterdrehen, wenn kein Platz mehr ist – und sitzt einmal gemütlich, ein ruhender Pol, eine Auch-Schreiberin.
Regeln für das Erfragen sind schnell vereinbart, z.B.:

- Jede/r sagt deutlich ihr/sein Wort, ohne »Wie schreibt man...«.
- Damit es kein Durcheinander gibt, meldet sich jede/r und wartet.
- Manchmal muß der Lehrer den ganzen Satz hören.
- Wörter, die ein zweites Mal gefragt werden, unterstreicht der Lehrer.
- Beim Kontrollieren kann nur noch ein Finger das Wort abtasten. Das Wort auf der Leinwand müssen die Augen allein Buchstabe/ngruppe für Buchstabe/ngruppe nachprüfen.

Die Kinder, die nicht fragen, brauchen besondere Beratung. (Gibt es am TP viel zu tun, so kann die Lehrerin sie zu sich rufen.) Sie wissen entweder nicht weiter oder wollen sich beim Schreiben nicht mit dem Nachfragen bzw. Nachschlagen aufhalten. Holen sie das nach, wenn sie mit dem Satz oder Text fertig sind, so ist es gut. Das nachträgliche Kontrollieren ist aber schwieriger. Manches Schreibproblem ist beim Durchlesen bereits vergessen, und so bleiben Fehler stehen. Das können die Kinder vermeiden, indem sie schon während des Schreibens einen Bleistiftpunkt unter die Stelle des Wortes setzen, an der sie unsicher sind. Die Punkte sind der Leitfaden für den Kontrollgang (und werden danach wegradiert).
Natürlich sind die Texte trotz Nachfragen und Bleistiftpunkt nicht fehlerfrei. Vor allem die Groß- und Getrenntschreibung sowie die Zeichensetzung ist den Kindern noch rätselhaft. Hier muß die Lehre-

rin helfen. In einer von Anfang an rechtschreibgewohnten Klasse hat sie schon während des Schreibens dafür Zeit.

Die Verschiedenheit der Kinder erleichtert ihr die Arbeit. Fast in jeder Klasse gibt es schon bald ein Kind, das zum Nachschlagen im Wörterbuch übergehen kann. Es erfragt nur noch die Wörter, die es dort nicht findet. Wollen weitere Kinder mit dem Wörterbuch beginnen, werden sie von dem »kundigen« eingeweiht. Je mehr Kinder ihre Wörter nachschlagen statt sie zu erfragen, desto mehr kann der Lehrer sich der Beratung und Rechtschreibkontrolle rundum widmen. Das lästige Aufsatzkorrigieren am häuslichen Schreibtisch fällt fort. Wiederum: Was den Kindern so viel Spaß macht und dem Lehrer so wenig Arbeit, kann er in jede Unterrichtseinheit einplanen. Und je mehr die Kinder schreiben, desto sicherer werden sie auch in der Rechtschreibung.

10.1.3 Tricks zum schnellen Zurechtfinden im Wörterbuch

Spätestens im zweiten Schuljahr ist es an der Zeit, daß die Kinder ihre Erfahrungen mit dem Wörterbuchgebrauch austauschen und die »Tricks« aufschreiben, die sie dabei verwenden. Nach den Übungen an der Klassen-Wörterwand liegt zumindest die erste der folgenden Regeln schon »in der Luft« (s. Kap. 9.3.3):

- Zuerst achte ich auf den ersten Buchstaben des Wortes, dann auf den zweiten, den dritten usw.
- Wenn ich noch weit von dem Buchstaben weg bin, den ich suche, blättere ich schnell, wenn ich nahe dran bin, blättere ich langsam.
- Bei manchen Buchstaben stehen viele Wörter, besonders bei dem s, und bei manchen stehen ganz wenige, z.B. bei c und qu.
- Wenn ein Wort mit »ge-« anfängt, lasse ich die Silbe weg und sehe bei dem Wortstamm (oder, wenn schon bekannt, bei der »Nennform«) nach, z.B. bei »laufen« statt bei »gelaufen«.
- Wenn ich ein langes Wort nicht finde, versuche ich, ob ich es in kleinere Wörter aufteilen kann (Geburtstags-Kuchen).
- Wenn ich ein Wort überhaupt nicht finde, sehe ich nach, ob es mit einem anderen Buchstaben anfängt, der so ähnlich klingt.

Die Trickliste kann langsam wachsen. Das rationelle Nachschlagen im Wörterbuch lernt niemand von heute auf morgen. Eine angefangene Trickliste an der Klassenwand regt immer einmal zum Weiterschreiben an (vgl. auch die Anregungen von Bieler u. Eysank in dem Wörterbuch »Wörter, Bilder, Sätze« 1980).

10.1.4 Regelmäßigkeiten der Rechtschreibung auskundschaften

In der Frage: »Ist ›Apfelsiene‹ so richtig geschrieben?« steckt, wie gesagt, auch die Frage: »Stimmt meine Vermutung, daß ›Apfelsiene‹ hinten wie ›Biene‹ geschrieben wird?«
Analogieschlüsse sind Versuche, eine Regelmäßigkeit in das eigene Schreiben zu bringen, um es zu vereinfachen und zu automatisieren (s. Kap. 1.c, »Wortbedeutungen und begriffliches Lernen«). Das Kind möchte das Nachdenken beim Schreiben neuer Wörter abkürzen (Abb. 1, S. 22). Darum verallgemeinert es gewonnene Schreiberfahrungen. In dem Fall »...iene« kann es bei der Verallgemeinerung nicht bleiben, weil sie, wie es beim Nachprüfen feststellt, den Spezialfall »Apfelsine« (Abb. 1) nicht faßt.
Da das Kind nun den Schritt zur Verallgemeinerung selbst getan hat, und zwar eher probeweise, findet es auf demselben Weg (Abb. 1, Achse 1) leicht zu den besonderen Schreibungen anderer Wörter zurück. Es kann den Analogieschluß, den es selbst gezogen hat, leichter in Frage stellen als denjenigen, der durch eine vorgegebene Wörterliste wie »Biene, Riese, Schiene, lieben, verdienen...« zwingend nahegelegt ist.
Einen Weg zurückgehen zu müssen ist entmutigend, wenn die Mühe ganz umsonst war. Aber eine verworfene Hypothese ist ein wichtiger Fund, nicht weniger als eine bestätigte Hypothese. Das erleben die Kinder, wenn sie Gelegenheit haben, von ihrem Fund zu berichten. Wie ist es z.B. mit einer »Fundsachen«-Tafel, auf der die Kinder solche Hypothesen notieren? Sie können sie als Gleichungen oder Ungleichungen schreiben:

»B<u>iene</u> ≠ Apfels<u>ine</u>
Apfels<u>ine</u> = Masch<u>ine</u>
<u>S</u>tuhl = <u>S</u>tein
<u>St</u>uhl ≠ <u>Sch</u>ule«

Nach jedem Schreibvorhaben berichten die Finder über ihre Entdekkungen. Andere haben Einwände; es entstehen um die »Fundsachen« herum kleine Rechtschreib-Gespräche. In Streitfällen kann zunächst das Wörterbuch Auskunft geben. Es hilft z.B., weitere Belege herbeizuschaffen: »Rosine, Margarine, Schiene, Mine, Miene...«. Auch beim Erklären der Regelmäßigkeiten braucht die Lehrerin nicht allein zu reden. Die Kinder finden z.T. treffende Erklärungen, wenn sie Zeit zum Nachdenken haben (vgl. U. Maas 1985, 12).

Nach den Berichten der Finder sollten die Hypothesen jeweils wieder gelöscht werden. Es sammelt sich sonst zuviel an der Tafel. Bleibende Notizen könnten die Kinder sich aber machen, wenn sie eine Regelmäßigkeit gefunden haben, die immer gilt, für die es keine Ausnahme gibt, z.B.

»Ein Wort hört nie mit ss auf.«

»Nach ei schreibe ich z, nicht tz.«

Ein solcher Satz ist noch keine komplette Rechtschreibregel. Aber aus vielen Teilaspekten kann sich eine Regel allmählich aufbauen. Hilfreich kann auch eine vollständig erfaßte Ausnahme-Gruppe sein, z.B. »Die einzigen Wörter mit ›ih‹ sind: ihm, ihn, ihnen, ihr« (hinzu kommen Wortbildungen »ihresgleichen« usw.). Ein anderer Merksatz mag heißen: »Das oo gibt es nur bei Boot, Moos und Moor.« Eine Tapete voller Merksätze dieser Art könnte sozusagen der »sanfte Weg« zum Regellernen der späteren Schuljahre werden.

10.1.5 Arbeitsformen

a) Bleistiftschreiben: Immer, wenn der Test ergibt, daß die Hypothese falsch war, muß das Wort korrigiert werden. Mit Tintenkiller und Tipp-Ex lassen sich zwar Tinte und Filzstift löschen, aber die Korrektur wird häßlich. »Sauber durchstreichen« ist etwas für Prüfungsdiktate und »korrekte« Schreibheftaufgaben, aber nicht für eigene Texte, die dem Kind, so wie sie da stehen, Freude machen sollen. Besser ist es, den Text von vornherein mit Bleistift zu schreiben, auch noch im zweiten Schuljahr. Sauber zu radieren muß allerdings gelernt sein (z.B. Radiergummi vorher sauber abreiben). Der Zeilen- und Wortabstand, überhaupt die Schrift muß groß sein, sonst verschmieren die umstehenden Buchstaben und Wörter.

b) Drucken: Beim Drucken ist die Korrektur kein Problem, sondern ein Vergnügen. Der Probeabzug ist das Testblatt. Falsche Hypothesen verschwinden spurlos, die richtigen werden im Klassensatz vervielfältigt. Das Rechtschreibenlernen ergibt sich aus dem Produzieren von Texten ganz nebenher. Wer nicht schon in der ersten Schulstufe eine Freinet-Druckerei aufstellen konnte, sollte sie wenigstens für das zweite Schuljahr beantragen. In der Phase individueller Schreibtätigkeit können jeden Tag mehrere Kinder mit den verschiedenen Arbeitsgängen des Druckens beschäftigt sein (vgl. H. Jörg u. P. Treitz 1985, 83).

c) Schreiben in Gedanken, Leitbild 9 (S. 69): Alles Korrigieren fällt fort, wenn man das fragliche Wort zuerst »im Kopf« schreibt und dann die Kopf-Hypothese sofort überprüft. »Denken« nennen die Kinder dieses »innere Schreiben« gern. Es fällt auch Schwachbegabten leichter als wir glauben. Die Sammlung dabei wird, anders als bei Konzentrationsübungen im allgemeinen, zu einem kleinen Ratespiel. Das Leitbild 9 zeigt den genauen Ablauf:

- Augen schließen, das Wort in Gedanken aufbauen, eine/n Buchstaben/gruppe nach dem/r anderen (evtl. durch Schreibbewegungen auf dem Tisch unterstützt),
- Augen öffnen, das Wort nachsehen (erfragen, nachschlagen), mit dem inneren Wort vergleichen, das Merkwort sprechen und einprägen,
- das Wort schreiben, dabei das Merkwort innerlich mitsprechen,
- Kontrolle Buchstabe/ngruppe für Buchstabe/ngruppe.

Der Ablauf ist den Kindern bald geläufig. Das buchstabenweise Vergleichen wird so weit automatisiert, daß nur ein rasches Abtasten mit den Augen übrigbleibt.

d) Gemeinsames Wörterraten (Leitbild 9): Einführen kann man das »Schreiben in Gedanken« gut mit dem Tageslichtprojektor. Ein Kind schlägt ein neues Wort vor: »Wie mal wohl ›Kapuze‹ schreibt?« Alle schreiben das Wort in Gedanken; die Lehrerin schreibt es auf die Folie. (Damit das Wort noch nicht auf der Leinwand zu sehen ist, legt sie entweder die Folie neben den Projektor oder legt ein Blatt Papier unter die Rollfolie.) Dann erscheint das Wort auf der Leinwand. Die Kinder sagen, was sie im Kopf anders geschrieben haben und sprechen über ihre verschiedenen Hypothesen. Wenn sie sich anschließend das Merkwort bilden, können sie die besonders merkenswerten Stellen besonders herausheben. Dann wird das Wort auf der Folie wieder abgedeckt. Die Kinder schreiben es auswendig. Anschließend Kontrolle.

e) Aufschreiben statt Abschreiben, »optisches Diktat«: Was auch die Kinder »abschreiben«, wie man so sagt – sie sollten es in der dargestellten Weise aufschreiben. (Nichts behindert das selbstverantwortliche Rechtschreibenlernen mehr als das gedankenlose Buchstabenübertragen von irgendwelchen Vorlagen, ohne das betreffende Wort überhaupt zu lesen. Es gibt Analphabeten, die ganze Texte »abschreiben«, aber kein einziges Wort lesen oder schreiben können.) Aus dem Aufschreiben ganzer Wörter wird allmählich das Schreiben von Sinnschritten und Sätzen.

Diese Form des »optischen Diktats« macht alle Gemeinschaftstexte gleichzeitig zu einer Rechtschreibübung. Die Arbeitsschritte:

- Gemeinsames Formulieren des Satzes.
- Der Satz wird auf »neue Wörter« abgeklopft. Diese werden »in Gedanken« geschrieben. Währenddessen schreibt der Lehrer den Satz oder Sinnschritt bis zum ersten neuen Wort auf die TP-Folie.
- Nachprüfen des neuen Wortes, Merkwort bilden, Einprägen des Satzes bis zu diesem Wort.
- Abdecken der Folie, Aufschreiben des Satz-Abschnittes.
- Aufdecken der Folie, Kontrolle, weiter bis zum nächsten neuen Wort...

Kinder, die beim Einprägen und Schreiben schon recht sicher sind, können sich eine kompliziertere Aufgabe stellen: Sie warten bis zum letzten Satz-Abschnitt und schreiben ihn dann in einem Zuge. Oder sie schreiben den ganzen Satz sofort selbständig und schlagen die neuen Wörter im Wörterbuch nach. Oder sie formulieren zu dem jeweiligen Satz einen weiteren oder eine Erläuterung (auf die Folie in Klammern, sozusagen das »Additum«).
f) Partner- und Gruppenarbeit: Das »optische Diktat« können auch Tischnachbarn miteinander schreiben.

Sie sehen sich zusammen die Vorlage an: eine Fibelgeschichte, die ihnen gefällt, ein Stichwort aus dem Kinderlexikon u.ä. Dabei bilden sie für neue Wörter Merkwörter. Dann decken sie die Vorlage ab und schreiben. Nach jedem Satz-Abschnitt, Satz oder auch nachdem sie den Text zu Ende geschrieben haben, legen sie ihre beiden Fibelblätter oder Hefte rechts und links neben die Vorlage und kontrollieren gemeinsam beide Texte Buchstabe/ngruppe für Buchstabe/ngruppe. Jedes korrigiert den eigenen Text. Paare, die sich einen Text mit den Merkwörtern gut erarbeitet haben, können zu dem bekannten akustischen Partnerdiktat übergehen (in der Regel erst im zweiten Schuljahr). Das Nachsehen ist dann wieder gemeinsame Arbeit wie oben, auf keinen Fall hämisches Fehleranstreichen im Nachbarheft.

Bei der Gruppenarbeit (spätestens im zweiten Schuljahr) läßt sich das hypothesentestende Schreiben gut aufteilen, z.B. so: Alle formulieren den Satz, ein Kind diktiert ihn mit Merkwörtern (bei neuen Wörtern hypothetisch), das nächste schreibt, das dritte sieht die neuen Wörter im Wörterbuch nach. Die Wörterbucharbeit können sich auch zwei Kinder teilen. Gut ist es, wenn die Arbeitsverteilung nach jedem Satz wechselt.

10.2 Sätze als Erzähl- und Redeschritte

10.2.1 Ausgehen von den kindlichen Erzählformen

»Wie sollen Schulanfänger wissen, wo sie einen Punkt machen sollen«, könnte man fragen, »wenn sie gerade erst gelernt haben, einen i-Punkt zu machen?« Die Grammatik der Satzteile und -einheiten ist allerdings ein mühsamer Teil der Schulgrammatik. Aber sie wird es auch dadurch, daß wir mit ihr nicht recht an den Satzbauplänen anknüpfen, die die Kinder mitbringen. Da erzählt ein Junge:

»Unsere Katze hat Junge gekriegt.
Und dann hat Papa ihr die Jungen weggenommen.
Und da hat unsere Katze geweint.
Und da habe ich auch geweint.
Fast.«

Die Geschichte hat fünf klar abgegrenzte Sätze. Um die Punkte setzen zu können, muß das Kind nicht nach Satzgegenstand und -aussage fragen. Der Satz »Fast.« ist alles in einem. Er wird nur schlechter, wenn man ihn vervollständigt oder an den vorigen anhängt, etwa so: »..., aber nur fast.«
Die anderen Sätze sind durch das »Und dann«, »Und da« eindeutig voneinander abgesetzt. Würde sich uns nicht allzu früh bei diesem Satzanfang die Lehrernase rümpfen, so könnten wir ihn als Musterbeispiel für das Schreiben in Erzählschritten nutzen: Das Wort »dann« leitet den nächsten Erzählschritt ein, das »Und« hängt ihn an den vorigen an. Daß der Junge vielleicht gleichzeitig mit der Katze weinen mußte, tut der Erzähllogik keinen Abbruch. In seiner Wahrnehmung und Darstellung ist dies der zweite Schritt. Also sagt er richtig: »Und da habe ich auch geweint.« Ich sehe keinen Grund, ihn zu fragen, ob der Satz nicht besser mit »Darum...« anfangen sollte. Eine Klasse, die viele Geschichten schreibt und reihum vorliest, findet dabei bald selbst heraus, wo besser ein »Aber«, »Auf einmal» oder »Darum« an den Satzanfang paßt.

10.2.2 Satzanfang und -ende

Manche Kinder schreiben ihre Texte buchstäblich »ohne Punkt und Komma«, besonders wenn sie ganz schnell ganz viel erzählen wollen. Sie brauchen viel Zeit und Gelegenheit zum Schreiben, vor allem viel Platz auf dem Papier. Die Eigenfibel ist ein Anreiz, jede Seite bewußt zu gestalten. Eine naheliegende und schöne Form, einen Text zu gestalten, ist der »Flattersatz«: Jeder Satz bekommt eine eigene Zeile (wie oben bei der Katzengeschichte). So sind auch viele Texte in der Fibel und in Kinder- und Lesebüchern geschrieben. Im Heft dagegen müssen die Kinder meist ganz papiersparend jede Heftseite Zeile für Zeile vollschreiben. Jeder augenfällige Anlaß, den Text zu gliedern, fehlt.

Eine bekannte Form, das Erzählen schrittweise zu gliedern, ist das Schreiben zu Bildgeschichten. Die Bilder veranschaulichen die Erzählschritte; die Kinder brauchen sie nur noch in Sätze zu fassen.

Eine schöne Gliederungsform ist auch das Reihumerzählen mit Trommel: Die Lehrerin fängt an: »Es war einmal ein grünes Pferd.« Der Trommelschlag ist der Punkt. Sie reicht die Trommel weiter. Gelangt die Trommel zu einem Kind, das weitererzählen möchte, so steht es auf – das ist der großgeschriebene Satzanfang – und sagt den nächsten Satz. Beim anschließenden Aufschreiben erinnern die Kinder sich noch: »Da ist Heike aufgestanden, dann hat sie gesagt: ..., dann hat sie nur so ein bißchen auf die Trommel gehauen. (Das kann ich aber besser.) Satzanfang und -ende sind ihnen leibhaftig gegenwärtig.

Der gute Brauch, schriftliches Erzählen immer durch mündliches vorzubereiten, kann auch in das Schreiben selbst hineinwirken. Z.B. sagt einmal Renaldo nicht nur der Klasse, mit welchen Wörtern und Sätzen er seinen Text beginnen will, sondern spricht zugleich auf Band. Dann hören alle seinen Text ab und überlegen, wohin ein Punkt gehört. Dort unterbricht Renaldo die Aufnahme oder drückt (beim Diktaphon) die Piepstaste. Das Schreiben mit Bandaufnahme kann nur eine Einzelfallhilfe sein. Aber jeden Satz vor dem Aufschreiben erst der Nachbarin/dem Nachbarn zu sagen, wird schnell gute Gewohnheit rundum. Daß die Nachbarn sich beim Schreiben stören, ist meist mehr meine Sorge als ihre. Wer gerade selbst nachdenkt, hört eben nicht richtig zu. Die Erzählerin hat jedenfalls ihren Satz gesprochen gehört. Nach etwas Übung beherrschen die Kinder auch den nötigen »Flüsterton«.

Punkt und Komma zu unterscheiden, kann man, meine ich, späteren Schuljahren vorbehalten. Beim Durchsehen der Kindertexte rundum kann die Lehrerin dort, wo Interesse ist, schon einmal begründen, warum sie vor »weil« ein Komma aus dem Punkt macht.

10.2.3 Direkte Rede

Satzzeichen sind bei eiligen Kindern wenig geachtet, Frage- und Ausrufungszeichen noch weniger als der Punkt und am wenigsten die Zeichen für die direkte Rede. Veranschaulichungen allein helfen nicht viel, wenn die Kinder nicht merken, wo die Rede tatsächlich anfängt und aufhört.
Das müssen sie handelnd erfahren, z. B. indem sie eine Meinungsumfrage in der Klasse machen und auf Band nehmen. Angenommen, die Klasse will eine andere Sitzordnung. Im Sitzkreis wird der Recorder herumgereicht. Ein Kind nimmt jeweils auf, was das nächste sagt. Es drückt auf die beiden Tasten »Aufnahme« und »Start«. Die beiden Finger – oder die Tasten – sind die Anführungsstriche. Nach dem Interview wieder ein Tastendruck: Anführungsstriche oben (Idee: R. Dertschei 1984). Sogar der Doppelpunkt kann in Handeln umgesetzt werden: Bevor man etwas auf Band sagen oder hören kann, muß man den Stecker in die Dose stecken. (Pech, wenn die beiden Löcher waagerecht stehen.)
Beim Abhören und Aufschreiben der Interviews ist natürlich interessant, wer was sagt. Für den Anfang genügt es, einfach die Namen vor den Doppelpunkt zu setzen.

Marina Beim Hufeisen kann ich alle sehen.

Ausgezeichneter Anlaß zum Schreiben in direkter Rede sind bekanntlich selbstgespielte und -aufgenommene Dialoge. Man muß mit ihnen nicht bis zum zweiten Schuljahr warten (vgl. I. Lüdeke 1979, 52f.). Am weitesten sind wohl bei Streitgesprächen und anderen schnellen Wortwechseln Satz und Redeschritt identisch. Einen Streit unter den Mitschülern nachzuspielen, aufzunehmen und aufzuschreiben, ist zudem eine gute Hilfe, ihn aufzuarbeiten. Fragen und Ausrufe werden bei Dialogen hörbar und folglich markierbar. Irgendwann können die Kinder auch einmal Frage- und Ausrufezeichen im Großformat schreiben und an alles kleben, was sie in Frage stellen oder hervorheben wollen. In der Turnhalle z. B. wird vielleicht auf diese Weise das Trampolin unter Ausrufungszeichen verschwinden, das Pferd wird vielleicht zu einem einzigen Fragezeichen.

10.2.4 *Sätze überschauend lesen:* Leitbild 10 (Abb. 7, S. 69)

Das Lesen gehört zum Schreiben wie das Schreiben zum Lesen. Das ist leider keine Selbstverständlichkeit, weder so noch so herum. Aufsätze werden oft einfach heruntergeschrieben. Die Lehrerin liest sie ja sowieso, weil sie sie verbessern muß. In Freinet-Klassen dagegen lesen die Kinder ihre Texte selbst vor und helfen sich gegenseitig beim Überarbeiten und Verbessern.
Schon beim Schreiben des Textes kann aber das Lesen helfen, wenn das Kind jeden Satz sofort nachliest, nachdem es ihn geschrieben hat. Hier unterstützen sich Lesen und Schreiben ganz unmittelbar:

- Dem Kind ist noch gegenwärtig, was es ausdrücken wollte. Es kann den niedergeschriebenen Satz damit vergleichen. So bemerkt es rechtzeitig, daß es z. B. ein Wort, eine wichtige Einzelheit vergessen hat. Und es kann beliebig viele Ergänzungen anfügen, die es später mühsam dazwischenschieben müßte.
- Hat das Kind während des Schreibens vergessen, einen Punkt unter neue Wörter zu setzen (vgl. Kap. 10.1: »Die Schreibung erfragen oder nachschlagen«), so kann es das jetzt nachholen. Vielleicht möchte es schon dies und das im Wörterbuch nachschlagen, weil das Interesse an der richtigen Schreibung noch frisch ist.
- Nichts ist so leicht sinnerfassend und flüssig zu lesen wie ein eben formulierter Satz. Hier hat das Kind Gelegenheit, ganz nebenher und im stillen das zu üben, was beim lauten Vorlesen »mit Betonung« oft so quälend wird. Zugleich ist dieses Stillesen eine gute Vorbereitung auf das anschließende Vorlesen des ganzen Textes.
- Indem das Kind sich den letzten Satz seines Textes noch einmal lesend vergegenwärtigt, kann es den nächsten Satz besser daran anknüpfen. Auch in Gesprächen lernen wir, uns besser auf den Vorredner zu beziehen, wenn wir seinen letzten Satz wiederholen, bevor wir selbst sprechen. Das kann man mit den Kindern gut üben. Die Gesprächsschulung wird dabei gleichzeitig Aufsatzschulung.

Auf diese Weise lernen die Kinder das Lesen als eine geistige Tätigkeit kennen, die einen Überblick verschafft über andere geistige Tätigkeiten und diese ihrerseits anregt. Sie bekommen ein viel persönlicheres Verhältnis zum Lesen, als wenn sie es nur als lautes, der Lehrerkontrolle ausgesetztes Vorlesen kennenlernen, bei dem sie einem vorgegebenen Text folgen müssen, ihn Wort für Wort entziffernd und – oft genug – erst im nachhinein oder gar nicht verstehend.
Das Leitbild 10 soll den Kindern die Bedeutung des Denkens beim Schreiben und Lesen vergegenwärtigen. Aus dem Denken heraus

erwachsen Möglichkeiten der Selbstkontrolle. Die Frage »Stimmt der Satz?« weist auf die inhaltliche wie die grammatische Stimmigkeit des Satzes hin. Dazu gehört das Nachdenken über die Satzzeichen.
Besonders hilfreich ist das überschauende Lesen ganzer Sätze beim Erarbeiten fremder Texte. Das Kind muß nicht alles zugleich tun: die einzelnen Wörter entziffern, ihren Sinn im Satz erfassen und sie schon in der richtigen »Betonung«, obendrein flüssig, vorlesen. Statt dessen liest es zuerst den Satz still für sich. Es nimmt sich dafür so lange Zeit, bis es ihn ganz entziffert und verstanden hat. Wörter, die es nicht entziffern konnte, erschließt es oft noch aus dem Satzzusammenhang (vgl. M. Bergk 1984b, 38f.). Die nächste Hilfe ist die Frage (s. Leitbild 10): »Kann der Satz so stimmen? Paßt er zu der Geschichte?« Dabei bemerkt das Kind viele Lesefehler selbst.
Dann erst liest das Kind den Satz laut vor. Jedenfalls kann dies eine Regel für das gemeinsame Lesen eines Textes in der Klasse sein. Wichtig ist, daß sich wirklich jedes Kind soviel Zeit für das Vorauslesen eines Satzes nehmen kann, wie es braucht. Bei großen Leistungsunterschieden hat sich das folgende Verfahren bewährt: Alle lesen den nächsten Satz leise für sich. Wer ihn laut vorlesen will, meldet sich (oder beginnt einfach). Wer einmal gelesen hat, wartet, bis alle dran waren. Die Vorbereitungszeiten werden allmählich länger. Doch wer schon vorgelesen hat, muß sich darüber nicht ärgern. Sie oder er kann schon vorauslesen, sich Notizen machen, etwas anstreichen usw. (s. 10.5). Natürlich muß nicht jeder Satz laut vorgelesen werden. Die Klasse kann auch über ihn sprechen, Fragen stellen, ein wichtiges Wort vorlesen und unterstreichen usw.

10.2.5 Großschreibung im Satzzusammenhang

Das Leitbild 10 kann den Kindern helfen, auch den Regelmäßigkeiten der Großschreibung mit ersten Hypothesen auf die Spur zu kommen. Der Rat, ein Nomen durch Voranstellen von »der, die, das« zu erkennen, ist nur dann so schlecht, wenn das Wort aus dem Satz gelöst wird. Im Satzzusammenhang kann er dem Kind nützen, vorausgesetzt, es setzt ggf. auch die Formen »den, dem, des« ein und erkennt Formen wie »am, im, zum, vom, beim« ebenfalls als »Nomenmacher«.
Der Weg dahin ist weit. Aber man kann ihn früh eröffnen. Schon nach einigen Schulwochen schreiben die Kinder sich Schildchen mit »der,

die, das« und heften sie an alles, was sie in der Klasse – und zu Hause – finden. Beim Erfragen einer Schreibung werden sie ebenfalls auf den Satzzusammenhang hingewiesen, wenn sie gelegentlich statt des Wortes den ganzen Satz sagen sollen. Und auf ihren Karteikarten tauchen Wörter auf, die man sowohl groß als auch klein schreiben kann: »liebe, essen, stand«. Es kommt auf den Satz an. So schreiben sie auf die Bildseite je einen Satz mit »stand« und »Stand«. Die Schreibung vieler Wortstämme wechselt ohnehin oft zwischen Groß- und Kleinschreibung:

»Fahrt – fahren – Fahrrad – fährt – Fahrkarte«

Beim Zusammentragen der Wortfamilien lernen die Kinder, daß manche Wortteile aus einem kleingeschriebenen ein großgeschriebenes Wort machen und umgekehrt. Für Wortbildungsregeln ist es zwar zu früh, aber daß Wörter mit »-heit« am Ende groß geschrieben werden, ahnt manches Kind vielleicht schon bei den Karteikarten »krank – Krankheit« und »gesund – Gesundheit«.

10.3 Gemeinsame und freie Texte

10.3.1 Schreibvorhaben als planbare Starthilfe

Im offenen Unterricht steht das freie Schreiben im Vordergrund. Es ist kaum von der Lehrerin planbar. Vom Erstunterricht erwarten aber Eltern und Schulleiter eine einsichtige Planung und erkennbare Fortschritte. Zuerst sollen einmal alle Kinder in Gang kommen, dann kann man weitersehen. Auch dies hindert viele Lehrerinnen und Lehrer, die Fibel durch die Texte der Kinder zu ersetzen. Aber die Konsequenz muß nicht das Verharren im bekannten »sicheren« Lehrgang sein.

Es gibt viele sanfte Wege vom gemeinsamen zum individuellen Schreiben. Der gemeinsame Schreibanfang ist planbar. Der Lehrer kann seinen – in Österreich von allen geforderten – Jahresplan und seine Wochenpläne machen und doch täglich viel Raum für die individuelle Schreibtätigkeit lassen. Die Beweglichkeit wächst, wenn der Jahresplan nicht im Klassenbuch steht, sondern im Karteikasten mit Fächern für die ca. 39 Schulwochen. Die Karteikarten in den Fächern sind zugleich die Wochenpläne. Jede Wochen-Karte für den Deutschunterricht enthält

- ein gemeinsames Vorhaben (meistens, aber nicht immer aus dem Sachunterricht),
- den gemeinsamen Schreibanlaß und Ansätze und Möglichkeiten für die Einbeziehung von Sprechen, Schreiben, Lesen, Kunst, Werken, Sport,
- mögliche Lese- und Rechtschreibwörter,
- Materialien, Texte, Medien (s. Abb. 27).

Lerninhalte

Lernziele	Buchstaben-gruppen	Wörter / Zeichen	Sachgebiet Lernhandlung	Medien Material
Aufgabe der Lehrerrolle verstehen	eh	Lehrer, Lehrerin Schule, streng, lieb, (blöd)	Schule spielen Lehrer(in) sein	Attribut-wortkarten (Rollenspiel)
Gesprächs-regeln kennenlernen	mm ll	laut, schlimm, brav, still, wild,	Dialog zw. L. u. einem verhaltens-schwierigen Kind u. Diskussion darüber	Kassetten-rekorder (Leerkassette)
Sich den eigenen Lernfortschritt bewußt machen	nn	Ich kann schon... Ich kann gut...		

SUNNY 602/A 5

Abb. 27: Ein Wochenblatt aus einem flexiblen Jahresplan (Ute Pichler)

Die Lehrerin kann die Wochenkarten umstecken und austauschen, wie es sich im Laufe des Jahres ergibt. Der Schnee kommt dran, wenn er fällt, das Keksbacken dann, wenn die Mutter in Schulnähe Zeit zum Ausbacken hat. Geplante Wochen-Einheiten können gegen aktuelle Themen ausgetauscht werden: Statt der Katze wird das Meerschweinchen von Ingeborg zum nächsten Wochenthema. Wichtig ist, daß der Lehrer höchstens die Hälfte der Wochenstunden »verplant«. Meistens dauert alles ohnehin länger. Die Wochen-Karte sollte eher eine Palette didaktischer Möglichkeiten zu dem Thema enthalten als ein festes Programm.

Einer von 10.00 möglichen Jahresplänen für das erste Schuljahr

Dies ist eine Sammlung reizvoller Wochenthemen mit geeigneten Wörtern, gedacht zur Auswahl und Sicherheit, falls sich einmal nichts aus dem Unterricht und den Impulsen der Kinder ergibt. Ich habe sie hier so hintereinandergeordnet, daß die Schwierigkeiten allmählich ansteigen (neue Wörter bzw. Wortteile sind jeweils unterstrichen). Aber wer diesen Plan als Lehrgang »durchzieht«, vorbei an allen konkreten Schreib- und Leseanlässen, verschenkt die schönsten Möglichkeiten und mißversteht mich gründlich.

1. Fragespiele zum Kennenlernen, Stellungnahmen: ja, nein
2. Klassenfoto, Gruppenspiele, »Einwickeln«: wir
3. Der eigene Vorname, Selbstportrait mit Spiegel: ich
4. Klassenlisten-Eintragung, Suchbild: ist da, ist nicht da
5. Selbstbeobachtung beim Rufen, Sprechblasen-Bilder: hallo, au, los...
6. Rollenspiel, Portrait: Mutter (oder Mama, Mami)
7. Rollenspiel, tägliche Trennung und Heimkehr: Vater (oder Papa, Papi)
8. Familienbilder: Das ist mein Opa ... meine Oma
9. Verständigung im Unterricht: fertig, Hilfe, halt, leise...
10. Briefe schreiben: Liebe, lieber ... Du bist lieb. Dein, Deine...
11. Gegenstände, Farben, Abbildungen kennzeichnen: warm – kalt, rot – blau
12. Lerntagebuch anfangen: Ich kann schon ein/eine ... malen
13. Kärtchen mit der, die, das an Gegenstände, Personen, Abbildungen heften
14. Malanweisungen schreiben: Male den, die, das ... gelb, grün, braun, rot.
15. Keksbacken: Eier, Mehl, Zucker, Butter...
16. Musizieren: laut – leise, hoch – tief, schnell – langsam
17. Rollenspiel: wilde und liebe (zahme) Tiere: Hund, Löwe, Hase...
18. Pictogramme von Körpern (auch von Tieren): Kopf, Arm, Brust, Bauch, Bein
19. Materialwörter: Schnee, lieb, Kern, Eis, Mehl...
20. Regeln für die Gesprächsrunde: laut, deutlich, langsam, kurz, melden...
21. Vogelfutter herstellen: Fett kochen, rühren, Kerne, Schachtel, gießen...
22. Anzeigen für die Pinwand: Ich suche, tausche... Wer will mit mir...
23. Geschmacksproben: Das schmeckt gut, sauer, süß, salzig, bitter
24. Katzenpflege: am Morgen, Abend, füttern, bürsten, streicheln, Streu...
25. Stundenplan, Lerntagebuch: Ich kann schon bis ... rechnen, ... Wörter schreiben, ... Lieder singen...
26. Rollenspiel: Schule, Lehrerin, nett, nimmt, alle dran, streng, frech...
27. Eier kochen, färben, bemalen: hart, weich, Minuten, abschrecken, Farbe...
28. Tiergeschichten schreiben und spielen: Einmal ist mein ... weggelaufen...
29. Beschwerden schreiben: Warum dürfen wir nicht...? Ich will endlich...

30. Ein Baum beschwert sich: Ich bin sauer, innen faul... Blätter, Wurzeln
31. Märchen spielen; Rollen- und Requisitenkarten: Zauberer, Schloß...
32. Einladungen schreiben: Geburtstag, Klassenfest, Montag, mitbringen...
33. Pläne für die Turnstunden: Bock, Kasten, Matte, klettern, Hocke...
34. Einen Streit aufschreiben: Zuerst hat ... gesagt, dann hat...
35. Mädchen und Jungen, Protokoll der Gesprächsrunde: ... sagt, daß die Mädchen immer..., ... sagt: »Die Jungen wollen auch nie...«
36. Plan für einen Ausflug: Wandertasche... treffen... Uhr... zurück...
37. Ein Zahn beschwert sich: Immer diese Bonbons... Warum putzt Du mich nur...
38. Arztgeschichten und -spiele: Masern, Sprechstunde, tut so weh...
39. Lerntagebuch: Ich habe gelernt, wie... Im nächsten Jahr will ich...
40. Ferienbriefe und -karten: Nachname, Adresse, Wetter, Ausflug, baden...

10.3.2 Übergänge vom gemeinsamen zum individuellen Schreiben

Unter dem Druck besorgter Eltern und zweifelnder Vorgesetzter überläßt kaum eine Lehrerin es gern dem Zufall, wann das letzte Kind mit dem selbständigen Schreiben beginnt. Ein gemeinsamer Schreibanfang kann für alle Kinder schon von den ersten Schulwochen an ein Ansatzpunkt für freies Schreiben sein, ob dabei nun ein Wort oder eine ganze Geschichte entsteht. Die Möglichkeiten, vom gemeinsamen zum individuellen Schreiben überzuleiten, sind so vielfältig wie die Schreibanlässe überhaupt. Ich nenne, nach Komplexität gestuft, einige Möglichkeiten, Eigenfibelblätter gemeinsam zu beginnen und individuell auszugestalten:

a) »Wir sehen« – »Ich sehe«: Ein gemeinsam formulierter Untertitel unter einer Zeichnung, einem (kopierten) Foto oder einem »Geheimzeichen«, begonnen mit »Wir sehen:«. Darunter Platz für einen eigenen Satz, begonnen mit »Ich sehe:«. Später können auf dieselbe Weise Bildgeschichten bearbeitet werden (Wörterliste jeweils als Schreibhilfe).

b) Gemeinsame Beschreibung – ergänzte Einzelheit: Im Anschluß an ein Bastelvorhaben, eine »Realbegegnung«, einen Versuch: Gemeinschaftstext, von allen mitgeschrieben, z. B.

»Wir haben eine weiße Maus in der Klasse.
Wir haben ihr was zu fressen gegeben.«

Jedes Kind schreibt, mit Hilfe einer Wörterliste, was es beobachtet hat, und sei es das Wort »süß«.

c) Gemeinsamer Text – individueller Kommentar: Im Anschluß an eine Erzählrunde, ein Rollenspiel, ein Gespräch über ein Märchen o.a. Gemeinschaftstext, von allen mitgeschrieben (evtl. verschieden viel), dazu Stellungnahme: »Ich meine...« »Das ist...«

d) Gemeinsamer Text – individuelle Ergänzung: wie oben, aber dazu ein individueller Schluß des Textes oder, mit einem Sternchen eingefügt, ein ergänzender Satz. Später anknüpfende Formulierungen:
»Zu dem grünen Pferd fällt mit noch ein: ...«
»Ich glaube aber nicht, daß...«

e) Arbeitsteiliger Gemeinschaftstext auf Staffelfolie (Abb. 28): Etwa acht dünne TP-Folien passen ohne zu großen Lichtverlust aufeinander. Jede der Folien wird auf verschiedener Höhe (Linien mit wasserfestem Stift vorbereitet, immer wieder verwendbar) beschrieben. Aufeinandergelegt ergibt sich eine Sammlung von Aussagen, z.B. zum Thema »Die Erwachsenen haben es gut. Sie... Sie... Sie...«
Beschreibt jedes Kind für sich eine Folie, so kommt aus den Sätzen von acht Kindern ein Staffeltext zusammen.
Arbeiten die Kinder in Gruppen, so genügt eine Staffelfolie für die ganze Klasse.
Nach dem gemeinsamen Durchsehen und Korrigieren am Tageslichtprojektor wählt jedes Kind für sein Eigenfibel-Blatt (mindestens) drei der Sätze aus.

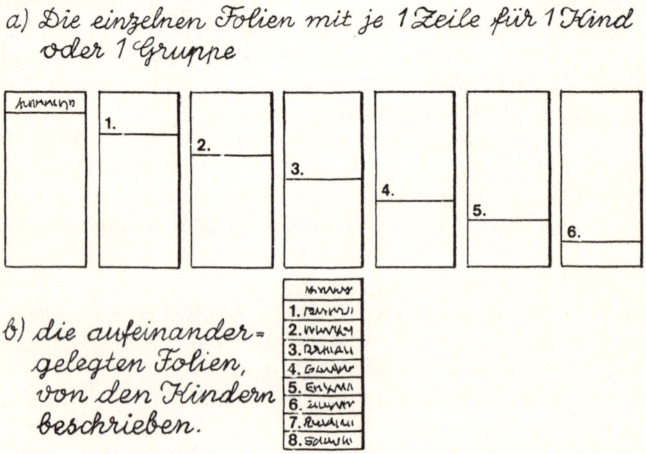

Abb. 28: Staffelfolie (DIN A4)

f) Gemeinsam gemalte Zeichengeschichte als Erzählanlaß: Ein rätselhaftes Zeichen (»Eskimo-Wort«, »Mondmann-Wort« o. ä.) auf dem TP oder an der Tafel. Jedes Kind, dem eine Fortsetzung einfällt, malt sein Zeichen daneben. Dann schreibt jedes auf, was es sich bei der Geschichte gedacht hat.
g) Assoziationsspiele als Erzählanlaß: Ein »Reizwort«, das die Klasse gerade beschäftigt, wird an die Tafel geschrieben. Jedes Kind, dem dazu ein anderes Wort einfällt, schreibt es daneben, darüber, davor. Es entstehen Ketten oder »Cluster« (vgl. G. R. Rico 1984 und Abb. 25 »Wörterdorf«).
Jedes Kind wählt sich für seine Geschichte die passenden Wörter aus dem Cluster aus.
Individuellere Variante: Jedes Kind stellt zu dem gemeinsamen Reizwort selbst ein Cluster her. Die Wortassoziationen lassen oft verborgene psychische Zusammenhänge anklingen. Sie werden durch das Schreiben etwas weiter ins Bewußtsein gehoben und u. U. besser verarbeitbar.
h) Gemeinsamer Rahmen für freie Texte: ausgehend von dem Hauptthema der morgendlichen Gesprächsrunde »Glatteis«, »Go-cart verleihen«, »Marsmensch« gemeinsamer Rahmentext, z. B.
»Gestern gab es Glatteis. Einige von uns haben sich gefreut. Einige haben sich geärgert. Einigen war es egal.
Ich habe mich ...«
Bei allen Beispielen handelt es sich um Starthilfen. Kinder, die ihren Text ganz anders beginnen wollen oder über etwas anderes schreiben wollen, können das, meine ich, tun, ohne daß es viel Verwirrung in der Klasse gibt. Sie müssen sich dann allerdings ihre Stichwörter selbst erfragen oder nachschlagen.

10.3.3 Starthilfen zum kommunikativen Schreiben

Kaum ein Schreibvorhaben fasziniert Kinder mehr als das Briefchenschreiben in der Klasse. Was gewöhnlich unter dem Tisch geschieht und den Unterricht stört, kann auf dem Tisch zu einem wunderbaren Schreibanlaß werden. Voraussetzung ist eine Atmosphäre in der Klasse, in der das Miteinander dominiert, nicht das Gegeneinander. Denn was die Kinder sich mitteilen, kann Freude machen und helfen, aber auch wehtun (vgl. G. Schmölzer 1983, L6). Darum werden sich nur dann alle mit Vergnügen ans Briefeschreiben

machen, wenn kein Kind fürchten muß, schlimme oder überhaupt keine Briefe zu bekommen. Um Konflikte ansprechen und austragen zu können, brauchen die Kinder vor allem häufige Gesprächsrunden in größeren und kleineren Gruppen (vgl. M. Imhoff 1978). Der Brief ist besser als »Liebesbrief« eingeführt oder jedenfalls als etwas, das Freude macht. (Das heißt nicht, daß keine Kritik darin stehen darf. Aber das angesprochene Kind muß sie annehmen können.)
Zur Einführung in das Briefeschreiben scheinen mir Spiele hilfreich, die zunächst einen vergleichsweise engen Rahmen vorgeben. (Haben alle Kinder einen positiven Zugang zu dieser Form kommunikativen Schreibens gewonnen, so kann man sich darauf beschränken, ihnen in Phasen selbständigen Arbeitens Rechtschreib- und Formulierungshilfen zu geben.) Dann kann der Lehrer die Regeln in dem Maße erweitern, wie es für die Kinder verträglich ist.

- Beginnen die Kinder das Briefeschreiben in Freundschaftsgruppen, so sind traurige Erfahrungen mit Briefen recht sicher ausgeschlossen: drei oder vier Kinder setzen sich jeweils an einem Doppeltisch zusammen und schreiben sich reihum oder überkreuz, wie sie es verabreden. Was sie auch schreiben, es soll richtig geschrieben sein. Eher antwortet der Empfänger nicht (zum Erfragen und Nachschlagen s. Abschn. a).
- Ein Anfang in der Klassenrunde ist das »Schweigeschwätzen«: Alle dürfen sich unterhalten, aber niemand darf ein Wort sagen. Die Briefchen werden zusammengefaltet und mit einer Büroklammer »verschlossen«. Ein »Postbote« trägt jeden Brief aus, sobald er fertig ist. (So gibt es kein Umherlaufen, und es fliegt kein Zettel durch die Luft.) Die Lehrerin kann sich ganz auf die Beratung der Schreiber konzentrieren.
- Schon in den ersten Wochen können die Kinder Vorschläge machen, was für einen Satz sie gern einmal als Brief schreiben würden, diesen Satz Wort für Wort erarbeiten und dann (als Hausaufgabe) in Briefen an Mitschüler, Verwandte, Nachbarn »anwenden«:

  »Ich mag Dich.« – »Willst Du mich mal besuchen?« – »Du hast einen lieben Hund.« – »Ich lade Dich zu meinem Geburtstag ein.« – »Hast Du noch zwei Omas?« – »Wie heißt Deine Mutter?«
- Im zweiten Schuljahr geht vielleicht das Briefeschreiben von einer bestimmten Erfahrung in der Gesprächsrunde aus. Die Kinder haben dort eine gute Form, sich zu verständigen, entdeckt und probieren sie nun schreibend aus:

  Um Erklärung bitten: »Warum hast Du . . .« – »Warum willst Du nicht . . .«
  Um Verständnis werben: »Ich habe das nur gesagt, weil . . .«
  Bestätigen: »Ich finde es gut, daß Du . . .«

Wünschen: »Eigentlich möchte ich von Dir, daß Du...«
Störungen anmelden: »Ich mag das nicht haben, wenn Du...«

Es gibt vieles, das die Kinder untereinander auszutauschen haben, und es gibt viele Formen des Austauschens. Pinwand, Klassenzeitung, Meckerecke und Klassentagebuch sind bekannte Medien der schriftlichen Kommunikation in der Klasse. Sie werden sicher noch mehr und von noch mehr Kindern genutzt, wenn sie mit entsprechenden Schreibhilfen ausgestattet werden:

- *Satzanfänge für die Pinwand:* als Schmuckrahmen um die Anzeigentafel und »Meckerecke« gemeinsam formulierte Satzanfänge:
  »Ich suche (biete, habe verloren)...«
  »Wer hat Lust, mit mir... (heute, morgen, in der nächsten Woche...)«
  »Mich ärgert, daß...« »Ich möchte mal wissen, warum...«
  »Ich wünsche mir, daß wir öfter (jeden Tag, nie mehr...)«
  »Ich finde, wir könnten mal darüber reden (lernen, ausprobieren...)«
- *Satzbeispiele für das Klassentagebuch,* innen auf den Buchdeckel geklebt: »Das war heute lustig.« »So einen langweiligen Tag hatten wir lange nicht mehr.« – »Heute ist etwas passiert.«
- *Briefanfänge und -schlüsse,* auf den Klassen-Briefkasten geklebt (Leerung immer vor der Phase selbständigen Arbeitens, wenn Zeit zum Antworten ist): »Liebe..., ich muß Dir unbedingt etwas zeigen...« – »Ich freue mich über Deinen Brief.« – »Was ich Dir jetzt schreibe, darfst Du niemandem weitersagen.« – »Das wärs für heute. Dein...« – »Jetzt bin ich neugierig auf Deine Meinung.« – »Ich mag Dich trotzdem. Deine...«

10.3.4 *Die Klassenöffentlichkeit als Adressat und Korrektiv der freien Texte*

Die Möglichkeiten, freie Texte in Klassenzeitungen, -geschichtenbüchern, -korrespondenzen mit anderen Klassen zu veröffentlichen, wurden im Rahmen des offenen Unterrichts, speziell der Freinetpädagogik, vielfach beschrieben. Probedrucke sind ideale Materialien für das gemeinsame Arbeiten an einem Text – zu zweit, in Gruppen oder in der großen Runde. Zusätzlich möchte ich einige Formen gemeinsamer redaktioneller Arbeit zeigen, die ohne Druckerei und sehr früh möglich sind:
a) Große und kleine Faltbilderbücher (DIN A2 bis DIN A6, aus gefaltetem oder mit Leukoplast zusammengeklebtem Karton) für die

Klassenbücherei: Ein erstes gemeinsames Bilderbuch kann schon nach wenigen Schulwochen entstehen (vgl. M. Herbert 1983 u. Ch. Rude 1984), aus Sätzchen mit den ersten Wörtern und je einem Bild dazu. Während der Arbeit hängt das Buch leporelloartig entfaltet an der Wand. Paarweise, in Gruppen oder auch mal einzeln (wenn ein Kind sich besonders viel vorgenommen hat) bekleben die Kinder je eine Buchseite. Vor dem Buch bildet sich bald eine Lese- und Diskussionsrunde, die sagt, was eingeklebt werden kann und was noch nicht. Hier sitzt auch die Lehrerin am TP und schreibt fragliche Wörter auf. Außerdem liegen hier Wörterbücher zur Selbsthilfe.
Ein kleines Falt-Bilderbuch kann an einem Tag fertig werden, wenn die Kinder die Arbeit nach ihrem Vermögen unter sich verteilt haben. Dann wird es im Flur ausgestellt. Die Themen sind so vielfältig wie die Interessen der Kinder. Der inhaltliche Zusammenhang kann verschieden eng sein:

> »Tiere und Kinder« – »Unsere Lieblingstiere« – »Tiere in unserer Klasse« – »Was unsere Klassenmaus schon alles durchgemacht hat« – »Unsere Maus Zizi schreibt Tagebuch«

Auch *Foto-Ausstellungen* können als Faltbilderbücher angelegt werden: Beim Werken, Turnen, Spielen, Wandern fotografiert der Lehrer die Kinder in kleinen Gruppen. Jede Gruppe schreibt, was sie auf »ihrem« Foto gerade getan hat. Analog kann jedes Kind ein *Ich-Blatt* mit eigenen Fotos herstellen (vgl. Ch. Röber-Siekmeyer 1985). Auch aus solchen individuellen Foto-Seiten kann eine schöne Klassen-Fotoausstellung werden.
b) Gemeinschafts-Kunstwerke: Über die Möglichkeiten, Text und Bild auf Plakaten und Collagen zu verbinden, ist schon so viel gesagt worden (s. u.a. H. Brügelmann 1984, 7.4 u. 7.6), daß ich hier nur zwei Beispiele nenne:

- Der Wortstammbaum »spring« (DIN A1) trägt »Früchte« (aus farbigem Karton geschnitten): An dem Ast »Sprunggrube« kleben zwei kleine Früchte und eine größere Frucht:
  -- ein Bild mit einer Harke in der Sprunggrube und der Aufschrift »nein«
  -- ein Bild mit einer gut geharkten Sprunggrube und der Aufschrift »ja«
  -- der Text »Warum ist kein Dach über der Sprunggrube? Dann könnten wir auch bei Regen drin spielen!« mit einem Bildchen, das den Vorschlag illustriert

  An dem Ast »Springer« hängen die Früchtchen Anke und Heiko mit Angabe ihrer weitesten Sprünge. Ein solcher Wortstammbaum wächst ständig und trägt immer wieder neue Früchte, wie normale Bäume auch.

Backe, backe Lebkuchen

Zutaten:
560 g. Roggenmehl
360 g. Zucker
4 Eier
6 TL Honig
2 TL Backpulver
2 P. Lebkuchengewürz

Wir haben Mehl und Zucker abgewogen und alle Zutaten zusammengemischt. Wir haben den Teig geknetet, ausgerollt und ausgestochen. Die Form haben wir mit Mandeln verziert.

Abb. 29: Blatt aus einem Rezeptheft zum Keksbacken (Klasse Lilo Pfeistlinger)

Früchte mit einem Rechtschreibwurm werden überklebt. – Im Laufe eines Schuljahres kann die Klasse eine ganze Flurwand »aufforsten«.

– Wort-Bilder, sog. »Pictogramme«: Aus den Wörtern »Dach, Wand, Fenster, Tür, alle vielfach wiederholt, wird ein großes Haus zusammengeklebt oder -gemalt. Ebenso kann der Hund, der Fisch, die Hand, die Blume aus Wörtern gemalt werden. Jeder kennt schon den Mann aus »Kopf«, »Hals«, »Bauch«... Er ist aber damit nicht erschöpft. Auf dem Bauch liest man außerdem »Bauchschmerzen« u.a. Einzelheiten: »Appetit auf Eis mit Sahne«, »Der Gürtel ist zu eng« ... Ein »Mann« in Lebensgröße verkraftet einiges (vgl. W. Gössmann 1976 und H. Gatti 1979).

c) Matrizen und Kopiervorlagen: Gut bewährt haben sich im zweiten Schuljahr sogar schon die Umdruckmatrizen zum Sammeln und Vervielfältigen individueller Schreibprodukte. Dabei erfordert das Matrizenschreiben viel Konzentration. Fehler sind schwer zu korrigieren. Man kann aber auch hier eine Stufe des Probeschreibens einschalten, wenn man einen festen Karton zwischen Matrize und Farbblatt legt. Nun kann das Kind vorschreiben, radieren, verbessern, bis der Text »stimmt«, und ihn dann »durch«schreiben. Bis zu vier Kinder können arbeitsteilig eine Matrize bearbeiten: Eines diktiert, eines schreibt, zwei schlagen bzw. fragen nach (mit häufigem Tausch). Auch auf diesem Wege entsteht schnell ein Klassen-Buch, z.B. ein Rezeptheft zum Keksebacken (Abb. 29).
Ganz problemlos ist das Zusammenschreiben einer Kopiervorlage (Voraussetzung ist natürlich ein Kopiergerät in der Schule). Denn hier können viele Kinder kleine und kleinste Texte auf einem Blatt zusammenkleben. Wie bei allen diesen Gemeinschaftsvorhaben entscheidet die Gruppe, wann ein Beitrag »reif« für die Aufnahme in das Werk ist.

10.4 Schreibanlässe in allen Lern- und Handlungsbereichen

10.4.1 Schreiben in den »Nebenfächern«

Es ist in diesem Bändchen kein Raum mehr, um die vielen Formen und Themen kommunikativen, handlungsorientierten und kreativen Schreibens zusammenzutragen (vgl. dazu W. Gössmann 1976, G. Sennlaub 1980, D. Reinartz-Essers 1980, für die Anfänge H. Brügelmann 1984, besonders Teil IV u. VIII). Nur ein

paar Schreibanlässe aus anderen, scheinbar fernliegenden Schulfächern möchte ich nennen, weil sie, glaube ich, noch viel besser genutzt werden könnten:
a) Sport: Bewegungsabläufe beim Turnen, Spielregeln, Yoga-Übungen, Plan zum Aufbauen der Geräte für ein Circle-Training; Stellungnahmen zu den Themen »Brauchen wir einheitliche Turnkleidung?« – »Ist das komisch, wenn einer nicht über den Kasten kommt!–?« Individuelle Lernpläne: »Ich kann schon ... Jetzt möchte ich lernen ... Ich hab noch ein bißchen Angst, wenn ich ..., aber ...
b) Bildnerisches, textiles und sonstiges Gestalten (auch von Mahlzeiten): Merklisten zum Materialsammeln und -mitbringen; Bastelanleitungen, auch zum Festhalten eigener Basteltricks (Kastanientiere u. ä.); Anleitungen zum Brotstreichen, Obstsalatschneiden u. ä.; Vereinbarungen über die Arbeitsverteilung beim Drucken, Tafelwischen, Aufräumen; Maltricks. Dazu jeweils individuelle Kommentare und Ergänzungen.

10.4.2 Fächerintegration im darstellenden Spiel

Ideal wird die Fächerintegration im Projektunterricht verwirklicht. Doch er gilt als schwierig, zumindest im ersten Schuljahr. Im Gesamtunterricht alter Prägung waren die Fächer zwar auch integriert, doch es bestand die Gefahr der Verkürzung und Unterordnung unter eine dogmatische »Heimatkunde«. Im Zuge der »Wissenschaftsorientierung« und Auffächerung des Grundschulunterrichts wurde zwar manche Weltfremdheit beseitigt, aber auch die Lebensnähe und der Handlungszusammenhang des Lernens. Die Freinetpädagogik u. a. Formen des offenen Unterrichts stellen den Lernzusammenhang von den Lerninitiativen der Kinder aus wieder her (vgl. H. Kasper 1978, 14f.). Dabei können sich die Aktivitäten der Klasse jedoch auch leicht zersplittern (ebenda, 19f.).
Handelndes und entdeckendes Schreiben- und Lesenlernen kann aber, auch für die Lehrerin, einfacher sein als die Lehrgänge. Die Formen fächerintegrierten Schreibens, die ich hier vorstellte, werden gemeinsam begonnen, folgen den Impulsen der Kinder, differenzieren sich aus und können in vielfältiger Weise wieder zusammengeführt werden. Vor allem sind es kleine, zuerst sehr kleine Anfänge. Unter ihnen habe ich das darstellende Spiel bereits mehrfach erwähnt.

Es hat, wie mir scheint, besonders viele integrative Qualitäten:

- als Brücke zwischen dem kindlichen Spiel- und Lernwunsch und insofern als Verbindung zwischen vorschulischem und schulischem Lernen.
- als Verbindung von sachlichem, sprachlichem und musischem Lernen und insofern als verbindende Klammer der Fächerintegration,
- als Brücke zwischen individuellem und gemeinsamem Lernen: Welches Theater ein Kind auch spielt, die anderen sehen immer gern zu und tun gern mit;
- als »Probehandeln« für ein Ernstfall-Projekt und insofern als Überleitung von einfachen zu komplexeren Formen der Fächerintegration.

Man kann so klein anfangen wie man möchte, das Spielen macht immer Spaß, Kindern wie Lehrern. Die Pantomime ist den Kindern als Fratzenziehen und Verrenkungen-Machen vertraut. Viele erarbeitete Schriftwörter lassen sich wunderschön pantomimisch darstellen (auch der Tisch und die Glockenblume) oder umspielen (Lampe anknipsen, Schuh anziehen). Ein Musikinstrument »malt« das Wort auf seine Weise (s. Kap. 7.1.4), eine Einzelheit (z.B. ein Kornblumenblatt) erscheint, auf TP-Folie gezeichnet, auf der Leinwand, und schon ist ein kleines Rätsel vorgetragen: auf dem Elternabend, in der Vorschulklasse u.a.

In kleinen Schritten kann man Spielszenen ausbauen (vgl. A. Boal 1979, W. Ingendahl 1981, B. Javurek u. H. Kraushaar in Ch. Büttner 1981, Spielideen besonders bei U. Wölfel 1973). Je schmaler der Ansatz ist, desto reicher wird nach meiner Beobachtung das Spiel. Zwei handelnde Personen genügen, dazu eine mit wenigen Worten definierbare Ausgangssituation. Die Erzählungen der Kinder im Morgenkreis sind dafür eine Fundgrube:

> »Vorhin wär ich fast mit Frau Müller zusammengekracht.«
> »Anke läßt sich immer noch die Schuhe zubinden.«
> »Papa hat mir meinen toten Frosch weggenommen.«

Alle drei Szenen sind wunderschöne kleine Musizier-, Spiel-, Mal- und Schreibanlässe. Die sachkundlichen Anknüpfungspunkte liegen auf der Hand. Kommt wirklich einmal keine Anregung von den Kindern, so schreibt die Lehrerin Rollen-, Requisiten- und Situationskarten (vgl M. Bergk 1983b) und schildert ein konfliktträchtiges Ereignis, das Ausgangspunkt eines Rollenspiels sein kann. Z.B. können die folgenden Situationen Anlaß zum Spielen geben:

- Ein Kind rennt um die Straßenecke und rempelt eine Frau an.
- Supermarkt: Ein Kind kauft ein, eines versteckt Bonbons in seiner Tasche.

- Wohnzimmer: Zwei Jugendliche drehen am Fernseher. Einer sieht wütend aus.
- Badezimmer: Kind unter Wasser. Vater im Bademantel macht große Augen.
- Treppenhaus: Ein Ball, ein Kind, ein Nachbar.
- Versteckspiel im Hinterhof: Eine Hand lugt aus dem Mülleimer, ein Schuh aus dem Hauseingang.
- Bus in der Kurve: Zeitungsleserin schubst Kind auf den Schoß eines alten Mannes.
- Bauspielplatz: Junge und Mädchen bauen an einer Hütte, ein älterer Mann trägt neue Latten herbei.
- Boot: Ein Jugendlicher schaukelt, ein Junge schreit.
- Baustelle: Ein Maurer, ein Kran, ein Kind schiebt sich durch einen Spalt im Bauzaun.
- Meerurlaub: Zwei Kinder auf einer Luftmatratze.
- Bergwanderung: Mutter und Kind mit Rucksäcken zeigen auf eine Blume am Steilhang.
- Kindergarten: Zwei Kinder zerren an einer Schaukel. Die »Tante« kommt.
- Schule: Ein Kind hält Unterricht. Die Lehrerin sitzt an einem Schülertisch.
- Schulweg: Ein Kind läuft auf die rote Ampel zu. Die Schuluhr gegenüber zeigt auf 8.00 Uhr.
- Schulhof: Ein Großer rempelt zwei Kleine an: eines weint, das andere schimpft.
- Bäcker: Die Verkäuferin reicht dem Kind die Brötchen, das Kind reicht ihr sein Portemonnaie.
- Hauseingang: Kind mit Schulranzen. Mutter putzt ihm die Nase.

Ebensogut kann die Lehrerin die Ausgangssituation mit eine paar Strichen auf der Tafel oder auf dem TP skizzieren und sie dabei erklären. (Sie muß also nicht gut zeichnen können.) Ganz ohne weitere Erklärung regen manchmal vorbereitete Folienzeichnungen zum Spielen an (Abb. 30 und 31).

10.5. Schreibend lesen

Mit einer Kritik am Fibelunterricht im Lehrgangsstil habe ich dieses Buch begonnen, und mit einem Vorschlag zum Fibellesen möchte ich es beenden. Statt in Klassenfront, laut und Seite für Seite von vorn nach hinten, können die Kinder auch ganz individuell, leise und in selbstgewählter Seitenfolge in der Fibel lesen. Dies ist, wie das

Abb. 30: Ausgangssituation zu einem Rollenspiel: „Ärger mit dem Hund“

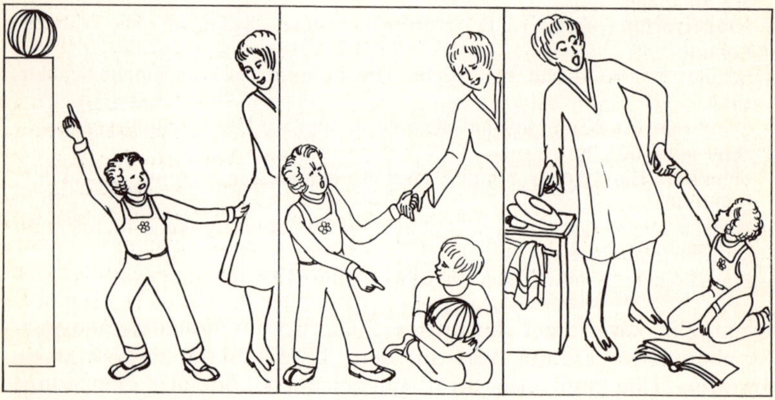

Abb. 31: Ausgangssituationen zu „Mutter-und-Kind-Spielen“

meiste in dem vorliegenden Buch, nicht meine Idee, sondern schon vielfach mit Erfolg erprobt. Die vorgegebene Fibel wird ja durch die Eigenfibel nicht entthront. Sie bekommt nur eine andere Bedeutung, denn das Produzieren eigener Texte ist kein Ersatz für das Lesen, ganz im Gegenteil! Nichts regt das Leseinteresse so an wie die eigene Schreibtätigkeit. Vor allem wird aus der allgemeinenn Leselust gezielte Aufmerksamkeit: Ich habe gerade gereimt, und nun will ich wissen, wie die Reime in der Fibel aussehen.

Eine gute Alternative zum Fibellehrgang scheint mir das Fibelsammeln zu sein, das Sammeln von Fibeln und das Sammeln interessanter Texte aus Fibeln. Warum soll eine einzige Fibel die Klasse beherrschen? In der Klassenbücherei ist für viele Platz. Ein erstes Buch sollte schon für jedes Kind angeschafft werden, aber für jedes ein anderes. Nicht nur die Textbücher der Leselehrwerke und einige der dazugehörigen Arbeitsmaterialien kommen in Frage. Die Kinder können jegliche Art Hefte und Bücher mit Mini-Texten gebrauchen (vgl. R. Kretschmer 1985, 134).
Für diejenigen, die viel und schnell lesen, ist auf diese Weise immer genug Lesestoff da. Ebenso gut kann sich aber ein Kind einmal ganz lange mit einem Heft oder Text seiner Wahl beschäftigen. Ein starker Ansporn, mit dem Lesen weiterzukommen, ist das regelmäßige Vorlesen. Jedes Kind stellt seine Geschichte vor. Dabei geht es in erster Linie darum, die Mitschüler zu informieren und zu unterhalten. Es geht auch ein wenig um die Person des vortragenden Kindes, wie sie in der Wahl des Textes in Erscheinung tritt. Darin liegt ein zusätzlicher Reiz des Reihumvorlesens.
Das Lesenkönnen muß darüber nicht vernachlässigt werden. Der Kassettenrecorder ist eine vorzügliche Lesehilfe, besonders wenn jedes Kind seine eigene Kassette hat. Schon das Wechseln der Kassetten gibt der Vorleserunde einen besonderen Rahmen. Zudem kann nun jedes Kind auch lange Texte abschnittweise auf die Kassette sprechen und hat irgendwann eine schöne Geschichtensammlung für die kleineren Geschwister beisammen (und später eine wunderbare Erinnerung an die eigene Kinderstimme). Wenn ein Kind gelesen hat, wird die Kassette nicht sofort herausgenommen. Haben die Mitschüler Vorschläge, wo das Kind besser vorlesen könnte, so können sie ihm das anhand der Aufnahme gut deutlich machen.
Bei einem solchen Fibellesen hat das laute Lesen einen Sinn. Es dient nicht nur der Leistungskontrolle. Geschichtenhören wiederum ist nicht eine Belohnung, sondern fester Bestandteil des Wochenplans. Es läßt sich gut mit ersten Konzentrationsübungen verbinden (vgl. M. Bergk 1984c), vor allem aber mit Formen schreibenden Lesens. Ein Text, der den Kindern gefällt, wird vervielfältigt (oder TP-Folie) und mit dem Stift bearbeitet. Alle Formen individuellen Schreibens, die ich beschrieben habe, können an dem fremden Text ebenso anknüpfen wie an dem gemeinsamen. Besonders vielfältig sind die Möglichkeiten, eine Geschichte weiter auszugestalten (vgl. M. Bergk 1984a).

Die einfachste Form schreibenden Lesens ist das Anstreichen und Unterstreichen. Wie die Kinder wichtige, lustige und fragliche Wörter und Passagen markieren wollen, vereinbaren sie am besten miteinander. Die selbstgefundenen Zeichen prägen sich, wie schon gesagt, besser ein als vorgegebene.
Eine Vorform des schreibenden Lesens ist das Schreiben zu Vorlesegeschichten. Solange nur wenige Kinder den Text, den der Lehrer vorliest, mitlesen können, verteilt er nur ein Bild der wichtigsten Szenen (z.B. wie Abb. 32), und die Kinder schreiben ihre Stellungnahme dazu »ja-nein« o.a. Der nächste Schritt kann eine Liste der wichtigsten Wörter aus dem Text sein (vgl. H. Brügelmann 1984, 3.7).

Abb. 32: Szene einer Vorlesegeschichte: „Mein Hund will nicht mitkommen"

Die Kinder unterstreichen jedes Wort, sooft sie es hören. Anschließend schreibt jedes das Wort, das ihm am wichtigsten ist, noch einmal darunter. Das Weiterschreiben einer Geschichte kann mit einem einzigen Wort beginnen. Die folgende Geschichte z.B. gibt den Kindern ein Rätsel auf, und die Lösung, die sie nach dem Vorlesen darunter schreiben, heißt »rot««:

»Hannes und seine Nase«
Wer steht denn da an der Ecke? Das ist Hannes. Er wartet auf seine Schulfreundin Inge. Aber sie kommt nicht. Sonst ist sie immer vor ihm da. Aber jetzt wartet er schon lange. Er merkt es an seinen Ohren. Sie sind ganz eisig. Es ist nämlich kalt heute. Er fühlt sein Gesicht gar nicht mehr richtig.

Nur die Nase, die fühlt sich an, als wenn eine Maus sich an ihrer Spitze festgebissen hat. Da wird es ihm zu dumm. Er geht allein zur Schule. Als er ankommt, fängt gerade die erste Stunde an. Er öffnet die Klassentür. Einen Moment sehen ihn alle ganz erstaunt an. Und dann lachen sie laut, die ganze Klasse und auch noch die Lehrerin. Als sie ihn zum Spiegel führt, weiß Hannes auch warum. Er ist ganz weiß im Gesicht. Aber seine Nase, die ist ganz...

Ihre Antwort können die Kinder außerdem illustrieren, indem sie den Hannes mit seiner roten Nase zeichnen. Wer ihn ganz groß gezeichnet hat, kann »rot« mit Rotstift in die Nase hineinschreiben. Am nächsten Tag oder wenn das Wort »rot« gründlich genug erarbeitet worden ist, bekommt die Geschichte von Hannes und seiner Nase eine Fortsetzung:

»Hannes beugt vor«
Am nächsten Morgen verschwindet Hannes noch einmal im Badezimmer, bevor er zur Schule geht. Er bleibt dort recht lange. »Hannes, du mußt doch zur Schule!« Seine Mutter will schon nachschauen gehen. Aber da saust Hannes an ihr vorbei zur Tür hinaus. Die Mütze hat er tief ins Gesicht gezogen. Er riecht merkwürdig nach Puder. Auf der Straße ist kein Schulkind mehr zu sehen. Hannes läuft, zuerst langsam, dann immer schneller. Sein Herz klopft laut. Aber er ist trotzdem froh. Heute wird niemand über ihn lachen! Dafür hat er gesorgt! Als er ankommt, fängt gerade wieder die erste Stunde an. Er öffnet die Klassentür. Einen Moment sehen ihn alle ganz erstaunt an. Und dann lachen sie laut, noch lauter als gestern. Als Hannes in den Spiegel schaut, weiß er warum. Heute ist sein Gesicht ganz... Aber seine Nase, die ist ganz...

Diesmal sind also schon zwei Wörter als Rätsellösung gefordert und in das Gesicht von Hannes hineinzuzeichnen. Die Lehrerin muß sich aber nicht immer Rätsel und ganze Geschichten als Vorlesetexte ausdenken. Der folgende Text enthält einfach verschiedene Variationen des Themas »Selbständigwerden«:

»Vor der Schule«
Mutter weckt Franz jeden Morgen mit einem Kuß. Das finde ich...
Mutter zieht Franz die Hose an. Das finde ich...
Mutter bindet Franz die Schuhbänder zu. Das finde ich...
Mutter streicht für Franz das Jausenbrot. Das finde ich...
Mutter gibt Franz Geld mit, damit er sich ein Lineal kaufen kann. Das finde ich...
Mutter putzt Franz noch schnell die Nase, bevor er geht. Das finde ich...
Mutter zupft Franz den Kragen zurecht, damit er ordentlich aussieht...

Die Kinder kommentieren mit »gut – nicht gut«, »super – doof«, je nachdem, welche Wörter sie erarbeitet haben. Man kann die Arbeit gut differenzieren: Jedes Kind kann sich eine oder mehrere Variationen auswählen, zeichnen und kommentieren. Wer versuchen will, die vorgelesenen Sätze zu entziffern, bekommt den Text und schreibt seine Kommentare hinein.

Wenn später jedes Kind den Text, den es schreibend bearbeitet, sellbst entziffert, so kann es sich daran auch hinsichtlich der Rechtschreibung orientieren. Das schreibende Lesen ist ein ständiger Austausch, nicht nur in dieser formalen Hinsicht. Die gelesenen Formulierungen sind Vorbild beim eigenen Formulieren. An den gelesenen Erfahrungen und Einstellungen wachsen die eigenen. Der Austausch mit der Autorin oder dem Autor wird um so reger, je mehr das Kind selbst zum Schreiber wird, vielleicht sogar eines Tages zum Schreiber von Leserbriefen. Damit wäre ein Ziel erreicht, das der Deutschunterricht später, besonders in der Hauptschule, vergeblich anstrebt: die Kinder zum kritischen und produktiven Umgang mit der Schriftsprache zu erziehen, zu literarischen Menschen.

Literatur

Andresen, H.: Die Bedeutung auditiver Wahrnehmungen und latenter Artikulation für das Anfangsstadium des Schrifterwerbs. In: OBST 13, 1979, 28–56.

Augst, G.: Lexikon zur Wortbildung mit Morpheminventar. Tübingen 1975a.

Balhorn, H. u.a.: Welchen Übungswortschatz brauchen Schüler? In: Grundschule 15 (1983) 11.

–: Rechtschreibenlernen als Regelbildung. Wie machen sich Schreiber ihr orthographisches Wissen bewußt? In: Diskussion Deutsch 14 (1983) 74, 581–595.

Bayerisches Staatsministerium für Unterricht und Kultus: Lehrplan für die Grundschulen. Sondernummer 20, München 1981.

Bergenholtz, H. u. *Mugdan, J.:* Einführung in die Morphologie. Stuttgart 1979.

Bergius, R.: Entwicklung als Stufenfolge. In: H. Thomae (Hrsg.): Handbuch der Psychologie. Bd. 3: Entwicklungspsychologie. Göttingen 1959, 2. Aufl.

Bergk, M.: Leselernprozeß und Erstlesewerke. Analyse des Schriftspracherwerbs und seiner Behinderungen mit Kategorien der Aneignungstheorie. Bochum 1980.

–: Psychologie des handelnden und entdeckenden Lesenlernens. In: Grundschule 15 (1983a) 2, 56–58.

–: Fächerintegrierter Erstunterricht: Selbsterfahrung im darstellenden Spiel. In: Grundschule 15 (1983b) 9, 36–39.

–: Rechtschreibfälle als Rechtschreibfalle und mögliche Auswege. In: Diskussion Deutsch 14 (1983c) 74, 610–629.

–: Über schreibendes Lesen zum Textverständnis. In: H. Müller-Michaels (Hrsg.): Jahrbuch der Deutschdidaktik 1983/84. Tübingen 1984a, 36–51.

–: Yoga mit »schwierigen« Kindern. In: Westermanns pädagogische Beiträge 54 (1984b) 10, 492–496.

– u. *Meiers, K. (Hrsg.):* Schulanfang ohne Fibeltrott. Überlegungen und Praxisvorschläge zum Lesenlernen mit eigenen Texten. Bd. Heilbrunn 1985.

Bethlehem, G.: Praxis des Lesenlernens. Methodengechichte – Methodenkritik – aktuelle Probleme und Lösungen. Düsseldorf 1984.

Bleidick, U.: Lesen und Lesenlernen unter erschwerten Bedingungen. Essen 1967, 2. Aufl.

Boal, A.: Theater der Unterdrückten. Frankfurt/M. 1979.

Boehncke, H. u. *Humburg, J.:* Schreiben kann jeder. Reinbek 1980.

Boettcher, W.: Medienwirbel. In: Erziehung und Wissenschaft (1982) 10, 14–15.

Bosch, B.: Grundlagen des Erstleseunterrichts. Düsseldorf 1961, 5. Aufl.

–: Spiele für den ganzheitlichen Erstleseunterricht. In: Die neue Volksschule in Stadt und Land 3 (1951) 4/5, 148–153.

Breuninger, H. u. *Betz, D.:* Jedes Kind kann schreiben lernen. Ein Ratgeber für Lese-Rechtschreibschwäche. Weinheim 1982.

Brügelmann, H.: Kinder auf dem Weg zur Schrift. Eine Fibel für Lehrer und Laien. Konstanz 1983.

–: Die Schrift entdecken. Konstanz 1984.

Bruner, J. S.: Wie das Kind lernt, sich sprachlich zu verständigen. In: Zeitschrift für Pädagogik 23 (1977) 6, 829–845.

Burbass, L.: Ich habe mich auf den Weg begeben. In: Grundschule 16 (1984) 10, 25–29.

Büttner, Ch. (Hrsg.): Spielerfahrungen mit Schülern. Sinnvolles Lernen oder pädagogischer Trick? München 1981.

Cohn, R.: Von der Psychoanalyse zur themenzentrierten Interaktion. Stuttgart 1983, 6. Aufl.

Dehn, M.: Texte in Fibeln und ihre Funktion für das Lernen. Kronberg 1975.

–: Schriftspracherwerb. In: Diskussion Deutsch 14 (1983a) 69, 3–24.

–: Vom »Verschriften« zum Schreiben. In: Grundschule 15 (1983b) 7, 28–31.

Eichler, W.: Rechtschreibung und Rechtschreibunterricht. Kronberg 1978.

Freinet, C.: Pädagogische Texte. Mit Beispielen aus der praktischen Arbeit nach Freinet. Reinbek 1980.

–: Vom Schreiben- und Lesenlernen. In: H. Boehncke u. J. Humburg 1980, 32–64.

Freire, P.: Erziehung als Praxis der Freiheit. Stuttgart 1974.

Freudenreich, D.: Kooperation – Lernen durch Rollenspiele. In: Sachunterricht. Sozialwissenschaftlicher Bereich (1977) 12.

Frommholz, E.: Schreiben im Lesekasten. In: Praxis Deutsch (1977) 21, 17–18.

Gattis, H.: Schüler machen Gedichte. Freiburg 1979.

Gibson, E. J. u. *Lewin, H.:* Die Psychologie des Lesens. Stuttgart 1980.

Giese, H.: Schriftspracherwerb und Schreibenlernen. In: G. Schorch 1983, 16–32.

–: Handlungstheoretisch orientierte Anfänge des Schriftspracherwerbs. Schriftsprache als Unterrichtsgegenstand. In: M. Bergk u. K. Meiers 1985, 153–165.

Gössmann, W.: Sätze statt Aufsätze. Düsseldorf 1976.

Grundzüge einer deutschen Grammatik. Berlin 1981.

Grünewald, H.: Schreibenlernen. Bochum 1981a.

–: Schreiben mit der Vereinfachten Ausgangsschrift, In: E. Neuhaus-Siemon 1981b, 55–88.

Gümbel, R.: Meine eigenen Wörter. Zur Entwicklung offener Curricula im Erstleseunterricht. In: Die Grundschule 9 (1977) 6, 268–273.

–: Erstleseunterricht. Königstein/Ts. 1980.

–: Lesenlernen an eigenen Wörtern. In: Grundschule 15 (1983) 7, 16–18.

–: Die Arbeit an Wortbedeutungen im Anfangslesen. In: M. Bergk u. K. Meiers (Hrsg.) 1985, 140–153.

Heidemann, R.: Körpersprache vor der Klasse. Heidelberg 1983.

Herbert, M.: Unser erstes eigenes Bilderbuch. In: Grundschule 15 (1983) 7, 19–21.

Herkunftswörterbuch der deutschen Sprache. Duden Bd. 7 Etymologie. Mannheim 1963.

Hessischer Kultusminister: Rahmenrichtlinien Primarstufe Deutsch. Frankfurt/M.

Imhoff, M.: Selbsterfahrung in der Schule. Bericht über einen gruppendynamischen Versuch. München 1978.

Ingendahl, W.: Szenische Spiele im Deutschunterricht. Düsseldorf 1981.

Jaumann, O.: Albert sagt immer: »Sonderschüler können ja nicht lesen!« Da gibt es mir einen Stich ins Herz. In: M. Bergk u. K. Meiers (Hrsg.) 1985, 101–116.

Jörg, H. u. *Treitz, P.:* Wir drucken unsere Fibel selbst. In: M. Bergk u. K. Meiers (Hrsg.) 1985, 71–92.

Kaeding, F. W.: Häufigkeitswörterbuch der deutschen Sprache. Steglitz 1898.

Kasper, H.: Offener Unterricht an englischen Schulen – eine Alternative? In: H. Kasper u. A. Piechorowski (Hrsg.): Offener Unterricht an Grundschulen. Berichte englischer Lehrer. Ulm 1978.

Koehler, K. u. *Diebold, U.:* Kinder sollen lesen und schreiben lernen – aber wie? In: M. Bergk u. K. Meiers (Hrsg.) 1985, 49–59.

Kohtz, K.: Unterricht mit besonders begabten Kindern – dargestellt am Leseunterricht. In: IRA-D-Beiträge 1983, H. 1, 45–56.

Kossow, H.-J.: Zur Therapie der Lese-Rechtschreibschwäche. Berlin 1976.

Kretschmann, R.: Informeller Lese- und Schreibunterricht in englischen »primary-schools«. In: M. Bergk u. K. Meiers (Hrsg.) 1985, 129–139.

Kultusministerium des Landes Schleswig-Holstein: Lehrplan Grundschule und Vorklasse. Kiel 1975.

Lämmel, A.: Schreiben nach der Bewegungsmethode. In: G. Schorch (Hrsg.) 1983, 62–70.

Langermann, J.: Der Erziehungsstaat, nach Stein-Fichteschen Grundsätzen durchgeführt. Berlin 1963.

Lockowandt, O. u. *Honegger-Kaufmann, A.:* Die Praxis des kreativen Erstschreibunterrichts. In: E. Neuhaus-Siemon 1981, 89–133.

Lüdeke, I.: Der dialogische Aufsatz in der Primarstufe. Limburg 1979.

Maas, U.: Schrift – Schreiben – Rechtschreiben. In: Diskussion Deutsch 16 (1985) 81, 4–24.

Mahlstedt, D.: Freinet-Pädagogik in der Oberstufe einer Sonderschule. In: C. Freinet 1980, 207–221.

–: Grundwortschatz und kindliche Schriftsprache. In: Diskussion Deutsch 16 (1985) 81, 89–105.

Malmquist, E. u. *Valtin, R.:* Förderung legasthenischer Kinder in der Schule. Weinheim 1974.

Mann, I.: Schlechte Schüler gibt es nicht. München 1977.

Meier, H.: Deutsche Sprachstatistik. Hildesheim 1964.

Meiers, K.: Überlegungen zur Praxis eines ersten Lese-Schreibunterrichts mit Ausländerkindern. In: Praxis Deutsch Sonderheft '80: Deutsch als Zweitsprache, 51–54.

Menzel, W.: Schreiben-Lesen. Für einen handlungsorientierten Erstunterricht. In: E. Neuhaus-Siemon (Hrsg.) 1981, 134–162.
– u. *Vieweg, R.:* Kritzelbriefe. Erste Mitteilung. In: Praxis Deutsch (1975) 9, 19–21.
Möhring, H.: Lautbildungsschwierigkeiten im Deutschen/Die Lauttreppe. In: Zeitschrift für Kinderforschung 47 (1938), 185–235.
Naegele, I. u. *Haarmann, D.:* Darf ich mitspielen? Anregungen zur Kommunikationsförderung in multinationalen Anfangsklassen. Modellversuch E.U.L.E. Frankfurt/M. 1983.
Neuhaus-Siemon, E. (Hrsg.): Schreibenlernen im Anfangsunterricht der Grundschule. Königstein/Ts. 1981.
Neber, H. (Hrsg.): Entdeckendes Lernen. Weinheim 1981, 3. überarb. Aufl.
Oksaar, E.: Spracherwerb im Vorschulalter. Stuttgart 1977.
Pfeistlinger, L.: Ein Beispiel handelnden Lesen- und Rechtschreibenlernens. In: Kärntner Lehrerstimme 39 (1984) 4, 18–20.
Piechorowski, A. (Hrsg.): Vielfältiger Erstleseunterricht. Berichte aus der Schulpraxis über innere Differenzierung. Ulm 1980.
Pilz, D. u. *Schubenz, S. (Hrsg.):* Schulversagen und Kindertherapie. Köln 1979.
Plickat, H. H.: Deutscher Grundwortschatz. Wortlisten und Wortgruppen für Rechtschreibunterricht und Förderkurse. Weinheim 1980.
Rathenow, P. u. *Vöge, J.:* Erkennen und Fördern von Schülern mit Lese-Rechtschreibschwierigkeiten. Braunschweig 1982.
Reinartz-Essers, D.: Zur Didaktik des Schreibens. Frankfurt/M. 1980.
Rico, G. R.: Garantiert schreiben lernen. Reinbek 1984.
Riehme, J.: Probleme und Methoden des Rechtschreibunterrichts. Berlin 1981.
Röber-Siekmeyer, Ch.: »Ich-Bücher« in der Grundschule. In: Diskussion Deutsch 16 (1985) 81, 82–88.
Rude, Ch.: Ein Bilderbuch entsteht. In: Grundschule 16 (1984) 10, 30–34.
Rumelhart, D. E. u. *Norman, D. A.:* Faktensammeln, Schemaoptimierung und Umstrukturieren: 3 Arten des Lernens. In: H. Neber 1981, 82–88.
Scheerer-Neumann, G.: Rechtschreibunterricht mit leistungsschwachen Schülern. Kurs 3389 u. 3975 der Fernuniversität/Gesamthochschule Hagen 1984.
Schmölzer, G.: Verfassen von Texten 1 (Vorstufe). Klagenfurt 1978.
–: Vorschlag zum Grundwortschatz 1.–4. Schulstufe. Klagenfurt 1979.
–: Ansätze zur Realisierung des Fördergedankens im Deutschunterricht der Grundschule. In: F. Buchberger u. K. Satzke (Hrsg.): Förderunterricht. Wien 1980, 117.
Schorch, G. (Hrsg.): Schreibenlernen und Schriftsprache 1983.
Schwäbisch, L. u. *Siems, M.:* Anleitung zum sozialen Lernen für Paare, Gruppen und Erzieher. Reinbek 1974.
Seitz, G.: Lernspiele als synthetisches Element in einem analytischen Leselehrgang. In: A. Piechorowski (Hrsg.) 1980, 44–52.

Senator für Schulwesen Berlin: Vorläufiger Rahmenplan für Unterricht u. Erziehung in der Grundschule. Berlin 1981.
Sennlaub, G.: Spaß beim Schreiben oder Aufsatzerziehung? Stuttgart 1980.
Siemens, H.: Die Morphemmethode – ein Überblick. In: M. Bergk u. K. Meiers (Hrsg.) 1985, 166–178.
Sokolow, A. N.: Probleme der sprachlichen Mechanismen des Denkens. In: H. Hiebsch (Hrsg.): Ergebnisse der sowjetischen Psychologie. Stuttgart 1969.
Tischer, H.: Rechtschreibunterricht. Baltmannsweiler 1981.
Valtin, R., Jung, U. u. *Scheerer-Neumann, G. (Hrsg.):* Legasthenie in Wissenschaft und Unterricht. Darmstadt 1981.
Vester, F.: Denken, Lernen, Vergessen. München 1984, 11. Aufl.
Warwel, K.: Lesenlernen nach strukturgemäßen Verfahren. Marburg 1963.
Weigl, E.: Zur Schriftsprache und ihrem Erwerb – neuropsychologische und psycholinguistische Betrachtungen. In: W. Eichler u. A. Hofer (Hrsg.): Spracherwerb und linguistische Theorien. München 1974, 94–173.
Weinert, F., Simons, H. u. *Essing, W.:* Schreiblehrmethode und Schreibentwicklung. Weinheim 1966.
Wölfel, U.: Du wärest der Pienek: Spielgeschichten, Spielentwürfe, Spielideen. Mülheim 1973.
Wygotski, L. S.: Denken und Sprechen. Nordheim 1971.

Erwähnte Lernmittel

Bell, S.: Krogufant. Ein Klapp-Bilderbuch. München 1981.
Bieler, R. u. S. u. *Eysank, S. u. H.:* Wörter, Bilder, Sätze. Wörterbuch für die Allgemeine Sonderschule. Wien 1980.
Blecher, W.: Das Affodil. Ein Klapp-Bilderbuch. Reinbek 1979.
Buck, S.: lesen lesen lesen. Frankfurt/M. 1979.
Dertscheei, R.: Persönliche Mitteilung 1984.
Finkbeiner, S.: Minifaz – morpheme im deutschunterricht. Baiersbronn-Schönmünzach o. J.
Freinet-Druckerei: Materialvertrieb der Pädagogischen Kooperativen (Körnerwall 8, D-2800 Bremen).
Hahn, M.: Lesefreude. Ein Schülerlesekasten. Pfettrach-Altdorf o. J.
Heyer, P. u. a.: Leselehrgang des Pädagogischen Zentrums. Berlin 1971.
Mahlstedt, D.: Leseschritte. Leselehrgang. Weinheim.
Mann, I.: Lesen lernen ohne Angst. Mit Liedern von L. Wittmann. Frankfurt/M. 1983.
Meiers, K.: Der Lesespiegel. Lesekurs und Lesebuch. Stuttgart 1978.
Niemeyer, W.: Miteinander lesen. Leselehrgang. Braunschweig 1978.
Nöstlinger, Ch.: Dschidsche-i Wischer. Wien 1979.
Ochsner, H.: Besser lesen und schreiben. Rielasingen 1977.
Pichler, U.: Selbstgemachte Lesespiele. unveröff. Klagenfurt 1984.
Pfeistlinger, L.: Unterrichtsmittel und -produkte. unveröff. Klagenfurt 1985.
Schmölzer, G.: Mit den Kindern gebastelte Lernspiele. unveröff. Klagenfurt 1972.
–: Fördermaterial Deutsch. Wien. H. 2:1981, H. 3:1982, H. 4:1983.
Schwartz, E., Warwel, K. u. *Winter, G.:* Bilder und Wörter. Sprech-, Spiel- und Wörterbuch. Braunschweig 1981.
Scrabble für Kinder. Ravensburg o. J.
Steller, W.: Wöchtel. Ein lehrreicher Kombinationsspaß mit den Bausteinen unserer Sprache. Hamburg 1978.
Thiele, R. u. *Ricke, U.:* Meine liebe Fibel. Synthetischer Leselehrgang. Bochum 1970.
Weichselbraun, E.: Banktafeln. Schreibtafeln aus Holz. unveröff. Rangersdorf (Österr.) 1983.
Will-Beuermann, H. v. Hinrichs, J.: Bunte Fibel. Hannover 1977.